建構主義取向的幼兒課程與教學（第二版）

以台中市愛彌兒幼兒園探究課程為例

主 編｜張斯寧

作 者｜潘世尊、陳淑琴、鄭舒丹、陳振明
　　　　柳嘉玲、張斯寧、愛彌兒幼兒園教學團隊

策 劃｜高琇嬅

簡楚瑛　前政治大學幼兒教育研究所所長
周淑惠　清華大學幼兒教育學系教授　　　　　聯合推薦
幸曼玲　台北市立大學幼兒教育學系系主任

心理出版社

目次 CONTENTS

作者簡介

張斯寧 博士
弘光科技大學幼兒保育系副教授
美國北德州大學學前教育博士

潘世尊 博士
弘光科技大學幼兒保育系特聘教授
國立高雄師範大學教育學系博士

陳淑琴 博士
國立台中教育大學幼兒教育學系副教授
美國哥倫比亞大學教育學院課程與教學幼教博士

鄭舒丹 博士
樹德科技大學兒童與家庭服務系（所）助理教授
美國芝加哥羅耀拉大學課程與教學博士
美國紐約大學幼兒教育與初等教育碩士
美國紐約長島大學英語教學碩士

陳振明 博士
國立高雄師範大學特殊教育學系副教授
國立高雄師範大學特殊教育博士（資優組）
國立高雄師範大學科學教育碩士（物理組）

柳嘉玲 博士
樹德科技大學兒童與家庭服務系（所）助理教授
美國北科羅拉多州立大學初等教育博士
美國北科羅拉多州立大學幼兒教育碩士

愛彌兒幼兒園教學團隊
一九八一年五月二十日，高琇嬅老師在台中市創辦愛彌兒幼教機構，擁有一群追求幼兒教育核心價值，不受市場功利思潮影響的專業團隊（高琇嬅老師曾任慈明高中代理校長，並於二〇〇四年協助佛教普暉法師於台中市創辦私立慎齋小學）

簡序

專業與耐力的結晶，感性與理性的追求

在國外，建構論的形成與受到重視，是六〇年代以後的事，在台灣教育界受到注意與應用大約是在九〇年代。過去近二十年台灣中小學教育以建構論的理論，並作為課程設計與教學時之重要依據的理論，現今已到檢討的階段了。國內幼教界應用建構論於實務教學上大約十年餘的光景，過去近十年裡，建構論一詞成為幼教人員耳熟能詳的熱門詞彙，同時高舉以建構論為其幼稚園所之課程與教學的理論基礎的幼稚園與托兒所不在少數。對於建構論的意涵及其在幼教領域裡的詮釋與應用是百花齊放，各自表述。從某一角度來看，幼教界對理論的呼應與行動力甚為符合教育思潮之發展趨勢，但從另一角度來看，此時應加強的是我們對於教育理論詮釋性的深化以及行動上的反思。此時，本書的出現應是一個很好的催化劑。

愛彌兒幼教機構創辦人高琇嬅女士邀我為本書寫序，我捧書閱讀，一口氣讀完後，發現此書有如下之特色與讀者分享：

1. 理論與實務的結合：課程設計與教師教學都不是立場中立的處境，參與人員應清晰地知覺自己所持之教學理論觀點並明白地周知是教育專業人員應有之倫理。本書不僅交待了愛彌兒幼兒園課程與教學理論之取向，有理論性知識，同時有實務性知識支持，這是師資培育中極需要的一本書。

2. 不同理論的並陳與比較：對於「學生是如何學得知識的」、「學生是如何學得語文的」建構論者對此一問題的回答是否會有同中有異的觀點呢？「同」在哪裡？「異」在哪裡？本書分別在第二章和第七章有詳細

的說明。這種並陳與比較的書寫方式,有助於讀者對理論深入性的理解。

3. 敘述性知識與程序性知識的並存:敘述性知識告訴我們「What」,例如:本書中之理論篇所敘述之各學者的想法;程序性知識告訴我們「How」,例如:本書中實踐篇所敘述之課程發展的歷程。敘述性知識和程序性知識的並存,將有助於「知行合一」之教育目標的達成。

4. 合作性的產品:本書之作者背景有學者、有學生、有業者,因此是師生合作、學者間合作及產學合作的產品。合作不是一件容易的事,但本書展現了「合作力量大」的面貌。

5. 專業與耐力的結晶:本書無論是理論或是實踐面的資料及其敘寫方式都展現了專業知能,而這些專業性知能若非經有耐力之歲月的累積、沉澱與外顯化,我們是無法看到的。本書計十三章,每章有如蛤蚌經歲月之磨礪,將沙化成之珍珠;主編張斯寧教授將十三章彙編成整本書,就展現了將一顆顆之珍珠串成了一串珍珠項鍊般所需之專業、智慧與耐力。所以此書實為一專業與耐力的結晶。

6. 感性與理性的追求:人生有夢最美,逐夢與築夢的過程充滿著理性與感性的交錯。從第四章愛彌兒課程發展史和歷年來愛彌兒陸續出版之幼教課程相關的書籍來看,高琇嬅女士一直在追求一個高品質的幼教課程與教學。透過本書的完成展現了高女士人生中夢想的逐步落實。

閱讀是件很享受的事,因為在閱讀時,書的文本會與讀者形成一種交流。為了提昇交流之際的品質,以及閱讀後,本書意義的得以延伸,建議讀者可以做的事是:

1. 記得佇足反思與對話:理論知識的轉化及實踐知識的呈現,如何與自己的信念、想法與作者結合或是修正?相信讀者透過不斷的反思以及自己與文本、自己與自己間的對話,有助於讀者幼教專業知能的提昇。

2. 進行創新的工作:生產知識是專業工作者的責任,相信透過本書的閱讀可以更刺激讀者創新的動力,創新的方向可以有:

   (1)從另一個角度來寫幼教的課程與教學:本書內容比較大的比例是敘述學生的學習行為與學習結果,看完此書之後,大家更好奇的是為什麼這些學生會有如書中所展現的行為以及成果。老師扮演了哪些角色?老師

「教」的行為、動機、信念是什麼？或是從「情」的角度來敘寫一個課程與教學的內容與歷程，本書寫的較偏「知、技」（知識和技能）的部分，上述問題或是角度都是學術界和實務界好奇的問題與角度，期待未來有這方面的書籍出現。

(2)從另一個領域來寫幼教的課程與教學：本書內容有語文、科學、數學領域之課程的方案，也極為期待有關社會領域、藝術領域以及統整式課程的案例分享。

最後謹對高琇嬅女士、張斯寧教授、愛彌兒幼兒園教學團隊，以及本書之作者們為幼兒課程與教學之品質的提昇所付出之努力，表達我個人最高之敬意。

簡楚瑛

於台北指南山下

周序

我一向推崇能發展高層次認知能力的探究取向課程，這幾年多半致力於此種課程之研究、推廣與輔導。在這過程中我不斷接觸國內外相關取向課程，其中讓我印象最深刻的，在國外以義大利的 Reggio 幼兒園馬首是瞻，在國內則以愛彌兒幼兒園為重要翹楚。

愛彌兒曾出版許多課程紀實，如《甘蔗有多高？》、《鴿子》、《學校附近的地圖》等，早已擄獲對課程有興趣的學者之心。這些課程紀實最吸引我的是：孩子在探究一件事物過程中專注的「心智」與執著的「熱情」，以及運用許多觀察、推論、驗證、記錄、訪談等求知探究的技能，最後則自然地建構了許多概念與知識。這樣的課程可以說具認知、情意與技能兼重的特色，所培育的幼兒不僅擁有求知探究的能力，而且更具有求知探究的熱情，非常符應未來紀元社會生活所需。

認識愛彌兒創辦人高琇嬅女士是幾年前的事了，她讓我印象最深刻的是：具有非常正確的幼教理念，而且不遺餘力地將老師從實務圈中提攜至學術殿堂，不僅讓理論與實務聯結，而且提昇教師的能力與形象。在我的課室中，愛彌兒的課程實例是我經常所舉的例子，以與課程理論相互輝映。此次愛彌兒集結歷年課程實例，並邀集國內幼教知名教授為每一課程實例闡論分析，可以說是實務界與學術界的至大福音：學術界如我者在講論課程時，有鮮活的例子可以援引說明；實務界如欲進行課程革新者，則有現成經驗可以取經。因此，當琇嬅老師請我為此書寫序時，正要前往芬蘭的我雀躍萬分，一口就答應接下，衷心希望此書快些出版，以造福幼教界。

本書共收錄愛彌兒團隊歷年所進行的十三個課程主題，每一個課程主題均

彰顯了幼兒探究與建構的精神，尤其透過張斯寧、陳淑琴、潘世尊等教授在理論與實務間的流轉論比，則更加清晰，讓枯澀遙然的「建構論」躍然跳現於紙面之上。我則從這十三個課程主題中看出：(1)任何主題皆可探究與建構，無論是數學、科學，甚至是社會取向的主題皆可；(2)語文的聽、說、讀、寫能力或為幼兒建構主題知識的重要探究工具。這也呼應了琇嬋所曾提及的：愛彌兒課程的重要精神是建構主義與全語文教學觀。

「凡走過必留下痕跡！」我深信用心努力一定會有美好的成果；我更相信努力耕耘的人，一定要有、會有更廣闊的舞台空間讓其揮灑，這是我目前輔導幼兒園的互動方式與積極做法。因此，我樂於為愛彌兒馬前發聲，更盼愛彌兒能繼續更上高樓，引領實務界向前邁進，為我們的未來主人翁造福，也為學界與實務界的連結樹立典範。

周淑惠

薦於 2007 仲夏北歐之旅

建構取向的幼兒教育

近十年來，「建構主義」在教育界一直是個熱門的議題。原因是自八十二年版的國小數學課程綱要提出「建構數學」的想法與實驗課程，「建構主義」因而聲名大噪，可是也由於政治力的介入，「建構主義」深深地被汙名化。現今人人避談「建構」，也不明就裡地下結論說「建構主義在國內是不可行的」。然而，一種新的思潮要在實務界推行需要多方面的配合，尤其是現場教師在教學時持續的反思與深入的引導，才能在推展新的觀點時得到教師的認同與接納。而教師在學習新知識的過程，也是一個建構的過程。可惜的是，過去在推展新觀念的同時，過於急功近利，也過於相信權威，以至於「建構」一敗塗地，人人喊打。

然而，就幼兒教育而言，反而在發展建構課程時有著與國民小學不一樣的情境脈絡。一方面由於幼兒園沒有固定的教學模式，各個幼兒園都使出渾身解數發展有各園特色的校本課程。另一方面，也由於幼兒教育向來以發展幼兒的主體性為主要目標，只要教學模式能到以幼兒為中心的目的，並不侷限以哪種方式來進行教學。而近年來建構教學之所以受到青睞，應該與義大利的「瑞吉歐教學取向」（Reggio Emilia Approach）有密切的關係。當我們看到幼兒在工作過程的專注；當我們看到幼兒在解決問題時主動思考的歷程；當我們看到幼兒在推理時所展現的思維；當我們看到幼兒完成任務時所擁有的喜悅；我們看到了我們想要教育出來的孩子的樣貌。

可是，義大利的瑞吉歐所展現出來的是以「藝術」領域為主的建構學習的

樣態，是否還有以其他領域為主的建構教學樣貌呢？從來，「知識」的獲得是幼兒教育的禁忌，在早先推動幼兒教育的同時，學者專家最最害怕的是幼兒園成為國小教育的先修班；然而當「提早學習」的概念深植家長心中，進而透過家長轉進幼兒園的同時，幼兒園紛紛棄械投降，以滿足家長的需求為先。可是，當我們轉變教學方式，將學科知識的發展歷程等同於孩子的學習方式。以Vygotsky的理論為基礎，將學科知識視為文化情境中因需求而已建構完成的文化工具時，一切的困惑都會迎刃而解。孩子的學習就是與生活情境互動，孩子的學習就在感知周遭環境，孩子的學習就是以自己原本的探究本性出發在經驗世界、整理世界。而「語文」、「數學」、「科學」都是整理世界而得的結果知識，而整理世界的過程，孩子學會了思考方式、解決問題的方法，也以自己的經驗為基礎，逐步內化知識。而「建構教學」其實就是將科學家建構知識的過程在教師中還原，讓孩子學習到「如何去學」，也讓孩子學到「為什麼要學」。可惜的是，大人的急切，加速了孩子的學習步調；大人的「好心」，剝奪了孩子犯錯的機會，讓孩子喪失知識的擁有權（ownership）。華人世界中要求「成就」的價值觀念總讓這種依孩子步調來學習的觀點持續遭遇挑戰。而大人本身被「告知」而學習的過去經驗也讓建構學習的觀點遭到質疑。然回歸學習的原點，我們為什麼不能讓孩子以建構的方式來學習？

然而，要進行建構教學並不容易，需要懂得理論的學者專家與教育現場的實務工作者持續的對話和反思。建構教學需要教師先釐清自己的教學哪些需保留，哪些需修正，為什麼需修正，在理論上所反映的意義為何？這樣的任務不能就這樣交給教師，而師資培育者也不能在象牙塔中捧著Vygotsky沾沾自喜。現場實務工作者和學者專家持續的辯證與對話，愈辯愈明的實務知識才在現場工作中生根發芽。而愛彌兒幼兒園在組織架構上更是有「研究企劃室」的成立與規劃，建立教師與學者專家中溝通的橋梁，也幫助忙碌的教師整理教學資料。希望現場教師再度省思其教學歷程時有跡可循。也幫助教師的教學從直覺、到習慣、到省思、到監控，最後希望其能內化。

本書的架構是從一般性的建構理論出發，然後以語文、科學、數學三個領域在愛彌兒幼兒園的實施狀況為例，來說明建構論在幼兒教育的應用情形。而各個領域又以三個章節為一單位來說明。第一個章節是教學的理論，第二章節

是園所實施這種教學下孩子的表現，第三章節則是以建構論的觀點回溯教學歷程時老師如何搭建鷹架。三個學科領域大致以此結構環環相扣，而有了第二篇的九篇文章（從第五章到第十三章）。乍看之下由於章節名稱的類似，很難一窺究竟，但細究其內容，才發現愛彌兒幼兒園在編輯本書時的用心。由於幼兒在語文、數學和科學上的表現是早在園刊《探索》上發表過的文章，而園刊出版的目的是以告知家長孩子在幼兒園的表現為主。殊不知幼兒有此表現實在是因為園方、教師在軟硬體上的營造才有的結果。而老師搭建鷹架的分析也讓現場的實務工作者更加意識到自己在教學過程中所扮演角色。雖說目前的分析是由學術工作者的角度出發，但假以時日教師更有機會反思其教師在引導過程中扮演的角色，教師在教學中的引導過程也更為有機和活化。而讀者在閱讀本書時也要扮演主動建構者的角色，才不會在豐富的訊息中迷失和困惑。

幸曼玲

台北市立大學幼兒教育學系

前言

就幼教工作者而言，甚為關心的一個問題是：兒童究竟是如何得到並發展其知識？或如何形成及提昇其解決問題之心理能力？因就幼兒教育而言，引導幼兒進行知識的學習或促進其問題解決心理能力之提昇，可說是相當重要的一環。針對上述問題，「建構主義」（constructivism）提出強而有力的解釋，因而可作為幼教工作者發展課程與實施教學時的依據。

本書第一篇「教育應用」，著重於建構主義及其在幼兒園的應用，各章的內容如右：第一章，將針對「建構」與「建構主義」這兩個概念詳加闡述；第二章及第三章將聚焦於與幼兒教育較有直接相關的建構主義派別——Piaget 的建構論、根本建構主義、Vygotsky 的社會建構主義之內涵加以詮釋，並闡述據以衍生之教育主張及可應用在幼兒園之教學原則、方法；第四章則輔以台中市愛彌兒幼兒園支持建構主義取向課程與教學實施的軟、硬體環境為例，以便讓讀者事先瞭解下一篇「課程實踐」各課程在何種時間、空間以及與人相關的支持架構下所蘊藉及發展而成，本次改版有修訂此部分。

本書第二篇「課程實踐」，則詳述台中市愛彌兒幼兒園在發展與實施建構主義取向課程教學的歷程中九篇的課程紀實（二〇〇〇年二〇〇七年）——節錄自愛彌兒幼兒園創辦人高琇嬅老師主編之《探索》期刊第 13 期到第 20 期（本次改版新增一篇 2017 年 3 月第 33 期的文章〈老師的鞋子，亂放，幫老師的鞋子做個鞋櫃吧！〉），因各個課程，不論是主題課程或方案課程，皆是孩子跨領域（即數學、語文、科學、社會情緒等學習領域因同一議題的統整）探究的活動；但也都有一較為聚焦的領域作為探究的主軸。

因此，本書作者群嘗試將這九篇課程依其主要探究的領域區分為：語文主

題／方案課程、科學主題／方案課程，以及數學主題／方案課程三部分，每一部分又以建構主義對該領域課程與教學的影響、主張及原則的介紹作為開啟，再輔以愛彌兒幼兒園的課程紀實，最後再以建構主義的觀點回扣其中之一或二的課程加以分析及比較作為總結。換言之，課程實踐篇將以建構主義取向幼兒園課程所植基的各領域教學理論為經，以課室內師生共同醞釀及發展的課程紀實為緯，以相互交織及彼此印證。

張斯寧

弘光科技大學幼兒保育系

建構主義取向的幼兒課程與教學：以台中市愛彌兒幼兒園探究課程為例

第一篇

建構主義及其在幼兒園之教育應用

建構主義取向的幼兒課程與教學：以台中市愛彌兒幼兒園探究課程為例

chapter 1

建構與建構主義之意涵

文／潘世尊

 第一節　什麼是建構？

請閱讀下面方框中的短文，並試著回答問題：

洛基慢慢地從墊子上站起來準備逃跑，不過他猶豫了一陣子，他的心裡想，事情實在愈來愈不對勁。最令人擔心的是，雖然對自己不利的因素愈來愈少，但他仍然被鎖住。他考慮了目前的情勢，雖然他被強而有力地鎖住，但他確信可以掙脫得掉，他理解到時間一定要對。洛基知道目前會遭遇此種情境，是因為早先太具侵略性的緣故。這種處境使他愈來愈不耐煩，加在他身上的壓力已經過於長久，他被無情地壓制著。洛基開始生氣了，他覺得他已準備好了，可以開始行動，成功與失敗就決定在以下的幾秒鐘時間。

請問：

1.洛基要從事什麼樣的行動？（請試著回答，再看下面的問題）
2.如果在這一段話之上加入「囚犯」這個標題，你猜洛基要做什麼？為什麼？（同樣地，請試著回答。之後，再看下面的問題）
3.如果將標題再改為「摔角大賽」，你猜洛基要做什麼？為什麼？

請回想，你是怎麼猜測洛基要從事什麼行動的？在你剛才猜測洛基要從事什麼行動的過程中，你的腦海裡面發生了什麼變化？又產生什麼運作？當在這一段短文之上加入「囚犯」這個標題時，你在回答問題的過程中，腦海裡是否浮現和監獄有關的畫面及資訊，並以此為基礎來詮釋這一段話，然後據以提出你的回答？而當標題被改為「摔角大賽」時，你在回答問題的過程中，腦海中所浮現的是否變成和摔角大賽有關的畫面與資訊，並以此為基礎來詮釋這一段話，然後據以提出你對問題的回答。

　　如果是的話，則你可說是以本身腦海裡已經有的知識為基礎，將你所知覺到的問題情境加以組織、詮釋與創造，並賦予意義，進而提出問題的回答。其實，這個過程就是「建構」。因此，每個人都有建構的能力（即都能以已有的知識或問題解決能力為基礎來詮釋所面對的情境或問題，然後賦予其意義或提出問題解決方案）。只是說，所做的建構可能不符合問題或情境之要求。

　　當將建構的意涵界定為此時，有如下三點值得提出：

1. 當人們腦海中的知識不同時，即使處於相同的情境或面對相同的問題，建構的結果亦可能不一。

2. 即使想不出問題的答案或提不出解決問題的方法，兒童可能仍是在建構（即他的腦海之中，仍在針對本身所面臨的問題情境進行組織、詮釋與創造的活動）。因此，建構不是「老師不用教導或引導，兒童就能自行解決問題或自學成功」，而建構主義下的教學亦不是讓學生自學。若未瞭解此點，可能會錯誤地以為建構主義取向的課程與教學僅適合程度較好的兒童。

3. 人們是生活在「經驗世界」（即由感官經驗所構成的世界）而非真實世界之中。因此，個體是針對自我的感官經驗（如眼睛看到的畫面與線條或耳朵聽到的聲音）進行建構。雖然處於相同的情境，但每個人的感官經驗所構成的經驗世界可能不同（如同樣地在菜圃裡面觀察毛毛蟲，但每個兒童的感官經驗及由感官經驗所構成的經驗世界並不會相同）。因此，建構的結果亦可能不一。

🌳 第二節　建構主義的意涵

　　古往今來，一直有一些人對於人們是如何產生與發展其知識，或如何形成及提昇其解決問題之心理能力，以及人們所產生之知識與形成之心理能力有何特性之問題甚感興趣，並在思辨或探索後，試著提出自我的主張。在這些主張中，有一些可抽取出如下之共同成分：知識或問題解決之心理能力，無法經由被動的接受而被取得。它們必須經過人們的主動建構方可形成與發展。凡是具有上述共同成分之主張，皆可稱為建構主義；其提出或倡導者，則可稱為建構論者或建構主義論者。因此，建構主義並非體系統整的單一理論。在建構主義這個理論大傘之下，包含許多建構主義派別。除了「個體之知識或問題解決之心理能力必須經由其主動建構方可形成與發展」此點共同要素之外，不同取向的建構主義派別之間，其實可能存在不同，甚至互不相容之主張。在這些主張中，對幼兒教育之課程與教學較具啟發性者為 Jean Piaget 的建構論與 Ernst Von Glasersfeld 的「根本建構主義」（radical constructivism）、Lev Semenovich Vygotsky 對「高層次心理能力」（higher mental functions）〔或「高層次心理歷程」（higher mental processes）〕發展之解釋，以及「情境認知」（situated cognition）與「情境學習」（situated learning）理論。

　　針對上述，有如下兩點值得提出：

　　首先，與「知識或問題解決之心理能力必須經由個體的主動建構方可形成與發展」此項建構主義要素相對立的論點是──知識或問題解決之心理能力，可藉由被動的接受而取得。所謂「被動的接受」，意指個體在面臨外在環境或問題情境時，大腦不用主動針對自我的經驗世界加以組織、詮釋與創造，就能取得知識或形成問題解決途徑。舉例來說，某個打算在畢業後不想從事教保工作的幼保系學生在學校課堂上課的過程中，只要聽到授課老師說「這個部分要注意聽，因為它對我們以後要從事教保工作的人很重要」時，心裡就馬上告訴自己「我不想聽，因為我以後根本不想從事教保工作」。雖然他這樣說，但老師接下來所說的話仍會被他的聽覺器官及神經接收到。然而，由於他排斥這個部分而未主動針對自我的聽覺經驗加以組織、詮釋和創造，因而不會從中取得

知識或發展出任何與幼教有關之行動方案。

　　其次，由於建構主義旨在解釋人們是如何獲得知識或形成問題解決之心理能力，因而並非告訴教育工作者應如何實施課程／教學之課程／教學理論。若是如此，「建構教學」或「建構式教學」之類的用語其實不太適切。當以建構主義為基礎來發展課程與教學時，較為適當的描述是：以建構主義為基礎的課程與教學、建構主義之下的課程與教學，或者是建構主義取向的課程與教學。然而，許多教育工作者沒有覺察此點，且將建構主義當成一種教學主張。

chapter 2

Piaget 的建構論與根本建構主義及其在教育上的應用

文／潘世尊（第一、二節）

張斯寧（第三節）

　　你曾想過你本身所擁有的知識（如與兒童的行為表現有關之知識）是如何取得的嗎？又你所擁有的知識具有何特性？它們是「真理」嗎？針對此等問題，Piaget 的建構論與根本建構主義提出甚具解釋力之主張，相當值得教育工作者參考。

第一節　Piaget 的建構論

◎Piaget 想要解決的是什麼問題？

◎Piaget 的探究方法是什麼？

◎Piaget 對於與「知識」有關的一些問題之解釋為何？

壹、Piaget 想要解決的是什麼問題？

　　與「知識」有關的一些問題，一直是許多哲學家探究的一個重點。這些問題如：人們何以能取得知識？人們是如何取得並發展其知識？人們所取得之知識具有何特性？針對此種問題加以探究之結果，屬於哲學「知識論」的範疇。與這些哲學家一樣，Piaget 亦對知識論的相關問題甚感興趣。

貳、Piaget 的探究方法是什麼？

在探究這些問題時，Piaget 主要以他的子女為研究對象。在 Piaget 眼中，知識的取得與個體腦海中的主動建構歷程密切相關。然而，發生在個體腦海中的建構歷程並不像肢體動作一樣，可以讓我們透過直接觀察而瞭解。因此，Piaget 是先問其子女一些問題，然後從其子女的回答或所展現的行為中，加以推論。當然，所做的推論必須經過驗證；而若有需要，還會加以檢討與調整。這種方法，其實就像內科醫師透過觀察與問診推測患者身體內部可能的病情，然後再決定處理的方式；之後，還會視患者的反應驗證所做的推測，或進一步調整對可能病情的設想與處方。因此，Piaget 探索知識論相關問題的方法，可稱為「臨床唔談法」。而經由此種方法，Piaget 對個體是如何取得與發展其知識，以及個體所取得之知識具有何特性之問題，提出甚具解釋力之主張。其論點，可稱為 Piaget 的建構論。

參、Piaget 對於與「知識」有關的一些問題之見解

Piaget 的建構論，主要重點如下（Piaget, 1971; Von Glasersfeld, 1995）。

一、知識形成的基本能力

依 Piaget 之見，個體之所以能取得知識，是因為具有「經驗性的抽取」（empirical abstraction）與「反思性的抽取」（reflective abstraction）這兩種基本能力。經驗性的抽取是指將知覺上一再同時出現的感官動作訊號加以聯結與調合，從而建構出某種概念。舉例來說，幼兒會取得「狗」這個概念，是因為感官一再接觸與「狗」有關的各種訊號（如狗的身形、外貌、叫聲、運動樣態，以及「狗」這個字的語音），然後將這些訊號加以聯結與調合，進而建構出「狗」這個概念。因此，經驗性的抽取具「歸納」之特質。至於反思性的抽取，則是從本身的心靈運思所製造的訊號中，抽取出概念（如反思心中先前透過經驗性的抽取所形成之數個概念，然後透過分析、比較或推理之過程建構出新的概念）。舉例來說，某個兒童在心裡面用許多畫面代表他對男性頭髮長度的知覺經驗（如他先前所看到自己的爸爸、弟弟、同學或警衛叔叔的頭髮長

度），以及女性頭髮長度的知覺經驗（如他先前所看到自己的媽媽、姐姐、同學或廚房阿姨的頭髮長度），然後透過比較與歸納的方式得到「長頭髮的是女生」這種概念。因此，反思性的抽取並不需要以可觀察的感官動作訊號為基礎。再者，欲進行反思性的抽取，必須具製作「表徵」（representation）之能力。所謂「表徵」，有「再呈現」（re-present）之意，即用一個東西（心裡面的圖像或畫面亦可）來代表某種東西。舉例來說，當某個幼兒被問到三顆糖果和兩顆糖果合起來有幾顆糖果這個問題時，在心裡面用三根手指頭代表三顆糖果、用另一隻手的兩根手指頭代表兩顆糖果，然後把兩隻手的手指頭合併起來，並回答「五顆糖果」。被他的心靈所主動製造用以代表糖果數量的手指頭，即是表徵。有了表徵的能力，反思性的抽取方為可能。

二、知識發展的歷程

經由經驗性的抽取和反思性的抽取，人們可取得知識。人們所取得之知識，可稱為「基模」（scheme）。因此，在人們的腦海之中，存在著各式各樣的基模。在 Piaget 眼中，人們是以基模為基礎來因應外在的情境或問題。此一主張，可透過圖 2-1 所揭示之「行動基模組型」更加清楚地加以說明。

知覺的情境→活動→有利或期待的結果

圖 2-1　行動基模組型取自
資料來源：取自 Von Glasersfeld（1995: 65）

因此，當一個幼兒透過經驗性的抽取所得到之「狗」的基模，其實可進一步解析為：若知覺到有四條腿、有毛、會發出類似「旺旺」的聲音的動物，要說牠是狗；因為這樣，才符合所看到動物的特性或能得到同學、父母、師長的認可。由於人們是以基模為基礎來對外在環境做回應（更確切地說，應是對自我的經驗世界做回應），使得初步形成此種基模且未看過小羊的兒童第一次看到剛被剪完毛的小綿羊時，會將其稱為「小狗」（剛被剪完毛的小綿羊和小狗的外形很類似）。同理，一個擁有「紅燈停」基模的成人在開車的過程中，看到紅燈亮時會停在十字路口之前。因為如此，才不會出車禍或被警察開罰單（圖 2-2）。

```
知覺的情境 ⟹        活動        ⟹有利或期待的結果
知覺到紅燈 ⟹要停在十字路口前⟹才不會出車禍或被警察開罰單
```

圖 2-2　「紅燈停」行動基模組型

　　要說明的是上述所舉之例乃認知性的基模。其取得，乃藉由「經驗性的抽取」或「反思性的抽取」這兩種能力之展現。然而，在這之前，幼兒必須已經發展出「物體恆存」的能力〔即能用「心像」來表徵眼睛看不到的「物體」（如從幼兒的眼前慢慢被移動，最後被放置在抽屜中的玩具）〕。否則，當物體從幼兒的眼前消失之後，對該幼兒而言，此項物體等於從來沒有存在過。如此，自不可能透過「經驗性的抽取」或「反思性的抽取」形成概念。

　　依 Piaget 之見，在幼兒發展出「認知性基模」之前，是以「生理性基模」來回應其經驗世界。然而，生理性基模是如何產生的？

　　以早年於生物學領域的學習經驗為基礎，Piaget 指出在某種環境下能表現出適合環境要求的「反射作用」之有機體，必然會比不能夠表現出來的有機體更占優勢而存活下來。同時，由於遺傳的結果，使得他們的後代亦能表現出這些反射作用。因此，初生嬰孩所表現出來的反射作用（如當知覺到臉頰被碰到時，就轉過頭去吸吮）乃得自於遺傳，且是一種未經學習就被決定之「固定的動作型式」。以此為基礎，Piaget 建構一個反射作用模式，即如上所述之行動基模組型，包含：「知覺到的情境」、「與此情境相聯結的活動」，以及「活動的結果有利於行為者」這三個部分及彼此之間的聯結。其中，「活動的結果有利於行為者」，是決定某種反射作用是否會被遺傳的關鍵因素。

　　◎同化（assimilation）：誠如上述，個體是以基模為基礎來因應外在的環境。過程中，首先出現的因應方式稱為「同化」。所謂「同化」，是指個體將他知覺到的情境或問題視為與他先前經驗過的某個情境或問題相同、類似，或與其特徵相符，然後採行能於自己先前經驗過的該情境或問題得到滿意結果之回應或行動。上文所說擁有「狗」的基模的幼兒，把剛被剪完毛的小綿羊稱為小狗，或擁有「紅燈停」基模的成人在知覺到紅燈時，會把車子停在十字路口之前，就都是起於同化作用。再舉例來說，一個被教師教導「只要看到數學題

目中有『剩下、還有、花掉』就用減法」的兒童，在考試的過程中，只要看到題目出現「剩下」、「還有」或「花掉」等字眼（如看到「媽媽買一本書花掉五十元，她還有八十元，請問媽媽原來有幾元？」這個題目中的「花掉」和「還有」），他就會立即採用減法來解題（因為如此，將符合老師所教而得到分數）。又如某個擁有「開車」基模的台灣人初次在日本準備開車時，可能會跑到車子的左邊並試著打開左前方的車門（因為如此，才符合車子的結構以及才能順利開車。不過，在日本，車子的駕駛座是在車廂的右前方）。這些行動，亦都屬於同化作用。因此，當個體視他目前所面臨的問題或情境與他先前已認識的某個問題或情境相同、類似，或因具有共同的特徵而視為等同時，和他先前所認識的問題或情境相聯結的活動就會被激發出來，並且他會預期得到一個和先前的經驗相同的結果。因此，同化會導致「類化」的效果（即「視同」而「類化」），並驅使個體從事某種目標導向的行動。此種歷程，可用圖2-3 之例更加清楚地加以說明。

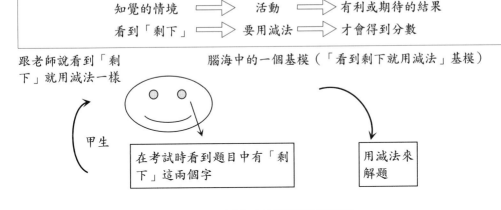

圖 2-3　同化之意涵與歷程示例

　　針對上述，有如下三點值得進一步說明：

　　第一，許多人將同化解讀為「把新的經驗納入原有的認知結構」。此一解讀其實不夠完整，宜調整為：把新的經驗納入原有的認知結構，然後視其與先前已經歷過的某個經驗相同、類似，或具有共同的特徵。之後，若先前已經歷過的該經驗之意義為 A，則賦予新的經驗意義 A；而若在該經驗中要採取行動 B，則會採行行動 B。

第二，個體視他所面臨的情境或問題與他自己先前已認識的某個情境或問題相同、相似，或具有共同的特徵，然後採行能於他先前所經歷的該情境或問題得到滿意結果之回應，是一種普遍的現象。即使個體所面臨的問題其實與他本身先前的所有經驗不符，個體仍會試著思考它與先前所經驗過的何種問題相同、相似，或具有共同的特徵，然後據以採行類似的問題解決方式。

第三，當個體視他所面臨的情境或問題之特徵與他先前已認識之某一事物的特徵相符合或將二者視為同一時，從旁觀者的角度來看，未必如此。換句話說，個體所面對事物之特徵，可能只有部分和他先前已認識之某一事物的特徵局部相符。然而，個體往往會忽略不符合或不一致之處，並將其視為和他原已認識的事物相同、相似，或具有共同的特徵。此種忽略會讓個體的知覺受限，並因而產生有問題的回應或行動。

◎調適（accommodation）：當由同化作用所驅使導向某種目標的行動沒有得到預期中滿意的結果時（即同化失敗），個體會感到「困惑」（perturbation）。舉例來說，一個擁有「開車」基模的台灣人初次在日本準備開車時，可能會因為同化作用而跑到車子的左邊。然而，當他打開左前方的車門準備進入車廂開車時，可能會說「咦！怎麼會這樣？」，並舉起手搔搔他的頭髮。此時，他的反應即是 Piaget 所謂的感到困惑。是以困惑乃因行動的結果不如預期而產生怪怪的感覺。此種感覺，會使有機體失去「平衡」（equilibration）。因此，個體會試著透過「調適」作用以去除困惑，進而重新取得平衡。然而，個體是如何調適的？

從 Piaget 的角度來看，人們是以基模為基礎來因應外在的環境。因此，同化會失敗，其實源於個體腦海中原有的基模已無法適切因應他所面臨的新情境或問題。是以調適作用之進行是指「調整」腦海中的基模，以使其能夠「適應」所面臨新情境或問題之特性。個體對基模的調整，可能為「精鍊原有的基模」（即使原有的基模精緻化一點，如將「開車」基模精緻化為「在台灣開車，駕駛座在車子的左前方；在日本開車，駕駛座在車子的右前方」），亦可能為「建立新基模」（若個體原有的基模與他所面臨的新情境或問題全然不符，則必須建立一個新的基模）。透過上述兩種調適之進行，個體的知識得以不斷發展。而依 Piaget 之見，最常引發調適作用的是人際間的互動，尤其是語

言上的互動。依此，批評 Piaget 對於知識的形成與發展之主張全然忽略社會的成分，其實是一種錯誤的詮釋。較為持平的見解應是 Piaget 在探究並論述人們是如何發展其知識時，把焦點放在個體大腦之中可能的運作機制與歷程。雖然如此，他並未否認或忽略外在環境對於知識發展的重要；只不過二者之間的關係並非他探究或論述的焦點。同時，從他的角度來看，個體是否主動調整其基模，關鍵在他本身是否感到困惑。因此，即使從旁觀者的角度來看，個體在某種情境下的行動並不恰當，但若個體本身沒有感到困惑，他亦不會主動進行調適。若是如此，外在環境僅是促使個體感到困惑，進而主動調整其基模之被動因素；個體本身是否感到困惑，才是決定他是否主動進行調適作用的關鍵力量。

◎**往能適應的方向前進**：請試著回答如下列方框中的問題：

1.這是什麼？▢

2.下面的 ▢ 又是什麼？

　值▢生

　子▢

　1▢▢

3.在上面的問題中，你為什麼會這樣回答？也就是說，為什麼會這樣組織你的經驗世界，然後賦予它此種意義？

如上所述，個體是以基模為基礎來對外在環境做回應；而若所做的回應沒有得到令其感到滿意的結果，則會透過原有基模的精緻化或新基模的建立，以使自我之回應能重新符合外在環境的特性。這個過程所顯現出來的是無論是同化或調適，目標都朝向形成能符合個體所面臨情境或問題要求之回應。換句話說，當個體在面對外在情境或問題的過程中，會試著尋求能夠合理的解釋經驗世界的知識（即能適應外在環境特性與要求之知識）。因此，知識的建構是有方向性的。

三、知識的類型與性質

經由上述若干活動和歷程，個體可能取得三種不同類型的知識：

1. 物理性知識，如黑色與黃色。

2. 邏輯數學知識，指經由邏輯推理所得到之知識，如黃色比黑色亮、4 比 3 大（因 3 再多 1 是 4）。

3. 社會性知識，如過年的時候會圍爐、發紅包。

然而，個體所取得的這三種知識，僅為「能適應」之知識而非真理的表徵。具體言之：在 Piaget 眼中，認知是個體適應外在環境的一種生物運作。為求適應，個體會對其經驗加以組織、詮釋與創造，進而賦予經驗意義或形成問題解決方案。而經由與環境不斷的互動以及不斷的調適，個體所建構的知識會愈來愈能適應外在環境的特性與要求。不過，這並不代表它就是「實體」的複本或表徵。舉例來說，醫學研究者會對透過電腦斷層、核磁共振、血液與尿液檢查等途徑所取得之資訊加以組織與詮釋，然後做出某種疾病成因之解釋。然而，此種解釋或許只能適合某些人，而無法適合所有的人；或者是僅能適用目前的人類，而無法適合未來的人類。若是如此，它並非人類何以罹患該疾病之「真理」或「法則」。因此，它僅能說是能適合該醫學研究者本身所面臨情境之知識，或截至目前為止，對於何以人類會罹患該疾病之較佳的解釋。然而，當這樣說時，或許有人會認為這和傳統所說，認知主體對世界的描述必定不完整或有所偏頗的想法相符，因而其實不值一提。唯事實上，Piaget 的本意是個體所建構者僅為能適應環境要求的知識，而非「實體」（reality）的反映。

● 何謂「實體」？

科學家所得到的知識，是自然現象的法則嗎？是真理嗎？是實體的反映或對經驗世界所做「能適應」的解釋？

就華人而言，實體是較陌生，且較難以掌握的一個概念。上文所謂的實體，乃永恆存在，且不會隨著時空之不同而改變的真理、法則或事物。舉例來說，古希臘學者 Plato（柏拉圖）認為世界分為「理型世界」和「物質世界」。人類感官所能認識的世界屬於物質世界。此世界中的每樣東西都是由

物質所組成，會受時間的侵蝕而分解，因而沒有一個東西是永久不變的。與此不同，理型世界包含了形成物質世界中各種東西的抽象形式，這些抽象形式是最理想的形式，並且是永恆不變的存在。據此，物質世界中各式各樣的馬（如白馬、黑馬、高大的馬、矮小的馬、健壯的馬、瘸腿的馬）是依據理型世界中馬的抽象形式而形成。同理，在不同的人、豬或桌子的背後，亦會有「理型人」、「理型豬」、「理型桌子」。柏拉圖認為，靈魂原本存在於理型世界，但當它在某一軀體之內醒來時，便忘了所有完美的理型。不過若能透過理性的運作，靈魂就有可能掙脫肉體的枷鎖而重新回到理型世界，進而認識種種永恆不變且完美的理型。柏拉圖所說的理型即是一種實體。

🌳 第二節　根本建構主義

　　根本建構主義是由 Ernst Von Glasersfeld 提出，一九九五年所出版《根本建構主義：認識與學習之道》（*Radical Constructivism: A Way of Knowing and Learning*）一書，可說是總結其主張之代表作。整體而言，對於個體是如何取得與發展其知識，以及個體所獲得之知識具有何特性等問題，Von Glasersfeld 與 Piaget 的看法大抵一致或可相容。然而，要說明的是 Von Glasersfeld 的主張，並非全然承繼 Piaget 的想法而來。更具體地說：從 Piaget 身上，Von Glasersfeld 精鍊他對個體是如何形成與發展其知識之主張。至於個體所取得之知識有何特性之問題，則早在接觸 Piaget 的論著之前，就從他早年的生活歷程與學習經驗中，奠下深厚的基礎。

壹、對知識與實體之間關係的釐清

　　要瞭解根本建構主義之意涵，須掌握 Von Glasersfeld 對於知識與實體之間關係的探究歷程。

一、少年時期多種語言學習經驗所帶來的反思

　　Von Glasersfeld 是歐洲奧地利人，母語則說德語。第一次世界大戰末期，他的年紀還很小，父親服務於外交部門。當時，他的父母間若要談論不適合他

聽的話題，就會轉而用英語交談。此種情形，讓他強烈產生想要掌握此種「祕密語言」的欲望，因而主動加以模仿，而他的父母也藉機教他。因此，約在六歲左右，他已大致學會德語和英語這兩種語言。戰後，Von Glasersfeld 進入義大利的一所小學，該小學所在地原屬於奧地利，第一次世界大戰之後變成為義大利的國土。其中，德國小孩和義大利小孩各占一半。就在生活與遊戲的過程中，他又毫無困難地學會第三種語言──義大利語。

十歲時，Von Glasersfeld 被送進位於瑞士的寄宿中學。在那裡，他除了運用德、英、義語與老師及同學交談之外，亦展開爾後八年的法語學習。學法語的過程，和以前從生活中自然進行，並在感情、思想及行動上都完全涉入的方式不同。此時的學習是在課堂中透過教師教學的方式進行。教師教學時，是以學生原有的語言（通常是德語）為基礎來解釋法語的發音、句子及文法。此種不同於以往的學習經驗，讓他明白當利用母語或一種語言來學習另一種新語言時，學習者無法避免的會用原有的語言經驗來詮釋並理解新的語言，使得新語言只是被「嫁接」（grafted）在原有的語言之上。如此，將無法掌握新語言所代表的真正意義及其中所蘊含的思想和情感。

此種體會，讓 Von Glasersfeld 的心中興起一個當時尚無法系統陳述的模糊概念：人們如何看待和談論這個世界，有相當高的程度是由他們的母語所決定。之所以如此，乃因母語的獲得與生活經驗不可割裂。當學到母語時，亦學到與母語連帶發生的生活經驗的意義、思想及情感（例如：學到「考試」這個詞，就是學到與這個詞連帶發生的考試活動的意義及情感）。而由於人們在看待或討論外在的事物時，受到生活經驗的影響極深，因此，自然可以說人們如何看待和談論這個世界，有相當高的程度是由他們的母語所決定。

在上述想法的促動之下，Von Glasersfeld 進一步提出在語言背後的真正實體可能是什麼，以及一個人如何才能認識且將這個實體描述出來的問題。這兩個問題的提出可說奠定他往後理論發展的方向，因對其提出適切的回答是他試圖完成的志業之一。

二、先前哲學家觀點的啟發

Freud、Wittgenstein、Berkley 及 Vico 等人的論點，分別對 Von Glasersfeld 產

生了相當程度的啟發。

◎**Freud 與 Wittgenstein 的啟發**：中學畢業後，Von Glasersfeld 進入瑞士蘇黎世大學就讀，但一個學期後就因故轉到奧地利的維也納。在維也納，納粹運動雖被官方禁止，但仍氣焰高漲，因而使得整個校園瀰漫著令人壓抑的氣息。兩個學期之後，由於有機會可以在冬天擔任滑雪教練，Von Glasersfeld 就毅然決然地離開這個讓他感到窒息的環境。此舉，宣告著他在校園接受學術訓練的生涯正式結束。Von Glasersfeld 在維也納雖只有兩個學期，但卻接觸到對其有深遠影響的 Freud 和 Wittgenstein 的理論。

Freud 認為，人們在和社會互動的過程中，不欲為人所知的不幸經驗以及不符合社會規範或道德的欲望和需求會被壓抑到潛意識深處，從而讓自身沒有意識到它們。雖然如此，這些經驗、欲望或需求仍可能支配著人們的行動而成為一種「無意識動機」。因此，可試著協助個體將其心理運作中「無意識動機」的部分給揭露出來，從而建立個體心靈運作的模式。此種想法，對於後來試圖瞭解人們的大腦是透過何種運思以獲得知識的 Von Glasersfeld 而言，產生相當大的影響。

至於 Wittgenstein 與 Von Glasersfeld 受其理論啟發，初步的回答上述從先前的語言學習經驗中所提出的兩個問題。Wittgenstein 指出：為了發現「圖畫」（picture）是真或是假，我們必須要將它和「實體」比較。分析起來，此句話似乎意指在所畫的實物之後尚有永恆不變的實體。要瞭解是否畫出實物之後的實體，就必須將圖畫和實體一併比較。就如本章先前所述，所謂的實體是本，為永恆不變的存在；實物是表象，乃實體所化的具體物，例如：有各種桌子，它們是實物，在實物的背後則存在著桌子的實體。在重複閱讀 Wittgenstein 的話數遍之後，Von Glasersfeld 頓悟要做此種比較並不可能，因人類並沒有直接的通路可到達位於人們的經驗之外，未曾被觸摸過且未曾用語言系統陳述出來的實體。在此體悟之下，也意味著要回答「人類語言所描述的世界背後的真正實體是什麼」以及「人類如何才能認識這個實體並將它描述出來」這兩個問題為不可能，因人類並無法觸及位於語言所描述的世界背後的實體。

◎**Berkley 與 Vico 的啟發**：人類既無法觸及位於感官經驗之外的實體，那麼，所能認識的究竟為何？對這個問題的回答，Berkley 與 Vico 的觀點影響甚大。

依 Berkley 之見，被知覺的事物方為存在。就如他所說的：有臭味，是因為它被聞到；有聲音，是因為它被聽到。換句話說，當某事物沒有被個體所知覺到時，對個體而言，它就是不存在。因此，被個體所知覺到的事物，對個體而言，才算存在；同時，個體所理解或認識的，也僅限於這些被個體所知覺到的事物。據此，就「人類所能認識的究竟為何」此一問題而言，隱含的解答為人類所能認識的範圍是受限的。因人類所能認識的，僅限於本身的經驗世界。

在接觸 Vico 的著作之後，Von Glasersfeld 對人類所能認識的範圍又提出了更進一步的限制。Vico 指出，知識乃個體主動的運用理性將經驗加以調和之後而被創造出來。此種被自我所創造之知識，個體會將其視為真理。因此，個體為他本身所認識的真理之製造者。此點意謂個體之理性若沒有主動地將自我之經驗加以處理以製造出知識，就沒有知識的存在可言；再者，個體所能知道的，也僅是他主動製造並認為是真理的知識。此種想法，Von Glasersfeld 認為和原本已存在於他的腦海之中，但卻相當離散而待統整的若干概念互相契合。同時，他認為 Vico 是歷史上第一個清楚地陳述知識是由我們自身所建構的人。也可以說，他是根本建構主義的先鋒。

三、概念分析經驗的支持

Von Glasersfeld 年輕在歐洲時，曾投入概念分析的工作。一九六九年到美國喬治亞大學任教之後，在因緣際會下，亦和一群夥伴對兒童的數學概念進行分析。這方面的經驗，一方面證實他對知識與實體之間關係的想法；另一方面，亦影響其理論內涵的發展，並使得根本建構主義不只是單憑思考推理而得到之哲學思維。

◎個體所描述或所認識的世界乃被語言所決定：在接觸 Ceccato 之後，Von Glasersfeld 開始從事概念分析的工作〔第二次世界大戰結束後，Von Glasersfeld 遇到 Ceccato。Ceccato 組成一個團體，試圖發展一個新的「語意學理論」（theory of semantics），他稱這個團體為「義大利運思學派」（the Italian operationalist school）〕。與 Ceccato 認識，Von Glasersfeld 認為對他未來人生的進路產生重要影響。

一九五九年，Von Glasersfeld 在 Ceccato 主持的「神經機械學」（cybernetics）中心擔任全時研究助理，任務之一為分析英語或其他語言中透過「介詞」來表達的概念。他從工作經驗中發現：動詞、名詞或形容詞之間有無以數計不一致的概念，但在雙語字典中卻常被視為相同。此點發現支持他先前的體悟：個體所描述或所認識的世界乃被語言所決定。因無論是對世界的認識或描述，個體都是以語言為媒介。然而，不同的語言之間的差異即使很細微，但亦不會全然相同。雖然，使用不同語言的人之間亦可以溝通得很好，但說話者所表達的確是不同的世界，例如：一個以英語為母語的女孩說「I like the boy」，另一個以義大利語為母語的女孩說「questo ragazzo mi piace」，字面上兩者所說都是「我喜歡那個男孩」，但情感上，前者主動的是女孩，後者則是男孩，這兩句話所表達的概念世界並不相同。

◎**知識乃被個體所創造**：在喬治亞大學，Von Glasersfeld 經人介紹和 Leslie Steffe 認識。Steffe 是有名的數學教育學者，在喬治亞大學採 Piaget 的取向進行研究。與 Steffe 的認識，讓 Von Glasersfeld 得以運用實徵性的資料來顯示根本建構主義理論的有用性。

Von Glasersfeld 與 Steffe、John Richard（哲學家及數學教育家），以及 Steffe 的學生 Paul Cobb、Patrick Thompson（兩者亦為有名的數學教育學者）等人，從概念分析中推論及發展兒童有關於數、加法、減法及位值等概念的建立及運思進程的模式，例如：兒童如何發展出 0 的概念、5 的概念；兒童發展出這些概念時，心理要做何種運思、兒童所做的心理運思的進程為何。又如兒童在解「本來有十五個小朋友，走了八個之後還有幾個小朋友」此一問題時，是運用何種心理運思；在不同的成長階段，兒童心理運思的進程為何等。這方面的研究結果，一方面證實個體所擁有的概念（如正整數數概念、加法、減法、位值等概念）是個體創造出來，而非上帝給定的實體之主張；另一方面，亦證實他先前所提出有關於知識發展歷程與機制的若干想法。

● 如何瞭解個體所建構的概念與運思方式和歷程？——教學實驗法

Steffe 所發展的「教學實驗法」（teaching experiments），讓與其合作的 Von Glasersfeld 得以瞭解個體建構出來的概念結構及運思方式可能為何，並據以證實其理論。

教學實驗法是由一群研究者共同實施（如有人負責與學生對話、有人進行觀察與記錄；之後，並共同進行討論）。它呈現給學生許多情境和問題，然後依學生所說和所做，創造進一步的教學和實驗，目的在對兒童所擁有的數學概念結構和運思方式進行操作性的分析，以建立一套合理的解釋模型。透過此種方法，根本建構主義的理論不但得到進一步證實，亦讓其具有實際的教學效用。因教師可以在對學生所擁有的概念結構及運思方式的瞭解之下，安排適切的教學活動以協助其學習。

貳、根本建構主義的基本原則

Von Glasersfeld（1995）指出，根本建構主義的基本原則有二：

1. 知識不能被動地接受，它是被認知主體所主動建造而來。

2. 認知的功能是適應的，為的是要組織個體的經驗世界，而非發現「客觀的本體上的實體」（objective ontological reality）。

Von Glasersfeld 認為，知識是由個體主動建造而來，是很明顯且大家都同意的事實，毋須再做說明。因此，他將那些只同意第一個原則的建構主義取向稱為「明顯建構主義」（trivial constructivism）。在明顯建構主義之下，隱含著知識獨立存在於學習者之外，認知是一個「發現」（discover）外在永恆不變的真理之過程（即發現實體的過程）。相對於此，根本建構主義認為知識是個體在對環境適應的過程中，透過對經驗世界的組織、詮釋與創造而被建造出來。因此，認知的本質是一個「發明」（invent）或創造出能使個體適應環境的知識之歷程。

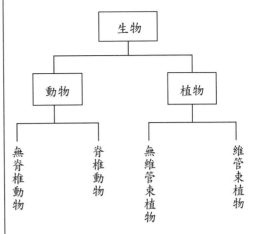

圖 2-4　生物類型的知識結構或原理原則

發現學習理論──根本建構主義或明顯建構主義？

　　Bruner 對於人們是如何學習到知識，以及知識具有何特性等問題亦甚感興趣。依其於一九六〇年代左右之見解，知識是由概念以一種有結構的方式組成（圖 2-4）。學習的目的就在透過分類、直覺思維及歸納等可以導致「發現」之活動，以取得知識的結構或事物的原理原則。

　　人們必須在認知上主動地透過分類、直覺思維及歸納等方式方能取得知識，揭示 Bruner 的發現學習理論符合建構主義之基本要素。然而，學習的目的在發現知識的結構或事物的原理原則之主張，則指出發現學習理論應可被歸為「明顯建構主義」。

　　於此，值得提出的是在台灣地區，除根本建構主義之外，「radical construc-tivism」亦曾被譯為急進建構主義、激進建構主義或基要建構主義。若查閱字典，可發現「radical」這個字的一個意義是「激進的」。無論是在我們的社會或在美國社會，「激進」皆有負面之意涵。然而，提出 "radical constructivism" 的 Von Glasersfeld，會稱本身的建構主義為激進或急進嗎？

　　依 Von Glasersfeld 所描述，一九七〇年代初期，Piaget 的理論在美國相當流行。當時，眾人探究的焦點在於他的建構論，而非先前一再被提及的「階段論」（即 Piaget 對認知發展階段的解釋）。Von Glasersfeld 認為，他本身在知識論上的立場與 Piaget 頗為一致；不過，大部分學者雖未確實掌握 Piaget 的知識論立場，卻仍聲稱自己的論點屬於建構主義取向（其實，這意味著 Von Glasersfeld 對 Piaget 的理論之詮釋與美國大部份學者不同）。因此，Von Glasersfeld 在大學中教導 Piaget 的主張時，會向學生說明此點。學生在他處所接觸到對 Piaget 理論的解讀，Von Glasersfeld 稱為「明顯建構主義」，意指個體會主動建構本身的知識是很明顯的事實，不用多做解釋。他本身對 Piaget 理論之解讀（亦即為他本身的觀點），Von Glasersfeld 用「radical constructivism」來表示。除了激進之外，「radical」亦有根本、徹底之意。因此，「radical constructivism」應該是意指知識徹徹底底、根本就是由個體主動建構之後而產生，而非造物主所給定

永恆不變之真理。據此，把「radical constructivism」譯為「激進建構主義」或「急進建構主義」不但有貶抑之意，亦無法表達 Von Glasersfeld 稱自我之取向為「radical」之本意。至於「基要建構主義」，亦較難以表達「radical」之意涵。因此，譯為根本建構主義應較為恰當。

● Von Glasersfeld 與 Piaget 的一點淵源

一九六〇年代，Von Glasersfeld 任教於美國喬治亞大學。有一天，他在和其研究夥伴 Charles Smock 討論與「知識」有關的一些問題時，Smock 對 Von Glasersfeld 說：真有趣，在你的論點中，有相當多的部份我已經從 Piaget 那裡聽過。基此，Von Glasersfeld 開始接觸 Piaget 的論著。當時，他所閱讀的是法文版（Von Glasersfeld 於十幾歲即會德、英、義、法等語言）。其後，Von Glasersfeld 教導只會英文的美國大學生 Piaget 的理論。過程中，他發現要從翻譯本來理解 Piaget 的想法其實相當困難，因翻譯者通常都沒有意識到本身具有「素樸的」（naive）知識論觀點（即認為個體所經驗或知覺到的東西就是「實體」或「實體」的表徵），就據以解讀 Piaget 的想法，其結果往往使得翻譯出來的東西和 Piaget 的原意不同，甚至連個別詞語的意涵（如「同化」）亦常翻錯。因此，Von Glasersfeld 一方面試圖在不扭曲 Piaget 的想法之下，將其理論介紹給只會英文的學生；另一方面，則去修正英譯本中對 Piaget 理論的一些誤解。一九七四年，Smock 與 Von Glasersfeld 提出以「根本建構主義在知識獲得上的意涵」（the implications of radical constructivism for knowledge acquisition）為副標題的研究報告，這是「根本的」（radical）這個字和 Piaget 所提出之「起源性的認識論」（genetic epistemology）第一次產生聯結。由於 Smock 曾和 Piaget 在瑞士日內瓦一起工作，因而寄了一份副本給這位大師閱讀。幾星期之後，Smock 收到 Piaget 最具鼓勵的致意：你是瞭解我的少數美國人中的一個。

參、根本建構主義的內涵

在上述兩個基本原則之下，根本建構主義的內涵如下（Von Glasersfeld, 1995）。

一、知識的形成與發展

依達爾文進化論「適者生存，不適者淘汰」的觀點，有機體為了生存，在生理上會做調整以求適應環境的要求。就人類而言，除了生理之外，在認知上亦需不斷調整，才能適應自然及人為的環境而得到生存。因此，認知是個體用來適應外在環境的工具，知識是個體運用此種工具適應環境的過程中，被建造出來。個體所建構的知識有時會遭受挑戰，面臨無法適應的情況。更具體的說，就是無法以原有的基模同化所面對的環境，以至於個體的內在產生困惑的感受，並使有機體失去平衡。此時，個體必須修正其知識以重新達到適應。透過修正的歷程，個體的知識會不斷地發展和演進。此種歷程，可說符合達爾文「適者生存，不適者淘汰」的觀點。

二、知識的特性

在根本建構主義之下，知識具有如下幾個重要特質。

◎**知識僅存在於認知主體的心中**：知識既是在個體主動組織其經驗以適應外在環境的過程中被創造出來，則外在的種種符號或訊息並不具有任何意義可言。只有在個體透過感官接觸到某種符號或訊息，並主動地將它們加以組織及創造出意義之後，知識才被建造出來。因此，知識僅存在於認知者的腦海之中。沒有認知者，就沒有知識可言。

對此主張，或有人會問：真是如此嗎？書中的那些知識難道不是知識嗎？如果把焦點放在一個從來沒有學過國語的兒童，然後用國語唸書中的一個故事給他聽，很顯然的，這些聲音符號對他而言將不具任何意義。因此，Von Glasersfeld所說，知識僅存在於學習者的心中，它是由學習者主動且主觀地創造出來的論點並沒有錯。

◎**能存活的知識僅是暫時性的解釋，而非真理的表徵**：Piaget 認為，認知

的功能是要建構出能適應環境的知識。Von Glasersfeld 大致接受 Piaget 此一主張；不過，他發現當採用「適應」來描述能通過環境要求的知識時，常會被錯誤地詮釋為知識必須是「實用的」。因此，他改而借用「存活」（viability）這個生物學上的術語，作為檢測知識價值的規準。所謂「能存活」（viable）的知識，是指能通過「邏輯一致性」及「經驗效度」檢測的知識。能通過「邏輯一致性」的檢測，指沒有矛盾存在；符合經驗效度的要求，則指所建構的知識能合理地解釋所經驗到的現象，或是能適切解決所面臨的問題。

要說明的是個體所建構的知識是否存活，決定權在他自己。當個體感到他所建構的知識沒有矛盾存在並能符合環境的特性或要求時，對他本身而言就是能存活的知識；相對的，若他感到本身所建構的知識存有矛盾之處，並且無法通過外在環境的考驗時，就必須進行調整和修改。然而，要說明的是目前能存活的知識，並不代表永遠能夠適合外在環境的限制或要求。在未來，它仍可能被修改或淘汰。因此，能存活的知識僅是個體在環境適應的過程中，所創造出來暫時且較佳之解釋。針對此點，或有人會問：既然是暫時性的解釋，是否應被接受？

會問這個問題，可能預設著「真理」的存在，並認為人類須追求的應是永恆不變的真理。問題是即使有真理存在，人類亦沒有直接的通路可到達位於經驗之外的真理所在，進而取得真理。因此，就算人類所得到的是真理，本身亦無從得知是否就是如此，因只有造物者才能知道。況且，個體是在原有知識的基礎之上對其經驗做詮釋，使得個體即使不斷修正其知識以適應環境的要求，但所建構的知識終究會受到原先經驗的限制而難以觸及真理所在。據此，在檢驗知識是否有價值時，以其是否能夠通過環境的限制，亦即是否能夠存活為考量。

◎**個體所建構的是獨一無二的主觀知識**：由於個體會在原有知識的基礎之上對其經驗做詮釋，因此，即使擁有相同的感官經驗，不同個體所建構出來的知識亦不可能相同。尤有甚者，Von Glasersfeld 認為兩個個體根本不可能「共享」相同的經驗，就如我已經喝下去的酒（我接受到的感官經驗），另一個人不可能再喝下去一樣（另一個人不可能再接收我接受到的感官經驗）。再舉例來說，有兩個人面對面坐著，眼睛都注視著放在兩個人中間的某個物體。這個物體雙方都沒看過，也不知道是什麼。由於坐的位子不同，兩個人所接受到的

感官訊號並不會相同。如果把這個物體換成「杯子」，然後向這兩個人說：「你們兩個人的感官經驗並不一樣」。這兩個人可能會不同意，並且表示我們都看到杯子啊。但從上一個「兩人中間放著不知是什麼的物體」的例子來看，這兩個人的感官經驗的確是不同。或有人會問：「如果這兩個人輪流在相同的位子看，感官經驗總會相同吧？」事實上，除非經過非常嚴密的控制，否則當換一個人看時，會由於光線已有不同（此時的光線非彼時的光線）而使得兩人的感官經驗有異。因此，在先前已有知識的基礎之上組織本身獨有經驗之過程，將使得個體所建構的知識為獨一無二的主觀知識。

　　◎**知識是適應環境的工具**：個體在面對環境時，會試圖用已有的知識來同化外在的環境。因此，知識是個體用以適應的工具，而非放諸四海皆準的真理。

三、人際互動與知識的建構

　　Von Glasersfeld 認為，種種外在事物的背後或語言「自身之內」（in-itself），並不獨立地存在著某種永恆不變的知識。只有在個體透過感官知覺到它們並加以組織及創造出意義之後，知識才被產生出來。雖然如此，外在事物卻可能激發個體產生困惑的感受，進而主動修改本身的知識；再者，個體所修改的知識必須符合外在環境的要求，方能重新得到適應。此種關係，Von Glasersfeld用鎖和鑰匙之間的關係來說明。外在的環境是鎖、個人所建構的知識是鑰匙，個體所建構的知識必須通過鎖孔的限制，才能成功開鎖。因此，外在環境具有促使個體調適以及限制個體知識建構方向的作用。外在環境中，人際間的互動是促使個體調整其知識及影響個體調整方向的最大力量。Von Glasersfeld就指出，語言雖不能決定學生知識的建構，卻可以設定某種限制來使學生的建構往某一個特殊的方向前進。然而，要注意的是人際間的社會互動對知識的建構雖具有如上的影響力，卻非個體知識建構的機制所在。更具體地說，它僅是促使個體修改本身的知識之被動因素。至於到底要不要修改或究竟要怎麼修改自我之知識，決定權仍在個體。

　　值得提出的是，由於外在環境（尤其是人際間的社會互動）能促使個體修改本身擁有之知識並影響其知識建構之方向，在不斷的互動之後，參與溝通者可能逐漸修改他原先對經驗世界的詮釋，並使得彼此的建構達到「能相容」的

程度。達此地步，隱含著參與溝通者的心中都「交互主觀」地同意他人對經驗世界所做的解釋，並認為他人所做的解釋和自我的解釋是相同的。雖然如此，這並非意指彼此心中的概念為相同。由於參與對話者先前所擁有之知識及感官經驗不同，使得彼此對外在世界所做的詮釋不可能真的達到完全一致；雖然，彼此可能認為對方所擁有的知識與自己的相同。瞭解此點，就可以明白知識既然具有個體性及主觀性，則何以不同個體間「似乎」擁有某些共同知識的現象。其實，也就是因為透過不斷互動及「交互」調適的過程，人際間才會發展出似乎相同之「能相容的知識」，從而使得社會文化得以保存下來。

肆、根本建構主義的性質

　　從上文的說明可知，根本建構主義的重點之一在探討個體是如何形成及發展其知識。就如同 Von Glasersfeld（1995）本身所說，根本建構主義不是一種「認識論」（epistemology），而是一種達到認識的途徑或認識的理論（an approach to knowing 或 a theory of knowing）。從他本身所寫《根本建構主義：認識與學習之道》一書的書名，亦可略見根本建構主義是在說明如何認識與如何學習的理論。

　　Von Glasersfeld 之所以將他的理論和認識論分開，是因為認為在認識論中，隱含著存在某種「既有的」獨立實體之看法。個體一出生就存在於實體所構成的世界中，學習的目的就是要去發現此種實體。然而，Von Glasersfeld 認為此種目標並不可能達成。因此，他將其理論之內涵界定為說明個體是經由何種歷程或機制，以建構出能適應經驗世界的知識此一層面。然而，這並非意謂根本建構主義否定實體或真理的存在。它的想法是即使存在著真理，但人們亦無法得知何為真理，或是我們是否已掌握到真理？Von Glasersfeld 就曾引 Vico 下面這一段話來說明此點：「只有上帝才能瞭解真實的世界（即實體所構成的世界），因為是上帝創造了它；人類所能瞭解的，只有人類自身所建造的東西。」

第三節　幼兒教育上的意涵及應用

　　雖然 Piaget 很少討論其理論在教學上的應用，而根本建構主義也無固定的

教學方法與程序可言，但仍可從當代學者對 Piaget 知識論及根本建構主義學習理論詮釋的相關文獻所抽取出的共同教育主張，以演繹建構取向幼兒園在課程與教學實施上的原則與方法（幸曼玲譯，1998；甯自強，1993；廖信達，2002；潘世尊，1999；薛曉華等人譯，2003；簡淑真，1998；Cawelti, 2003），作為幼兒園課程教學實施之參考。本文將由幼兒園的課程目標、內容與方法，以及評量三個面向分別討論根本建構主義在幼兒園課程與教學上的應用。

壹、幼兒園課程教學的目標

誠如 Kamii（幸曼玲譯，1998）所言：Piaget 對教育並不感興趣，他是一個研究知識本質及其發展的科學家，雖然科學只做現象的描述及解釋，但對知識的科學描述與解釋是有益於教育的，因為它能讓我們將教學植基於幼兒如何獲得知識的科學解釋，並衍生如下的幼兒課程與教學上的目標。

一、培養幼兒智能上的主動性

傳統上，教育家們深信兒童透過其感官，直接從環境中內化知識而學習；但 Piaget 證實兒童是主動的求知者，知識是兒童在與環境互動的歷程中，為適應環境而主動地在心靈上的創新或發明而成，並非被動地記錄或接收環境中的知識。Von Glasersfeld 承續 Piaget 的建構觀點，也將學習視為個體適應環境的一種工具：當個體無法以先前的概念結構同化外在的環境（尤甚是人際間的互動）時，會感到困惑並使內在失去平衡，從而主動調整或建立一個新的基模（概念結構）以求適應，新的學習也因此產生；在概念結構不斷調適的歷程中，個體所主動建構的知識也能往較高適應程度方向不斷地推進。因此，個體的建構是在既有知識的基礎之下完成，知識建構的方向並受到現有知識的影響。

因此，在有關教育的論述中，Piaget 曾經提及在學校裡，兒童藉由反覆背誦、練習的學習方式所獲得的知識，因未經真正的運思，所以不是真知識（陳淑敏，2001）。因此，依據 Piaget 與 Von Glasersfeld 的知識建構觀點，培養幼兒智能上的主動性，並使兒童能將所學的知識或技能類推到新的情境是教育的目的之一。

二、培養幼兒道德與心智上的自主性

　　傳統上，學校教師使用各種形式的獎懲辦法讓兒童能習得大人們所謂的正確答案（如測驗卷的使用），結果使兒童相信唯有老師的答案是正確的，而在心智上被動的順服教師權威。此一做法將強化兒童的心智他律——為他人所支配，不相信自己的思考也無法自我思考。Piaget 的建構論則重視兒童道德與心智的自主——個體有能力考量相關因素，決定真假，以自我支配。當兒童被鼓勵自主性的思考時，協調自己與他人的觀點才成為可能，同時能促使兒童批判性的思考，而此一思考將導致更高層次的思考。兒童道德與心智自主性的培養亦是 Piaget 所揭示的教育目標。

三、培養幼兒心智與道德上的邏輯推理能力

　　傳統的教育理論，視兒童為無知的迷你尺寸大人，所以教育工作者以大人的思考及感覺為本位，不分知識類別以同一的方式來填充這些無知的心靈。但 Piaget 依其最終來源而做的知識分類，將物理知識與社會知識歸為源自外在世界、實際經驗的知識；而數學邏輯知識是透過兒童對事物的行動，反思其感官經驗並從中抽取某種邏輯關係而獲得。當建立數學邏輯知識的基本心理形式一旦內化（形式運思），就不再受到物理經驗所左右，而能在心裡進行符號的推演。Piaget 也指出，邏輯推理能力並非先天具有的能力，而是如前述的方式於後天形成的，因此培養心智與道德上的邏輯推理能力也是教育的一大要務（陳淑敏，2001）。

貳、幼兒園課程教學的內容與方法

　　Piaget 在後來的學術發展中，也強調社會經驗的不同，會影響孩子知識的建構。根本建構主義雖視學習是個體內在感受及內在所進行同化與調適的歷程，但因根本建構主義是在說明如何認識與如何學習的理論，因此也強調外在環境對個體的學習是有如下的影響力：(1)會激發個體主動地進行調適；(2)會影響或引導學習者知識建構的方向；(3)促使個體知識適應的程度提昇；(4)使得個體間可以交互的理解與溝通；(5)提供社會文化保存的可能；(6)最能激發調適的

外在環境是人際間的交互溝通。

因此，在 DeVries 與 Zan（薛曉華等譯，2003）依據 Piaget 的理論，建議促使幼兒建構知識的理想方式：(1)激起幼兒探索的興趣；(2)鼓勵幼兒主動試驗，即使須經歷必要的探索及錯誤也無妨；(3)加強大人與幼兒間、幼兒與幼兒間彼此的合作，其中也含括社會人際間的交互溝通。

再參酌建構主義在幼兒教育上應用的相關文獻（周淑惠譯，1998；幸曼玲譯，1998；陳正乾，1998；陳淑敏，1994；甯自強，1993；廖信達，2002；潘世尊，1999；薛曉華等人譯，2003；簡淑真，1998；Cawelti, 2003），他們對幼兒園課程教學內容與方法上的建議綜合如下：

1. 營造一種合作性的社會道德氣氛：將大人威權排除，不論兒童與兒童間，或兒童與教師間維持彼此的尊重與合作。

   (1)鼓勵兒童誠信地交流意見：幼兒通常只會從其個人觀點思考，為了發展其邏輯思考與社會道德，協調他們自己的觀點與別人的觀點是必要的。

   (2)鼓勵兒童盡可能地自己做決定：藉由看見或感受到他人／自己／團體所做決定的結果而學習到如何做好的決定。老師是團體中的一分子，自然也適合發表他／她的意見，讓孩子能聽到老師的觀點與各種相關因素，以成為做決定的參考之一。

   (3)鼓勵兒童產生自己的問題並去折衝協調他們自己的解決方案：讓兒童產生自己的問題比被動等待老師提出問題者，在心智上是較為自主的。然而在面對同一個問題時，每個個體的想法有其差異存在，他們須學習折衝協調出一個對其有意義、共同的解決方案，大家也比較有意願去接受協商的結果。因此，衝突是幼兒教育課程的一部份，能提昇孩子的協商能力。

   (4)鼓勵兒童選擇他們的活動，並在活動歷程中，教師以培養兒童自導行為的方式和兒童互動與對話。

   如此，兒童有機會自主地規範自己的行為、獨立思考、發揮創意，且有足夠空間發展心智並發展出將團體利益列入一己考量的道德觀。因此，兒童與教師在心理上是平等的，教室規則由孩子訂定，且能營造兒童身心安全、安定、有共同體感受的環境，進而在促進兒童成長的同時也培

養了尊重與關愛待人。

2. 激起兒童探索的興趣：

(1)規劃布置一個刺激與支持兒童的學習環境：教師宜先觀察孩子主動做些什麼？明察孩子的問題才能進一步地規劃環境。教室內的學習區呈現一種開放自由的探索形式，有助於兒童在自發、真實、熟悉、能充分利用資源的情境中與他人產生有意義、頻繁且深入的社會互動。

(2)規劃吸引人的活動：教師善用材料以鼓勵兒童主動試驗，即使需經歷必要的探索及錯誤也不妨礙活動本身。活動過程中，不僅讓兒童有機會以自己的方式動手操作（hands-on），也在其操弄物體的經驗中發現或創造行動與事物間的邏輯關係——意即要有心智的運作（minds-on），才能造成認知結構的成長。若要讓幼兒的心靈能自主地運作，則不宜急著在幼兒的認知中安置一個基模而限制其思考。但有時，若有需要的時刻，教師引導或同儕的教材操作建議，亦會促進兒童共同思考如何進行？如何使之發生？進而訂定計畫、尋找資源以獲得答案。在將教師、同儕建議轉化為個人或小組要追求的目標的同時，也激發了孩子的探索。

(3)給兒童適當的時間與機會做深度的研究與投入：每日性的提供兒童一長時段（如 1.5 小時）對自己感興趣的議題做探究或實驗，以利複製關係的建構。此外，兒童需要數個星期的時間溫習同一議題，其理解方能更加深入。因為，瞭解事物時最大的敵人就是掩藏，教師不宜屈就於進度壓力而犧牲了課程深度。兒童對知識的深度瞭解是一個長遠與日積月累的過程，宜提供其較長的時間對較小範圍的知識做較深入的探索，也就是所謂的「less is more」。

(4)對兒童先前經驗及概念的統整與瞭解，進而提供難易適中、具挑戰性的材料與活動內容，也提供讓兒童選擇的許多機會——從各種不同的可能中挑選他們最喜歡的方式——以便在兒童可理解的範圍內造就更高層次的認知。理想的課室參與是和兒童想做的事情（兒童為自己的學習所設定的目標）合而為一。進一步將活動鎖定在兒童深入探索的發展內容（如具體、有深度及重要）、提供適用於廣泛發展層面的教材及活動

（不論孩子的家庭背景、語言、經驗及技能為何皆適用；但因孩子的發展差異、孩子研究的複雜程度將各有不同）。以幼兒所建構的形式與關係來分析教材與活動，要能讓孩子超越簡單規則形式進而建構更複雜的邏輯數學關係，即為具有挑戰性的教材與活動內容。

(5)課程若能以議題來統整兒童各領域的學習，將使兒童對關係的辨認更為容易的同時，也能獲得完整且具有意義的學習。

3. 提供兒童反思的機會：教師能在兒童解題的歷程，善以提問的方式讓孩子反思自己的思考，以及比較自己的思考與他人的思考之間的差異，在交互辯證的過程中，進而型塑了一種更高層次的理解。問問題課室文化營造的目的是：

(1)要發掘孩子真正的想法，必須藉由提問及讓兒童有自在表達想法的機會，即使是錯誤的答案，老師也會接納與尊重，並依此設計後續的活動，讓孩子有機會嘗試與反思，孩子終究會建構出正確的邏輯關係。

(2)提供反面的例證以及強調不平衡的現象，以協助兒童釐清觀念並體驗相對性，以及製造認知的失衡。

(3)藉由相關問題的提出，讓兒童獲尋所需要的資訊。

(4)提問能鼓勵兒童追求自己的目標。有時一個能引導孩子實際操作的問題，一旦孩子試驗成功了，他們會持續探究這是如何發生的，進而讓孩子想出對教材探索的其他可能性。

(5)將問題的焦點放在孩子的思考上。有了目標，教師可將活動聚焦於一個特定領域的想法，並幫助孩子延伸想法，例如：預測結果、嘗試不同情況以做比較，刺激孩子思考以引出更多的認知與瞭解。

(6)藉由問問題以提供鼓勵孩子多方面嘗試的建議。課室內若已營造出思考的自主，孩子不見得會對教師的建議照單全收，此時，教師唯有放手讓孩子自己發揮。

4. 依兒童所需的知識類型選擇適合的教法：例如：制式成規的社會知識：兒童以說、看、背誦及記憶的方式學習；物理知識：則讓兒童藉由操作以觀察其對應關係；數學邏輯知識：除了提供兒童實際的操作經驗，也讓孩子在其中，反思彼此間邏輯關係以形成自身的數學邏輯知識。此

外，在物理及數學邏輯知識的探究歷程中，宜提供兒童實現想法的機會（即便是神奇、不正確的想法，教師也應加以滿足），孩子易從嘗試的結果中得知自己早先的預期不會發生。因此，提供兒童親自嘗試的機會，孩子較能相信自己想法上的錯誤，進而自行修正錯誤的認知。

參、幼兒園課程教學的評量

Piaget 認為，教學應先體認孩子認知能力的發展是一個階段連接著下一個階段，進而超越前一發展階段的歷程。而孩子在某一發展的階段中，其認知能力的發展是決定在他是否有運用到他所具有的數學邏輯能力。如果孩子所要建構的知識超越他現有的發展階段，而孩子又尚未發展出相對應於新學習的數學邏輯能力，則孩子將沒有能力去瞭解在學習互動中事物的道理，以另一角度觀之，孩子也未曾有機會在此學習互動中運用／統整到自己的邏輯能力，因此，這種超越發展階段的學習將無助於孩子認知能力的發展。

基於前述，老師須先觀察孩子在真實情境中的表現，瞭解每位幼兒所處的發展階段及其概念結構與運思方式，以做為進一步課程與教學之依據。由於概念結構或運思方式是抽象不可見的，因此可經由：(1)與兒童互動（例如：提問「為什麼……？」、「你／妳怎麼知道……？」等問題）及兒童的回應、陳述；(2)請兒童表徵其想法或概念時，來推論、瞭解其概念結構或運思方式，並知道幼兒概念結構及運思中的問題在哪裡？以便進一步透過認知衝突的製造讓幼兒感受到自己的想法有問題，進而主動調整其概念結構。但宜以兒童的建構是否能存活作為評量的規準，兒童所建構的知識若能適應環境的要求且說得通（一個問題是可以有多元、不同的解題策略），就是有意義的知識，即便與老師心中原有的想法不同，老師亦應加以接納。

肆、結語

綜合以上所述，不難發現在建構主義取向幼兒園課室中的教師就誠如Piaget所言：老師要停止當一位演講者，因為如此只會傳遞自己事先已有的解答；但老師也並非只是站在一旁看著孩子建構知識的觀察者，縱使學習的重心已由老師身上轉移至幼兒的身上，但老師仍有激發孩子創新和研究顧問的重要角色要

扮演。

　　意即教師必須在真實情境中，藉由多元（如觀察、訪談等）與歷程評量的方式先瞭解孩子所處的發展階段或概念結構與運思方式，再進一步地布置、組織，以便創造出有利孩子觀察／實驗的情境或建構出能讓孩子開啟自主學習與自發探究行動的設置，在其間能呈現問題給孩子，讓孩子運用及整合其數學邏輯能力再發現、再創新或去重新建構他們所要學習的事實；老師也要能提供孩子對立的事例，以迫使孩子反思或重新調整自己能被挑戰或質疑的邏輯知識。

參考文獻

周淑惠（譯）（1998）。以皮亞傑建構主義為根基的幼兒教育。**幼教天地，15，**45-64。

幸曼玲（譯）（1998）。皮亞傑的理論、行為主義，和教育中的其他理論。**幼教天地，15，**77-93。

陳正乾（1998）。發展與學習之間的關係：皮亞傑與維高斯基的對話。**幼教天地，15，**185-203。

陳淑敏（1994）。Vygotsky的心理發展理論和教育。**屏東師院學報，7，**122-143。

陳淑敏（2001）。**幼稚園建構教學：理論與實務。**台北：心理。

甯自強（1993）。「建構式教學法」的教學觀：由根本建構主義的觀點來看。**國教學報，5，**33-39。

廖信達（2002）。建構主義及其對幼教課程的啟示：從皮亞傑及維高斯基的理論談起。**德育學報，18，**93-109。

潘世尊（1999）。根本建構主義及其教學意含。**教育研究（高師），7，**203-216。

薛曉華等人（譯）（2003）。**幼兒教育課程發展理論與實務。**台北：學富。

簡淑真（1998）。建構論及其在幼兒教育上的應用。**課程與教學，1**（3），61-80。

Cawelti, K. (2003). Lessons from research that changed education. *Educational Leadership, 60*(5), 18-21.

Piaget, J. (1971). *The construction of reality in the child* (Trans. by M. Cook). New York, NY: Basic Books.

Von Glasersfeld, E. (1995). *Radical constructivism: A way of knowing and learning.* Washington, DC: The Falmer Press.

chapter **3**

Vygotsky 的社會建構主義及其在教育上的應用

文／潘世尊（第一、二節）

張斯寧（第三節）

第一節　Vygotsky 對高層次心理能力發展的看法

人，何以會發展出高層次的心理能力（如邏輯推理），是 Vygotsky 想要加以釐清之問題。在探究此一問題時，以 Karl Marx 的理論和方法為基礎，Vygotsky 從較為鉅觀之社會文化及歷史的角度切入。他的理論及方法稱為「社會文化」（sociocultural）取向、「文化歷史」（culture historical）取向，或是「社會歷史」（sociohistorical）取向。

壹、Vygotsky 的解釋

就人類是如何發展出高層次的心理能力此一問題而言，Vygotsky （1978, 1981）的解釋大抵如下。

一、人類整體高層次心理能力的發展

依 Vygotsky 之見，人類之所以會超越動物的層次發展出高層次的心理能力，主要的關鍵為人類在和世界互動的過程中，創造了一些符號或是記號作為輔助記憶和溝通的工具，例如：利用結繩來記事或是利用手指頭來輔助數數等。這些輔助符號的使用，使得人類的記憶、思考和行為等活動產生了質變的

歷程，由自然的形式進展到「以符號為媒介」（或「以符號為中介」）（sign-mediated）的方式。其後，人類不但利用符號作為調節自身的行為和思考的媒介，並且運用符號作為和世界互動的工具，例如：在澳大利亞的某一原始部落中，當信差要將某些訊息傳遞到較遠的地方時，便在較大的木頭或是木板上刻下一系列的刀痕，稱為「信差的木杖」。這些刻痕並非沒有意義，它記錄了某些人、事、物或是位置等訊息。一方面，它們是信差藉以輔助記憶及重建訊息的工具；另一方面，它們是該部落人際間用以溝通的媒介。此外，這些符號的創造及使用，亦使這一原始部落產生獨特的記憶、思考與溝通方式。

● 符號 vs. 高層次心理能力的發展

依 Piaget 的階段論，人們的運思會呈階段性的發展，分別是：「感覺動作期」（sensorimotor stage）（約零至二歲）、「前運思期」（preoperational stage）（約二至七歲）、「具體運思期」（concrete operational stage）（約七至十一或十二歲）與「形式運思期」（formal operational stage）（約十一或十二歲以上）這四個階段。據此，一個十二歲左右的兒童應會進展到「形式運思期」（至少，也會到「具體運思期」）。然而，如果我們把場景拉到一個荒島，上面只有一個幼兒，他接收不到任何來自於人類的符號系統、無法與任何的人類互動（但假設他生理上的需求能得到滿足），十五年之後，他會如 Piaget 所說發展到形式運思期嗎？很顯然的，答案將是否定的，且該兒童的心理能力將遠低於同年齡的兒童。之所以如此，乃因他沒有得到人類的符號系統，運思就沒有媒介，高層次的心理能力自然就無從發展出來。從這個角度來看，不得不佩服 Vygotsky 對人類高層心理能力的發展機制之體悟。然而，要說明的是此點旨在點出 Piaget 的理論可能的問題所在，而非意指其主張缺乏價值。

請問：

以上述為基礎，想想看一個天生聽障和一個天生視障的幼兒（兩者都未接受早期療育），何者之高層次心理能力的發展可能會受到較大的限制？

● 對 Piaget 的另一個挑戰──後 Piaget 學派

就如上文所述，Piaget 認為人們的運思會呈階段性的發展，且在幾歲左右會進展到某個階段，在幾歲左右又會進展到另一個階段。依此，五歲左右的兒童，他的運思方式應是處於「前運思期」（即尚無法透過符合邏輯之推理解決問題或賦予外在環境意義）；在八歲左右，他的運思方式將是「具體運思期」（即能透過符合邏輯之推理解決問題；然而，所能解決者，必須是能透過表徵的製造與操作來解決之問題）。此種符應「生物發展法則」的主張除了被 Vygotsky 的論點加以質疑之外，還遭受後 Piaget 學派的嚴厲挑戰。

整體而言，後 Piaget 學派認為 Piaget 的階段論（又稱「結構論」，即在不同的發展階段，人們會以具不同特性之「認知結構」因應外在環境，從而使得人們展現具不同特徵之運思方式）低估兒童能力的發展，並忽略在不同的領域，兒童可能會處於不同的發展階段。舉例來說：依 Piaget 之見，五歲的兒童應是處於前運思期。然而，就「數」此一領域而言，許多兒童其實已能自行透過表徵的製作解決「五元和四元合起來有幾元」之類的問題。換句話說，在「數」的領域，有許多兒童已進入具體運思期。會這樣，與兒童的生活經驗及於特定領域的知識密切相關。當兒童在生活的過程中有較多的經驗接觸到與「數」有關的事項及問題時，將較早發展出相關的能力。反之，則不會發展出相對應的能力。此點，其實亦與 Vygotsky 的主張可以相容。

要說明的是，不同的社會生活環境及不同的歷史文化背景，會發展出不同的符號系統。隨著符號系統的不同，以符號為中介的心理運作歷程亦會跟著不同，例如：在新幾內亞的一個原始部落裡，數數是利用身體的各部分來進行。從右手的拇指開始數，然後是手掌、手臂、肩膀、右耳、眼睛、左耳、左臂等。在此數數系統之下，最大的數值是二十九，而村民連加減法都覺得有困難。由於該原始部落的後代承襲了此一數數符號系統並用以作為數數時的媒介，因而在數數時，亦產生了該部落獨有的心理運作歷程（吳幸宜譯，1994）。因此，Vygotsky 認為要瞭解人類高層次的心理歷程，不能如 Piaget 般從生物發展法則的層面來解釋（此處批評的是 Piaget 的階段論），亦不能如 Wundt 及他

的追隨者一樣，試圖透過隔離的實驗室來瞭解人類的行為。要瞭解人類的高層次心理歷程，必須從社會生活及歷史文化的角度著手，才有可能達成。無論是從生物發展法則的層面或是從孤立隔離的實驗室，都無法真正瞭解人類高層次心理歷程發展的忠實面貌。

綜上所述，Vygotsky 一方面從歷史的角度切入來解釋人類高層次心理能力的形成，另一方面則指出人類高層次心理能力的形成受到不同社會生活環境的影響。從這個角度來看，Vygotsky 的理論可被稱為社會歷史取向。從另外一個角度來說，人類利用符號作為調節本身的思考及與世界互動的工具，代表著人類的行為由自然的形式進展到以符號為媒介的文化的形式。因此，Vygotsky 的理論亦被稱為社會文化取向或文化歷史取向。

● 高層次心理能力的差異：天賦或社會的型塑所造成？

1. 依上文所述，在新幾內亞的一個原始部落中，數數是利用身體的各部份來進行。從右手的拇指開始數，然後是手掌、手臂、肩膀、右耳、眼睛、左耳、左臂等。在此數數系統之下，最大的數值是二十九，而村民連加減法都覺得有困難。會這樣，是該部落的天賦較差嗎？若不是，是什麼原因？
2. 把台灣地區一個新生嬰兒托給上述新幾內亞部落的一個家庭扶養。二十年之後，他會用什麼樣子的運思方式來解決與「數」有關的問題？他的加減法會好嗎？原因是什麼？

二、兒童高層次心理能力的發展

如上所述，Vygotsky 以社會歷史的途徑取代生物發展的角度，來解釋人類高層次心理能力的形成與發展。不過在解釋兒童高層次心理能力的發展時，Vygotsky 認為兒童高層次心理能力的發展是生物的發展和社會歷史的發展這兩條路線交融在一起的結果。

生物的發展是指個體在生理上的發展，如身體、四肢、中樞神經系統等的成長和成熟。它調節個體初級心理能力的發展，如基本的注意、知覺和原始的記憶方式。社會歷史的發展則隨著個體在生理上的成長而展開，它調節個體高

層次心理能力的發展，如主動注意、邏輯記憶。隨著生理上的逐漸發展與成熟並伴隨著與世界的互動，兒童將逐漸掌握存於其生活環境中的思考媒介（即各式各樣的符號，如語言、文字、數學符號等）。其結果，使得兒童的發展由生物的層次進展到文化的層次。因此，生物的發展和社會歷史的發展融合形成「社會生物」（socio-biological）的發展路線，從而影響著兒童高層次心理能力的發展。

三、起源性的文化發展通則

在兒童高層次心理能力發展的過程中，值得討論的是「人類整體高層次心理能力的發展」和「個體高層次心理能力的發展」之間的關係為何？Vygotsky 認為，個體任何高層次的心理能力都是起源於社會。就如他所指出的：任何個體高層次的心理能力在發展的過程中，都必須經過外在的階段，因為它們都起源於外在社會的心理能力。任何高層次心理能力在成為內在的心理能力之前，都是外在的和社會的。又如任何高層次的心理能力都會出現兩次，或者說出現在兩個平面。首先，它出現在社會的平面；然後，再出現在個體心理的平面。Vygotsky 上述兩段話說明了在每個個體所生存的社會文化環境之中，已存在著某些高層次的心理能力。這些高層次的心理能力是在歷史的進程中，由使用同一種符號系統來調節思考和行為的社群在和世界互動的過程中所形成的。當兒童承接了上代所發展出來的符號系統，並且用以作為和世界互動的工具時，兒童可能被引發出來的心理歷程已在此符號系統發展的過程中出現過。因此，個體任何高層次的心理歷程都是起源於社會，在本質上都是外在於個體的。事實上，在 Vygotsky 的觀點之下，不只個體高層次的心理能力起源於社會，個體用以調節思考及行為的所有符號系統，如語言、文字、數學符號、音符、交通號誌、肢體語言等，亦都是起源於外在社會，透過「內化」（internalization）的歷程，才在個體內在的心理形成。

上面的論述指出個體內在所有高層次心理歷程的形成或知識的獲得，其方向都是從外在的社會層面進展到個體內在的心理層面。此種「源起於外，形成於內」的發展法則，Vygotsky 稱為「起源性的文化發展通則」（genetic general law of cultural development）。對此，或有人會問：若依上述之看法，是否暗示

著和上代使用相同符號系統的兒童在「重演」著符號系統發展的過程中，所曾經形成的心理歷程？其實，Vygotsky 並不認為他的主張是一種重演的觀點。首先，因為兒童和較早期的人類在符號獲得的方式上並不一樣。就兒童而言，他是符號系統的吸收者，並以之為媒介發展出高層次的心理歷程；就發展出此一符號系統的較早期人類來說，則是符號系統的創造者和詮釋者。其次，Vygotsky 在探討人類整體高層次心理歷程的發展時，排除了生物發展的法則；但在說明兒童高層次心理歷程的發展時，則認為生物的發展和社會歷史的發展交融形成社會生物的發展路線，從而影響兒童的發展。

值得一提的是，Vygotsky 雖然提出歷史社會的路線和生物的路線交融成社會生物的路線，從而影響著兒童高層次心理歷程的發展。唯在實際的研究中，他並沒有詳細說明生物的發展路線在兒童發展的進程中所實際扮演的角色，因他的研究焦點主要是放在兒童如何掌握社會文化的符號及高層次的心理歷程此一層面。

四、內化

上述「起源性的文化發展通則」說明了外在高層次心理歷程和內在高層次心理歷程之間的關係為：個體內在的高層次心理歷程起源於社會，透過內化的歷程，再於個體的內在心理形成。在此一論述中，必須探討的一個問題是：外在社會層面的高層次心理歷程如何才能內化到個體內在的心理層面？整體來說，高層次心理歷程的內化與如下兩點密切相關。

首先，內化必須是一個社會的歷程。高層次心理歷程既然起源於社會的運作，個體要獲得高層次的心理歷程，就必須從實際社會生活與他人合作的活動中，透過社會交互作用才能達成。其中，最重要的社會交互作用是與成人或是較有能力的同儕合作解決問題的經驗。透過與成人或是較有能力的同儕合作解決問題，個體才能逐漸掌握到解決問題的能力，人際間共享的高層次心理歷程亦才會逐漸地在個體的內在心理形成。因此，內化是一個內在心理歷程逐漸形成及發展的歷程，而不是將外在的高層次心理歷程「轉移」（copy）到個體先前已存在的心理平面之歷程。

其次，內化必須以符號為媒介（或「中介」）。在上述社會交互作用的歷

程中，個體必須以符號為媒介來調節人際間的社會交互作用以及內在的心理運作。因此，符號可以說是連結外在心理活動和內在心理活動之間的橋樑。其中，最重要的符號是語言。

五、可能發展區

「可能發展區」（zone of proximal development）是指個體的「實際發展水準」（the level of actual development）與「潛在發展水準」（the level of potential development）之間的一個區間。實際發展水準是指個體已經獨立擁有的問題解決能力；潛在發展水準則是指個體在成人的引導，或是在和較有能力的同儕協同解決問題的情況之下，所具有或所能展現的問題解決能力。實際發展水準所顯示出來的是兒童已經成熟、發展完成的能力；相對於此，潛在發展水準則是指兒童尚未成熟、尚在發展當中（如含苞待放）的能力。舉例來說，假如一個國小一年級的兒童能夠獨立解決「原來有九個球，破了三個之後還有幾個球」此問題時，表示解此問題的能力已在他的身上成熟且發展完成。而當一個無法獨立解決上述問題的學生在老師的指導之下能夠解題時，表示解此問題所需的能力正在他的身上發展著。在未來，此一能力將在他的身上成熟，從而能夠獨立地解決此一問題。

可能發展區的概念可說反映了 Vygotsky 對「學習」與「發展」之間關係的看法。首先，他認為學習不能如 Piaget 所說老是跟在發展之後。以對智障兒童的教學為例，當認為只能以具體的實物來教導智障兒童而完全排除他們擁有抽象思考的可能時，將讓他們習慣於用具體物來思考而增強了他們認知發展上的遲緩，並且壓抑他們僅有的一點點抽象思考能力的發展機會。其次，他也不贊同行為主義所說反應即是學習、即是發展的觀點。舉例來說，當透過機械式的練習讓學生「學會」解某一數學問題的各個步驟時，不代表他就發展出解此問題的心理能力，因各個步驟的正確反應組合之後，不等同於學生就擁有解此問題所需的心理能力。學生「學會」的各種反應，可能只是本身亦不理解的幾個機械化動作的聯結而已。不同於上述兩種觀點，Vygotsky 認為學習必須引導或引出發展，但又必須奠基在現有的發展之上。如果學習無法引導發展，那麼是無效果的學習，對學生而言根本是浪費時間。但如果走在發展之前的學習沒有

奠基在現有的發展之上，則學生又不可能學會。

值得提出的是，具相同實際發展水準與學習潛能的兩個兒童，當分別受到不同教學方式的引導時，可能發展出具不同層次的問題解決能力。舉例來說，假設有位教師在課堂中，想讓幼兒瞭解「烘烤餅乾的結果與食材的分量、烘焙的時間及烘烤的熱度有關」的科學知識。他期待幼兒學到：在溫度相同的情況下，「烘烤時間」的長短，將影響烘烤餅乾的結果；在相同烘烤時間及相同溫度的情況下，「食材份量」的多寡，亦影響餅乾烘焙的結果；在相同烘烤時間及食材份量相同的情況下，「烘烤溫度」的高低，亦影響餅乾烘焙的結果。在此種期待的支配之下，他有可能利用直接講解及示範的方式進行教學，亦有可能運用提供解題線索給幼兒的方式來引導幼兒動手操作及發現上述的各種關係（例如：「在烤箱設定溫度相同的情況下，兩盤都烤六分鐘，為什麼餅乾顏色會不一樣？」、「烘烤的時間跟餅乾的顏色有什麼關係？」、「怎麼才能讓兩盤餅乾的顏色變一樣？」等問題來提示幼兒）。此時，如果有兩名具有相同實際發展水準與學習潛能的幼兒分別受到這兩種方式的教導，並在教導之後也都能夠說出上述科學知識，那麼，是否能夠宣稱這兩個孩子發展出相同層次的科學知能？

很顯然地，我們無法做此種宣稱。對於被直接教導及示範的學生而言，他僅需要「理解」教師的講解或「模仿」教師的解題方式就可以成功解題。如果他亦接受和另一名學生相同的提示時，不見得就能夠成功解題。因為在面對僅提供一些提示或解題線索的教師時，他必須主動地分析教師所給予的提示的意義，統整這個提示和整個問題情境的關係，甚至他還要自行找出教師尚未提及，但對於解題而言亦是相當重要的關鍵因素，然後據以尋求問題的解決之道。這些能力，他當時不見得能發展出來。據此，對於僅接受教師的一些提示或線索就能成功解題的學生而言，所發展出來的解題能力的層次應較高（圖3-1）。不過，要注意的是，當初他若亦僅接受直接教導及示範的教學方式的話，並不會發展出上述較高層次的問題解決能力。道理很簡單，因教師的教學沒有提供機會讓他發展出此種能力。

據此，當引導的方式不同，兒童可能發展出來的能力層次會不相同。唯即使如此，仍有其界限。這個界限就是兒童在成人的引導或較有能力同儕的協助

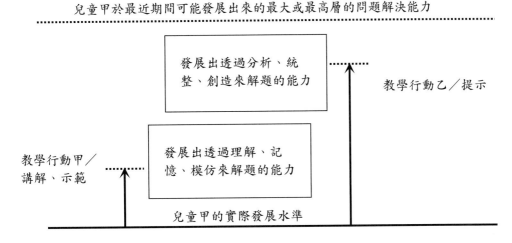

圖 3-1　教學方式與兒童可能發展出來的能力層次間的關係

之下，於最近期間可能發展出來最大或最高層次的那個能力。「zone of proximal development」中的「proximal」，其實就有「最可能」與「最大」之意。因此，「zone of proximal development」，其實意指個體在單獨解決問題的情況之下，所能展現出來的最高層能力（即實際發展水準），與在成人的引導或同儕的協助之下，於最近期間可能展現出來最大或最高層次的那個能力之間的區間。此點意謂「可能發展區」、「最近發展區」、「近側發展區」、「近約發展區」等翻譯其實都無法完全展現「zone of proximal development」這個概念所具有之意涵。然而，為了稱呼上的簡潔，又只能如此翻譯。

第二節　不同取向學者對 Vygotsky 理論的析評與引用

在採取 Vygotsky 之理論的學者之中，於討論高層次心理能力的發展或知識的建構之問題時，彼此間的出發點及立場並不十分相同。瞭解不同學者對 Vygotsky 的相關論述之解讀或引用，有助於釐清 Vygotsky 的主張。歸納而言，不同學者的解讀或引用可分為如下兩種取向。

壹、在 Piaget 的理論或根本建構主義之下補進 Vygotsky 的觀點

持此種取向者認為 Piaget 的理論和根本建構主義等「個人建構」的觀點在

討論知識的建構時，主要把重心放在個體的層面，因而較少論及在知識建構的歷程中，人際間的社會層面與知識建構之間的關係；並且，個人建構的觀點無法對個體之間何以會存在著某些共享的「交互主觀性」（intersubjectivity）的知識提出合理且圓滿的解釋。因此，採取補充理論的形式，在個人建構的觀點之中，補進 Vygotsky 所著重的社會文化層面上的一些主張。

● 個人建構 vs. 社會建構主義

　　Piaget 的建構論與根本建構主義主要從個體內在的角度切入來解釋個體的腦海是如何運作以獲得知識，且視個體內在的感受和運作為知識取得及發展的核心機制。因此，可稱為「個人建構」取向。相對於此，Vygotsky 從社會、歷史、文化的角度探究高層次心理能力的發展，且視其為高層次心理能力發展的決定機制。因此，可歸為「社會建構」取向。北美地區的若干學者，就將 Vygotsky 的主張稱為「社會建構主義」（social constructivism）。

　　舉例來說，Cobb、Wood 與 Yackel（1990, 1992, 1993）在研究兒童的數學學習時，一開始是從根本建構主義的觀點出發。然而，他們卻發現教室中的兒童會建構出某些共享的交互主觀性的知識。此種交互主觀性知識的建構對根本建構主義構成了挑戰，因已無法對此一現象提出合理且圓滿的解釋。就如 Goldin 所說的，「根本建構主義原則上並未允許我們下一個結論說兩個個體擁有相同的知識」。因此，Cobb 等人認為學習除了是一種個體主動建構起知識意義的歷程之外，亦是一個「不同文化交互影響」（enculturation）的歷程。忽略了教室中學習的社會本質而只從個人的角度來看知識的建構，將無法完整的解釋知識獲得之歷程。

　　又如：Ernest（1993）認為，從個體建構出獨有的知識到與他人共享某些交互主觀性的知識之間，是一個循環的歷程。個人首先建構出獨有的主觀性知識，然後透過口頭或是書寫等公開發表及人際間辯駁、討論、證明等社會互動的歷程，個人原有的主觀性知識將變成參與此一社會互動的人之間，共同同意的交互主觀性知識。最後，個體經過再一次建構的歷程，將此交互主觀性的知識建構到個體的內心之中。因此，參與此一社會互動的人之間將擁有交互主觀

的知識。然而，要注意的是在交互主觀性知識建構的歷程中，人際間的社會交互作用是必須的，而語言則是此一歷程的必要基礎。

除了上述有關個體是如何建構出交互主觀性知識的論述之外，Ernest 還強調個體所建構的所有知識都是社會性的，因為個體所使用的語言或是人際間社會互動的規則都是社會文化脈絡的產物。因此，個體所建構的知識在本質上都是社會性的。

Ernest 上述對人際間何以會共享某些交互主觀性知識的解釋，和 Maturana 與 Varela 的說法其實相近。Maturana 與 Varela 認為，透過語言及人際間的交互作用，個體的知識可能會受到挑戰。因此，個體會透過再一次建構的歷程建構出新的知識，而這再建構的知識即是交互主觀性的知識。與此類似，Tylor 與 Williams 建議，在根本建構主義的兩個基本原則之下加上第三個原則：「知識是在某一生活世界之下，共享某些意義和社會觀點的人之間，經過折衝協調的歷程而被交互主觀的建構」。Tylor 與 Williams 此點主張有如下三點意涵：第一，強調學習的社會文化脈絡性，個人的社會文化經驗會對個人的知識建構產生影響；第二，語言在知識獲得過程中的重要性；第三，知識是在人際間交互作用的歷程之下，被交互主觀地建構出來（潘世尊，2004）。

此外，如 O'Loughlin（1992）亦批評 Piaget 的建構論忽略了個體認知的歷程中，所蘊含的社會性及文化性本質。他認為個體先前有的社會文化背景會影響個體的學習。因此，知識意義的獲得不能被視為是一種僅發生在個體內心之內的活動。知識意義的獲得應該是在一個特定的場合之下，人與人及媒介間交互運作下的聯合產物，而最重要的媒介是能共同通用的語言。O'Loughlin 的觀點指出知識的獲得是社會互動歷程之下的產物，因它需要人與人之間的對話與意見的交流。人不可能在脫離社會文化脈絡的情況之下，透過孤立的思考就能夠取得知識。因此，認知是一個具社會性與文化性之歷程。然而，要說明的是 O'Loughlin 本身亦強調他的觀點只是要補充 Piaget 理論的不足之處，而不是要加以否定。

歸納上述學者的論點可以發現：他們並未反對或是拒斥 Piaget 的理論及根本建構主義等個人建構的主張。只不過他們發現個人建構的觀點在解釋個體如何獲得知識時，把論述的重心置於個體內在心理層面之做法，是無法完整且圓

滿地解釋知識獲得之歷程。因此，他們採取補充理論的形式，在個人建構的觀點之中併入 Vygotsky 的相關論述。

貳、從 Vygotsky 的角度出發來解釋認知的發展，並認為和 Piaget 的理論或根本建構主義對立

持此一立場的學者認為 Piaget 與 Vygotsky 的理論之間存在著基本上的差異。Tudge 與 Winterhoff 回顧比較 Piaget 與 Vygotsky 的理論之間的差異之論述後就指出，兩者之間存在著下列三點基本上的差異（潘世尊，2004）：

1. Piaget 認為個體發展的驅力是內在的，Vygotsky 則認為個體發展的驅力是外在的。
2. Piaget 認為成熟是個體發展的決定因素，Vygotsky 則認為社會世界是個體發展的決定因素。
3. Piaget 認為個體發展的機制存在於個體的內心之中，而 Vygotsky 則認為社會交互作用才是個體發展的機制。

由於上述三點理論上的基本差異，兩者之間在解釋個體知識的獲得或心理能力的發展時，是處於對立而不能相容的立場。Lerman（1996）就指出，個人建構的觀點置個人為知識意義獲得的中心，個體會主動地建構其知識。因此，知識的建構是由個體出發，透過人際間的社會交互作用再發展到社會的向度。而在 Vygotsky 的理論取向之下，則置社會為知識意義獲得的中心，透過社會交互作用的歷程，社會脈絡下的知識會逐漸地內化到個體的內在心理之中。因此，知識的建構是由社會出發，經由社會交互作用才在個體的內在心理形成。前者的論述是由個人到社會，後者的論述則是由社會到個人。兩者之間在解釋個體知識的獲得時，論述的方向剛好相反。因此，若要在 Piaget 的理論之下併入 Vygotsky 的觀點，將產生理論之間不協調的現象。

總之，持此一立場的學者從 Vygotsky 的論點出發，主張知識是社會文化脈絡的產物，並且被內嵌在社會文化脈絡之中。個體不可能在孤立且脫離社會文化脈絡的情境中，透過內在驅使的心理活動、組織和轉變其知覺經驗就能取得知識。相反地，知識必須是群體中的參與者透過社會交互作用的歷程方能得到。因此，視個體內在的失衡與成熟為知識取得驅力的 Piaget 之建構論，和視

外在的社會世界為知識獲得驅力的 Vygotsky 之主張，兩者之間是不能相容合一的。

● Piaget 與 Vygotsky 的主張是否無法相容？

從 Vygotsky 的角度來看，當與外在環境隔絕而沒有接受到任何符號系統時，高層次的心理能力將難以發展。其實，此一觀點並沒有錯。不過，當個體從成人或較有能力的同儕之處接受到某些符號之後，內在心理究竟是如何運作以發展出高層次的心理能力或知識，對於理解「學習」的歷程而言，亦相當重要。就此方面，Piaget 的論述做出了強而有力的解釋。因此，Vygotsky 和 Piaget 的觀點對於理解知識的取得或心理能力的發展而言，皆相當重要。前者，主要從個體外在的社會、歷史、文化的角度來看待學習；後者，則從較微觀的個體內在來解釋個體的腦海究竟是如何運作以獲得知識。結合兩者，對於學習的理解會較為完整。因此，只要不堅持知識發展的關鍵機制究竟為何（事實上，個體內在與外在的社會、文化、歷史脈絡都扮演相當重要的角色），Piaget 與 Vygotsky 的主張之間，其實可以相容。

🌳 第三節　幼兒教育上的意涵及應用

不同於 Piaget 的觀點：發展是個體內在自發的歷程，而學習則是由外界引發的；發展解釋學習，而學習無法解釋發展（簡淑真、陳淑芳、李田英，2002）；發展是學習的充分必要條件而不是學習的結果。Vygotsky 則認為，學習是先於發展，「好的學習」應喚醒那些還在成熟歷程的心智功能，進而超越目前的發展層次；但是走在發展之前的學習，仍然必須奠基在現有的發展之上。因此，諸多心理學者應用 Vygotsky 的理論來處理教育相關的問題；Smith（1992）認為，Vygotsky 的社會建構理論是一種教育理論。從 Vygotsky 的著作及當代學者對 Vygotsky 社會建構理論探討的相關文獻所歸納的教育主張，進而演繹社會建構取向幼兒園在課程與教學實施上的原則、方法以及老師的角色（李長燦，2003；谷瑞勉譯，1999；桂冠編譯室譯，1999；陳正乾，1998；陳

淑敏，2002；廖信達，2002；潘世尊，2005；簡淑真，1998；Smith, 1992; Yang, 2000），是能作為幼兒園課程教學實施之參考。因此從幼兒園的課程目標、內容與方法，以及評量三個面向分別討論社會建構主義在幼兒園課程與教學上的應用，是本節的重點。

壹、幼兒園課程教學的目標

社會文化觀點所提出來的，是一個積極的孩子和一個積極的社會環境合作，並以該社會文化的符號系統作為媒介去創造發展的改變。由此衍生如下的幼兒課程與教學上的目標。

一、促進幼兒高層次心智能力的發展

Vygotsky「可能發展區」的心智發展觀點是前瞻性的，他強調今天心智發展尚處於「可能發展區」的幼兒，在社會文化脈絡的互動下，也許明日即可提昇能力至潛在發展層次。「可能發展區」的概念能促使教師將教學時注意的焦點，從幼兒的實際表現轉移到幼兒的潛能，進而推進孩子的知識能力至下一個發展序階。

此外，成長雖是在最佳發展區內「產生」的，但仍需在社會互動的軌道中創造此一「產生」。雖然，在最佳發展區內孩子可以學到部份的知識技能，但在接受成人或其他能幹同儕的導引與協助之下，才能做成功的應用，例如：孩子嘗試、探索各種不同的可能，若遇疑惑困頓之際能轉向成人或能幹同儕以尋求協助，將在其引導下建構自己的活動並鷹架自己的努力，將能推進自己目前所有的知能至下一個較高的層次。當孩子將此種互動的特性內化之後，他們會在相似的情境中，以此方式運作和重建自己的知能以求瞭解與適應。在過程中，他們不只是調整性地使用已學會的知識技能，而且能夠創造新的知能。

二、協助孩子在社會化的歷程中逐漸掌握存在於生活環境中的各種思考媒介

Vygotsky 在對「最近發展區」的詮釋時，特別強調成人與孩子或孩子彼此間的互動，而互動的目的，是使孩子逐漸社會化，因為發展的過程是社會的；

此外，在這些互動的歷程中，孩子也逐漸獲得該社會文化所有的符號系統，如語言、文字、數字、藝術媒體等，進而產生更高的思考能力。社會建構主義者認為知識是經由各種形式的社會互動所創造出來的，尤其強調透過對話去創造知識的意義。因此，學習不是去熟記一大堆知識，學習是透過對話去建構意義，而對話即是思考的起始點。學校教育應以支持並協助孩子運用語言符號與他人溝通，更在溝通的歷程中與他人在觀點上互動辯證，這些觀點進而深化為孩子個人內在思考系統的一部份，這就是語言的思考。此外，語文也是孩子探究行動的心智工具，思考與語言能共同運作以形成想法，並擬定行動方針，孩子再據以執行、控制、討論、描述、修正或重訪。

除了語文之外，藝術媒體，如繪畫、雕塑、肢體表現，也能讓孩子表達其現階段想法、假設、理論或行動方針，再經過持續不斷的表徵、分享、討論、實作與重訪經驗等步驟，孩子會從過程中修正其想法，因此，藝術媒體同樣也是重要的心智工具及幼兒探究知識的重要方法。

三、激發兒童主動的建構並引導其對行動的反思

依據社會建構論，孩子主動觀察並參與在社會文化情境之內，並在互動的過程中，以主動創新的角色透過自己的瞭解，再做建構；因此，教學不是知識的輸送，而是意義與理解的分享。Piaget 與 Vygotsky 二人都不認為，孩子是被動地接受外來的刺激才做出行為反應，他們相信孩子是將所接受到的刺激，透過個人的心智活動後才做出反應。所以，知識是由幼兒自己主動建構而來的。只是 Piaget 主張決定孩子行為的心智結構是一種以數學邏輯導向的推理活動，而 Vygotsky 則認為決定孩子行為的心智結構，是一種目的導向的推理活動——人是透過參與實際的活動，運用他／她的能力來解決自身所面臨的問題。教學內容若能符應幼兒的需要，孩子在心智上的主動建構才有可能，而且只有在幼兒心智主動的狀態之下，學習才可能發生。因此，教師教學的主要任務除了提供孩子在社會文化情境脈絡下的主動觀察、參與、發現及解決問題——即意義豐富的解題環境，還必須給予孩子充分的時間來思考、反省自己對問題做出的各種策略與假設。

貳、幼兒園課程教學的內容與方法

一、「全語言」哲學的教學

語言的獲得對孩子的發展而言是顯著與重要的，語言在學前階段的發展及心智運作扮演著獨特且重要的角色，因為語言是人們交換社會意義的首要工具。當孩子參與在成人與能幹同儕間共同的對話時，後者藉由語言的互動協助孩子在工作上的努力，孩子才能逐漸精通日常具挑戰性的任務。處於學前階段的孩子，常以自我規範的方式使用私語來計畫、指導與監控自己的行為。幼兒園應提供能讓孩子主動參與來表達自己的目標、談論個人具意義之經驗的環境。再藉由與老師的對話，老師可依據孩子的反應提供可連結的刺激，以及提供心智工具，如提問、對行動的反思以及注意到事物的因果關係，來促進孩子充分的回應及獨立的問題解決。因此，老師宜以開放式問題以引發孩子的口語表達，同時提供孩子多一點時間從事思考。

此外，老師在布置讀寫的環境時，也可以應用許多不同型態的象徵性溝通，且彼此統整，讓幼兒熟練。但讀寫應在真實的社會情境中，對意義的瞭解及溝通。因此，教師創造一個高度語言性的學習環境，在此環境內的學習活動都是一種社會情境，讓孩子在其中實驗或使用口語和書寫語言，以尋找和建構意義。近年來，「全語言」哲學的教學成為幼兒讀寫教育教學策略的主流，就是受 Vygotsky 理論的影響而融入的觀點。

二、藉由師生間或同儕間的對話建構知識意義的學習

若要去製造對話的脈絡，讓對話的內容涵蓋個人與社群所追求的所有事物，使對話的價值與意義能夠充分實現，教師需要能夠從孩子的角度來看事物，並能夠從來自不同文化或背景家庭孩子的角度來瞭解意義。因為有效能的引導必須考量孩子的興趣、知識及觀點。唯有透過在共享參考架構之下的溝通，孩子才可能進行內化或建構自己的理解，例如：教師對故事意義進行調整，以利幼兒對故事的瞭解，即是大人先瞭解孩子的參考架構並敏銳地提供協助的例證。

教師參與在提昇孩子學習的對話時，所扮演的多元角色有：引導者和支持者、學習的積極參與者、促進者、評估者。

引導師生談話有下述的原則：

1. 能敏銳覺察到孩子帶到學習情境中的知識、能力、興趣、態度、文化價值和實作。
2. 安排學習區活動，以促進互動性的問題解決。
3. 鼓勵並接受不同的問題解決方法與策略。
4. 鼓勵孩子對最佳發展區內活動的參與和挑戰，以推進其現有的能力。
5. 提供高層次思考的示範，並讓孩子參與高層次思考的活動。
6. 豐富師生間的溝通：向孩子解釋活動目的，也讓孩子解釋和調整他們的想法。
7. 對孩子的最佳發展區持續評估，以便計畫或修正教學活動。

三、相互主觀性的營造以促進幼兒思考

「相互主觀性」是指透過在共同從事活動的社會情境脈絡中，彼此間發展出對符號或記號的共享意義。幼兒相互主觀性的達到是在個別孩子參與同樣的活動時，它創造一個溝通的共同領域，使每一個參與者都能自我調整以適應同伴的觀點。當孩子們參與在真實情境中合作性的問題解決活動時，能彼此分享或合併觀點以達到共識，則此種同儕互動將能成為有效的鷹架，並刺激認知發展。討論以及與同儕合作能讓孩子產生真正的理解，這是能讓孩子由內在感到滿意的經驗，進而願意在未來繼續與別人合作。

教師促進孩子合作、和諧同儕關係的方法有成人示範技巧、提供孩子策略或讓孩子參與問題的解決等。此外，關懷與回應的大人／小孩或小孩／小孩的關係，是孩子透過社會互動以獲得心智技能過程中所不可或缺的。老師在教學上需清楚明白「共享的瞭解需植基於照護關懷的關係之上」，認知、情感與社會的交織為認知發展奠下穩實的基礎。因此，老師可以有下述的做法：

1. 讓孩子在幼兒園內有舒適與被接納的感覺。
2. 認識與瞭解班上的每位孩子。
3. 在班上發展出學習小組，讓孩子彼此間經常、非正式地為共同的目標一

起工作，以促進彼此的熟悉與瞭解。

4. 改變昔日教師遠距離的控制，以及與孩子間正式、具有層級的關係，教師才能在與孩子一起參與活動的過程中，敏銳地觀察、記錄與詮釋孩子的行為，以便在清楚孩子的理解程度之後，能進而有效地在孩子的最近發展區內設計與提供適宜孩子的學習活動，以協助孩子對知識概念瞭解的發展、延伸、修正與改進。

然而現今大部份的幼兒園，老師往往負責督導一大群孩子，致使孩子參與在未見任何大人引導與協助的自由遊戲之中，這種情況將很難達到以上所述的相互主觀性。因為老師太過忙碌地應付教室內不斷發生的大小問題，以致無法以專注的、持續的方式參與孩子的活動，進而錯失許多可以促進個別或小組孩子在最近發展區內的學習，孩子的思考與發展也因此無法向前推進。

四、運用在最近發展區的引導及協助以促進孩子的發展潛能

當幼兒自己在發展時，他們的知覺往往只專注在心智活動的目標上，例如：專注在拼完拼圖或完成圖畫，極少會停下來對心智活動本身加以反思。但對 Vygotsky 而言，指導是對幼兒知覺成長和規範思考程序的主要貢獻者，它可以促進一個高層次認知活動的轉變。教師若能在幼兒最佳發展區內，將活動分解為一些細小的部份，並引導孩子理解的方法步驟，支持孩子的努力，並協助孩子對自己思考行為做評估。如此一來，不但幫助幼兒學到新知識，並進一步協助其進入高層次的心智發展──開始思考他們自己的想法。這種改變讓幼兒能更有效地規範自己的思考行為，因此產生覺知並熟練於思考。這種高層次的心智發展也會逐漸地延伸到孩子自己獲得的自發概念上。所以，在引導發展上，學習是個有力的力量，它為孩子帶來系統性的分析及反應性的知覺。在這種「協助發現」形式的教育系統之下，孩子將成為「適應性的專家」。

因此，老師可以有如下的做法：

1. 對孩子的已知及具學習潛力的未知需具備相當的敏感度並以調和孩子能力、興趣、長處的方式來提供鷹架，進而延伸孩子的學習從未知到已知，並與孩子形成動態互動的關係來取代說教的教學方式。

2. 讓孩子從僅能瞭解部份的工作開始著手，但在與能幹同儕共同參與在充

滿意義以及有共同目標引導的學習活動中，孩子逐漸獲得愈來愈多的瞭解。然而，孩子自主的學習角色仍是教學過程所不可或缺的。

五、善用各種鷹架技巧以利幼兒知識與能力的發展與學習

鷹架是能敏銳地對準到孩子目前所能瞭解的，並聚焦在讓孩子專注到他會的部分，而教師則擔負起孩子所不能的部份。當孩子的能力漸漸足以承擔此一活動，來自教師的協助則漸次地撤掉。因此，教師需要對孩子有相當的瞭解，同時也對幼兒概念的發展序階有所瞭解，方可試著以下個階段可能發展出來的概念為依據來規劃設計課程，進而推進幼兒知識與能力的發展（潘世尊，2005；Smith, 1992）。

然而，在最佳發展區中鼓勵與推進孩子學習發展的人並不一定是大人，在同儕相互教導的情境中，孩子間也能有效地彼此搭建鷹架的。有時一位較有能力、知識的孩子是能扮演教導者的角色。能力相仿的孩子也能以相互合作的方式、時時互換與扮演各種教導的角色，例如：提問者、示範者、試驗者、評論者、傾聽者、回應者以及觀察者。同樣地，當同儕教導者在對其他孩子解說一件事情的同時，他／她也受益，因為要以口語說明一件事讓對方能理解時，這位孩子也需在此過程中對此事弄得清清楚楚。同儕間的相互教導與合作是先被能力較佳者以發生在社會層面的口語來教導，再透過內在語言以引導自己心智的一個過程。

Rogoff師徒制中老師或能幹同儕以引導（鷹架）及參與社會文化所重視的活動來協助孩子的發展，例如：教導者透過情境安排及各種互動方式（內隱的互動，如配合幼兒的技巧及興趣；與外顯的互動，如老師與幼兒或幼兒與幼兒的行為和語言上的互動），將位在孩子可能發展區的重要工作分為細微的部分，先讓孩子處理他／她能力所及的部份，所不及者則施予教導，逐漸地當孩子有能力獨自處理此事時，老師或能幹同儕就放手讓孩子自行去做（引自張景媛，1998；陳淑敏，2001）。

給孩子的鷹架協助有在量與質兩方面的差異，所謂的「量」是指鷹架的高度：要推進到哪一個發展序階？協助將持續多久？所謂的「質」則是指提供協助方式的不同，Gallimore 與 Tharp（引自陳淑敏，1994）認為，並非只有透過

語言才能促進高層次心理歷程的發展，如下的方法也能增進幼兒的認知發展：

1. 示範：在教育情境中，具有專長的教師及能幹的同儕都是協助兒童的楷模。

2. 立即的處理：對學習者的表現給予立即的增強或懲罰；在期待的學習行為發生之後立即給予獎賞、讚美與鼓勵，能使朝向「最近發展區」邁進的學習更加穩固。

3. 對學習者的表現給予回饋的訊息，也是一種有力的協助，尤其是當兒童的討論與事實有所差異時，正確回饋的獲得尤其重要。

4. 教導：適量的教導是有益的，兒童能將教師的教導內化為個人經驗，而達到自我的調整。

5. 提問：教師藉由問問題，一方面提供兒童機會練習思考和語言表達，另一方面幫助兒童培養蒐集資訊和運用邏輯思考的能力。

6. 認知組合：教師提供兒童思考和操作的結構性教材，以發展學生組織、評斷、蒐集、記憶、排序與行動的能力。

周淑惠（2006）則歸納整理幼兒園教師為幫助幼兒學習，可搭構的教學鷹架有下述六種：

1. 回溯鷹架：教師與孩子重訪既有經驗，共築集體印象與記憶，以營造主題氣氛，將有利主題的進行與概念的建構。由於回溯鷹架多呈現於孩子所處的物理環境中，因此也是一種「環境鷹架」。

2. 語文鷹架：語文是心智工具之一，透過語文可以引發孩子的思考與推理，語文鷹架可區分為：(1)言談鷹架：是指在師生共同活動中雙方交流進行教育對話；(2)讀寫鷹架：是讓幼兒以圖文方式記錄思考或討論與探究的結果。

3. 架構鷹架：教師提供幼兒思考或活動的框架，讓幼兒的主題探究易於聚焦，且能提供孩子對異同的區辨、比較。

4. 同儕鷹架：是指教師對混能或混齡分組活動的運用，讓同儕之間相互刺激與提攜。

5. 示範鷹架：教師在教學時對幼兒做適度的介紹示範，以引導幼兒能往前跨進。

6. 材料鷹架：教師提供多元材料以利幼兒在主題探究歷程中對概念理解的
表徵、再表徵，能有助於孩子概念的建構。

六、藉由主題與方案的自主探究以統整幼兒各領域的學習

由於主題與方案教學提供孩子說出想法和喜歡事物的許多機會，並讓他們
選擇和探討各種不同的可能，孩子因此可以變成教室裡的積極探索者。主題與
方案教學在老師專長的引導之下，可以激發孩子奮力學習的興趣和好奇心。主
題與方案教學不但能統整孩子各領域的學習，而且強調的是讓孩子依據其舊經
驗來與環境中的人、事、物互動，以探究未知事物或問題情境。在發現答案與
解決問題的過程中建構知識與精熟探究能力。教師讓孩子逐漸熟悉研究的程
序，並在過程中協助孩子獲得研究的資料訊息，孩子也逐漸有能力提出並負責
可進行研究的問題，並對相關資料做記錄、組織、歸納、比較與分析。此外，
孩子也能在主題與方案探究的歷程中開始看到教育的過程及意義：教育不只是
讓知識從知道比較多的人身上轉移到知道比較少的人身上，或是對老師所期待
正向行為的服從，而是一種「再創意義的協商討論」。

七、以萌發課程引導與刺激孩子的學習與發展

最佳發展區的運用，是為幼兒提供回應他們目前發展程度的協助，利用當
下即時教學引起的機會，刺激他們的發展。所謂「萌發課程」是指幼教老師所
做的教學計畫，是建立在孩子逐漸產生的能力和興趣之上，而不是在幾個月前
就計畫好、將要執行的教學活動。此種課程與教學將孩子的自發性及彈性，和
老師深思熟慮的引導統整在一起。

八、布置能使幼兒發揮學習功能的活動情境

老師可從下述團體教學、學習區及個別孩子的活動三種情境著手布置：

1. 團體教學情境：在一般教室內的團體教學，教師與孩子之間的互動常常
是受熟悉的、事前選擇好的、為全體孩子設計的活動所驅使。甚至，許
多教師依照教師手冊上的教學方法與步驟來進行與活動相關的對話。這
類型的對話可以促使活動在教師掌控中順利進行，但卻將孩子限制在參

與一些低層次的認知過程，例如：對事實的記憶、背誦；只有在大團體活動處於預定的運作軌道上轉向時，老師才會讓孩子參與高層次的思考，如分析、綜合與應用想法和觀點。但事實上，許多其他場域活動的成功是需要建立在有效的團體教學功能之上，例如：介紹孩子到小組和個別的活動上、傳達完成活動的必要與特別的程序、全班性的指導、共同解決社會互動的難題、教導形成學習社群的重要價值觀，或是師生與同儕間在學習上的分享與對話等。

2. 學習區：學習區是依據孩子的發展能力、興趣（或探究主題）而建立的教室角落，孩子能自行選擇並在其間以自己的方式完成個人、小組或團體的學習目標。在學習區所產生小組或二人組的互動，可以讓孩子發出積極的聲音，老師也與他們進行互動的對話。在各學習區孩子會產生許多個別不同的經驗，每一位參與的孩子都可以對別人的學習及理解提供有助益的貢獻。學習區的活動有可能一位或數位孩子深入探究的方案，也有可能逐漸延伸成整個教室的活動，但都需要教師在活動情境中的統整與引導，以及孩子的參與合作，才會達到高層次的學習。藉著豐富的、能夠促進聽、說、讀、寫或其他形式的溝通和思考的教室對話，學習區很適合孩子建構對他們具有意義的共同目標。老師可以在與孩子一起工作的過程中協助孩子解釋想法、協助孩子提出問題、協助孩子克服面對新挑戰的恐懼等。

3. 個別的幼兒活動：提供孩子與文本——由書本作者或師生、同儕、自己所寫——的對話時間、空間與資源，孩子將可從與別人的對話中所獲得的理解與技能，轉換為與自己的讀寫相關的談話。逐漸地，與其他人藉著文本的對話來說話，將提供孩子終身獲取新知和表徵工具的機會。

九、提供幼兒在想像遊戲中自主探究的機會

Vygotsky 認為，在想像遊戲中孩子創造問題，並透過與能幹同儕相關的對話來解決問題。此外，遊戲也將孩子從情境限制中加以解放，並允許孩子在其中實驗意義。幼兒在遊戲中不只是在獲得快樂，透過遊戲，孩子也能夠藉著想像以滿足在現實生活中不能獲得滿足的欲望。「想像遊戲」並提供幼兒一個發

展高層次抽象思考的基礎：孩子開始有能力在遊戲情境中獨自地將對人事物的理解以行動表徵，這些行動必先植基於對意義的瞭解。幼兒也開始能夠將意義從他們所置身的真實、具體情境中抽離出。想像（假裝）遊戲提供兩種互補能力的萌生：

1. 將思想從行動及物品中分離出來的能力：以物品替代物將思想與周遭世界分離，僅依賴想法去引導自己的行為，如以一根竹竿代表一匹馬。兒童的物品替代物的彈性會隨著年齡而逐漸增加，例如：早期的想像遊戲學步兒只會使用真實的東西，到了兩歲時，就會使用比較不那麼真實的玩具，到了三歲就可以想像物品和事件，不再需要任何真實世界的資助。
2. 放棄衝動的行為，以成就深思熟慮及彈性自我規範活動的能力：藉由虛構的活動，孩子也學習如何在眾多的行動替代方案中做深思熟慮的選擇。

　　遊戲是極度有目的、有意義的活動，它為抽象、表徵及想像思考的發展奠定基礎，是學前課程重要的教育活動，因為它為孩子創造一個最佳發展區，使孩子的表現往往超過他的一般年齡水準及每日的行動，換言之，孩子在遊戲中似乎較平時的自己高出一個頭。

　　因此，老師應布置一個可以誘發孩子扮演遊戲的環境，孩子甚至會邀請大人參與他們的遊戲世界。在與幼兒共同參與遊戲的歷程中，老師同時從孩子的身上體認到孩子想要理解的事，並積極引導孩子對此一未知的探究與學習，如此孩子將會對自己所不認識的世界有更高層次的理解，遊戲的層次與內涵也因而提升。

十、教師與家長及其他教師間團隊的合作能為幼兒在社會合作關係上做最佳的詮釋與具體的示範

　　家長的參與是幼兒課程教學的關鍵，尤其是對來自非主流文化家庭幼兒能否順利融入幼兒園，幼兒父母的學校參與是不可或缺的，幼兒園教師對家長在教養自己孩子的專業知能上應持肯定的態度。而教師間若能夠合作、分享意義並對彼此間的專業發展有所貢獻，則不論孩子或教師都能從中獲益。教師／家長間以及教師／教師間彼此合作的關係，能創造出一種社群與合作的氣氛，並為幼兒在社會合作關係上做最佳的詮釋與具體的示範。

參、幼兒園課程教學的評量 ── 動態評量的實施

　　Vygotsky 最佳發展區的觀點，不只是能激發與擴充發展的教學過程，也導入一個新的評估孩子學習準備度「動力的」策略。他指出在傳統的能力成就測驗上，兩個孩子即使得到完全一樣的測驗成績，也只能說明他們目前存在的能力水準，卻無法告訴成人每一個孩子從指導中獲益的準備度及如何指導他們，所以最佳發展區是一個前瞻心智發展狀態的重要指標。因此，代之以「強調孩子已獲得知識」的靜態評量，動態評量則在「尋找什麼是孩子在支持下的表現」，兩者間的區別，就是孩子的最佳發展區。要測量孩子此區域的寬闊度，可在確定幼兒無法獨立解決問題時介入，介入方式如下。

一、逐漸提示

1. 由抽象到具體、由少到多的提供解題線索及提示。
2. 若不行，需審慎評估，再採講解或示範的方式。
3. 提示時，可運用不同類型的鷹架。

二、降低期待幼兒發展出來之能力，再回到「一、逐漸提示」之下的各步驟

　　藉由動態的評量，才能敏感地針對孩子需要的教學狀況下對他們的學習做觀察，也才能讓教學實作針對孩子目前的學習困難提出有效的輔導。因此，Vygotsky 的動態評量與傳統靜態評量不同，它注重過程而不只是結果，在過程中評量者持續的以多元方式做個別化的幼兒學習評量，以便瞭解孩子認知與學習的情況，或發現促進孩子學習的最好方法，來作為活動設計或學習成效之參考依據。因此，動態評量是課程的一部份，與課程相互交織，而非獨立於其外。

肆、結語

　　綜上所述，社會建構主義取向的教學不是任由幼兒自己去建構，在建構過程中，教師對孩子的思考負有重責大任。教師在與孩子共同參與的活動中瞭解與引導孩子的認知，例如：先瞭解幼兒的自發概念，以孩子的自發概念為基

礎，再透過和幼兒的共同討論以及生活實例的舉證，讓幼兒將書本上的知識（科學知識）與生活經驗連結，在透過教師引導幼兒進行反省性抽象思考，孩子才能對書本上的知識有真正的瞭解，這種瞭解是能使用書本上的知識去解釋生活中所見到的現象，或是解決生活中所遭遇的問題，而非記憶、複述書本上的知識。因此，教師除了對相關的學科知識必須先行探究與有所理解之外，還要能熟悉各種教學技巧，並視情況適時的使用。

正如同 Carol Seefeldt（桂冠編譯室譯，1999）在檢視義大利瑞吉歐（Reggio）的課程與教學後提出：瑞吉歐（Reggio）深信孩子是社會動物，自嬰兒時期起即熱愛與所處的社會建立各種的連結。他們對於知識深感興趣，並具備許多的能力，並且可用許多的方式來表達自己的感覺與想法，因此大人們可替幼兒製造許多機會與理由，讓孩子有機會運用發展中的表徵知能來說明、修正並溝通源自自身經驗的認知。

Carol Seefeldt 也進一步對建構主義取向幼兒教師角色提出個人看法：教師也是學習者，如果教學能被視為「天生融合著學習的歷程」，則教師與學習者此兩角色間不斷互動就可促進課程的發展與演變。因此，「教師從幼兒身上學習」與「幼兒從教師身上學習」兩種教育目標同等的重要。

參考文獻

吳幸宜（譯）（1994）。**學習理論與教學應用**。台北：心理。

李長燦（2003）。「可能發展區」概念的新詮釋及其對幼兒教育的啟示。**幼兒保育學刊，1**，1-18。

谷瑞勉（譯）（1999）。**鷹架兒童的學習：維高斯基與幼兒教育**。台北：心理。

周淑惠（2006）。**幼兒園課程與教學：探究取向之主題課程**。台北：心理。

桂冠編譯室（譯）（1999）。**幼教課程：當代研究的回顧**。台北：桂冠。

張景媛（1998）。新學習時代的來臨：建構學習的理論與實務。**教育研究資訊，6**（1），51-65。

陳正乾（1998）。發展與學習之間的關係：皮亞傑與維高斯基的對話。**幼教天地，15**，185-203。

陳淑敏（1994）。Vygotsky 的心理發展理論和教育。**屏東師院學報，7**，122-143。

陳淑敏（1998）。從社會互動看皮亞傑與維高斯基的理論及其對幼教之啟示，**幼教天地，15**，167-183。

陳淑敏（2001）。**幼稚園建構教學：理論與實務**。台北：心理。

陳淑敏（2002）。建構教學對幼兒科學知識學習之影響，**教育與心理研究，25**，401-430。

廖信達（2002）。建構主義及其對幼教課程的啟示：從皮亞傑及維高斯基的理論談起。**德育學報，18**，93-109。

潘世尊（2004）。Vygotsky 對認知發展的觀點及其教學應用。**弘光學報，43**，131-146。

潘世尊（2005）。建構主義取向幼教課程的發展與實施：從愛彌兒幼教機構的「甘蔗有多高」來分析。**弘光學報，45**，107-128。

簡淑真（1998）。建構論及其在幼兒教育上的應用。**課程與教學，1**（3），61-80。

簡淑真、陳淑芳、李田英（2002）。**建構幼兒科學教學模式之建立與驗證研究（2/2）**（更名為建構取向幼兒科學教學之實施研究）。行政院國家科學委員會專題研究報告（編號：NSC-90-2511-S-003-024）。（未出版）

Cobb, P., Wood, T., & Yackel, E. (1990). Classrooms as learning environments for teachers and researchers. In R. B. Davis, C. A. Maher, & N. Noddings (Eds.), *Journal for Research in Mathematics Education (Monograph Number 4): Constructivist Views on the Teaching and Learning of Mathematics* (pp. 125-146). VA: The National Council of Teachers of Mathematics.

Cobb, P., Wood, T., & Yackel, E. (1992). A constructivist alternative to the representational view of mind in mathematics education. *Journal for Research in Mathematics Education, 23*, 2-33.

Cobb, P., Wood, T., & Yackel, E. (1993). Discourse, mathematical thinking and classroom practice. In E. Forman et al. (Eds.), *Contexs for learning* (pp. 91-119). NY: Oxford University Press.

Ernest, P. (1993). *The philosophy of mathematics education*. Studies in mathematics education series 1. (ERIC Document # ED 381351)

Lerman, S. (1996). Intersubjectivity in mathematics learning: A challenge to the radical constructivist paradigm. *Journal for Research in Mathematics Education, 27*(2), 133-150.

O'Loughlin, M. (1992). Rethinking science education: Beyond Piagetian constructivism toward a sociocultural model of teaching and learning. *Journal of Research in Science Teaching, 29*(8), 791-820.

Smith, A. B. (1992). *Early childhood educare: Quality programmes which care and educate*. (ERIC Document Reproduction Service No. ED403053).

Vygotsky, L. S. (1978). *Mind in society: The development of higher psychological process* (Eds. and Trans. by M. Cole, V. J. Steiner, S. Scribner, & E. Souberman). Cambridge, MA: Harvard University Press.

Vygotsky, L. S. (1981). The genesis of higher mental functions. In J. V. Wertsch (Ed.), *The concept of activity in soveit psychology* (pp. 144-188). NY: M. E. Sharpe.

Yang, O. S. (2000). Guiding children's berbal plan and evaluation during free play: An application of vygotsky's genetic epistemology to the early childhood classroom. *Earlychildhood Education Journal, 28*(1), 3-10.

建構主義取向的幼兒課程與教學：以台中市愛彌兒幼兒園探究課程為例

chapter 4

幼兒園建構主義取向的課程與教學
——以台中市愛彌兒幼兒園爲例

文／張斯寧

　　位於台灣台中市的愛彌兒幼教機構（分校有旅順、逢甲、永春及德化四幼兒園），創建於一九八一年五月二十日。愛彌兒幼兒園的課程模式雖從一九八〇年代的單元活動設計，到一九九〇年代中期的主題教學與二〇〇〇年代的方案探究，但卻不難發現奠基這些課程的學習觀與建構主義取向的教育觀是逐漸地趨近，建構主義取向的教學原則也在此漸次地被落實。因此，本章將就愛彌兒幼兒園這三十七年（至二〇一八年）來課程遞變發展的歷程、實施建構取向課程的背景因素及對現行建構取向課程教學的展望加以闡述，以作為前三章所整理之建構取向教學原則、方法在幼兒園可具體落實的例證，同時也有助於讀者後續閱讀第二篇中各課程紀實時，能對這些課程產生及發展的時、空場域及在其間與人相關各項因素的事先瞭解。

🌳 第一節　愛彌兒課程的遞變與發展

　　台灣台中市愛彌兒幼兒園成立的一九八〇年代，正逢中央（台灣）政府積極對托兒所制度化有所作為之際（張斯寧，2005），例如：《兒童福利法》與二次修訂、「托兒所場地建築與設備」、《托兒所設置辦法》第二次與第三次的修訂等。此外，於一九八五年，台灣省政府委託幼教學者依據「托兒所設施標準」及「幼稚園課程標準」編撰理論與實務並重的「托兒所教保叢書」，此

書以幼兒為本位，強調教保活動化及多元方式評量幼兒的學習，共有幼兒健康、幼兒工作、幼兒常識、幼兒語文、幼兒音樂等補充教材共五冊，各科均依幼兒年齡及經驗區分為三、四、五歲組以提供教材，保育人員可依幼兒需要選擇教材並鼓勵教保人員能創新設計教保活動。並刊印四千五百套，分送托兒所、兒童福利機構，作為充實教保活動之參考（內政部，1979）。因此，在一九八一到一九八九年之間，愛彌兒老師們在此一時空背景之下，並在參閱其他相關幼教叢書後，以自行創新設計單元活動課程並編製貼近幼兒需求教材的方式，將園內的團體教學活動帶得既活潑又生動。但在園內充沛的研習文化及世界各地幼兒教育的蓬勃發展（例如：開放式教育思想對台灣幼教的影響）雙重驅力的帶動之下，愛彌兒幼兒園的課程依時間順序有下列三階段的變革（高琇嬅主編，2003；鄭青青，2011），簡要說明如下。

壹、一九八九年到一九九六年：開放式教育觀點的融入與實踐

此一階段可細分為以下四個次階段。

一、一九八九年到一九九〇年：成立研究企劃室、強化園內教師成長及規劃設置幼兒學習區

由於愛彌兒幼兒園創辦人希望提供幼教專業學人一個專業實務舞台，期藉由與第一線教師的專業互動以增進彼此的專業成長，進而落實植基於近代研究發現幼兒學習特質之幼教課程教學。一九八九年於園內成立「研究企劃室」，延聘國內外幼兒教育碩士，擔任專職的課程與教學企劃，並規劃實施園內教師之專業研修，並著手在幼兒教室內規劃開放式的「學習區」（全台中市最早設置之幼兒園），讓孩子在同一學習時段能有個別且多元化的學習選擇，教師也在幼兒於學習區內與人、物互動之際，能進行學習觀察與記錄。此為愛彌兒課程的首次改變。

二、一九九一年到一九九二年：設計較具結構性的學習區活動及研發運用學習檢核表

教師除了設計單元課程及編寫活動教案，同時調整學習區的情境布置，並

著手設計較具結構性的學習區活動及研發與運用對應活動的學習檢核表（checklist），以保障幼兒的學習成效。

三、一九九三年到一九九五年：開放教育的漸次體現

愛彌兒老師的教學自主權愈益增加，並體現於學習區之學習情境布置、幼兒學習活動之設計，及幼兒學習評量之運用，孩子學習的自主性也更顯見。同時，每位孩子都有一本屬於自己且具體描述其學習歷程的學習生活手冊——《我在愛彌兒的生活》親子手冊，不僅包含學習檢核表，也加入軼事記錄的學習歷程質性描述。這是園內個別化學習評量的開始，在這一階段愛彌兒幼兒園的園本位課程文化已慢慢開始型塑。

四、一九九六年：彈性主題課程的實施、幼兒個人學習檔案的建立、師生課程紀實的編輯刊印與分享

一九九六年開始建立每個孩子的「學習檔案」，包括孩子的作品、老師的觀察。老師也著手設計「主題概念網」，值得注意的是：老師雖依據所觀察到孩子感興趣的事物做主題，規劃主題概念網，並在各次概念之下的探索或活動經驗來統整孩子各領域的學習，但在實際教學進行時，也尊重孩子當下的關注與興趣而做活動的調整，因此，課程實施後的主題活動網未必恰如原先概念網之設計。老師也會將師生主題探究的歷程加以記錄與整理，最後再將主題課程紀實結集、刊印與發行《探索》期刊，以與家長及幼教學界分享與交流。

貳、一九九七年到二〇〇三年：多元表徵與探究式主題課程

此階段又可細分為以下四個次階段。

一、一九九七年：引發多元表徵活動及深入探究的主題課程

一九九七年起，老師於課程中鼓勵與引發幼兒以多元媒材進行概念表徵，因此園內引進各類表徵媒材，例如：「單位積木」（unit block）、「空心大積木」（hollow block）以及木工區相關的設備材料，因此有「彈珠台」、「高速公路」等積木課程，這些學習媒材提供孩子表徵他們在生活環境深感興趣事物

的探索、瞭解與發現。建構完成的作品也常常成了孩子們遊戲的玩具；在此階段老師也因著孩子的興趣引領孩子對主題做更深入性的探究，如「稻米」、「小雞」等課程。

二、一九九八年：融入全語言教育哲學與嘗試檔案評量

一九九八年全語言的幼教哲學在園內孩子簽到時的書寫、出聲朗讀環境裡的文本、放聲思考的討論、主題統整課程的讀寫萌發（如語言經驗圖表或繪本改編）中加以實踐，園內並開始嘗試幼兒作品取樣系統評量。

三、一九九九年到二○○一年：主題課程架構下的方案探究

因著主題課程架構探究主題下的各個主要概念，但老師適時放手依循孩子的興趣而衍生出主題架構下的方案——建立共同的目標、擬定計畫、實施過程中問題的發現與解決，例如：在「甘蔗有多高？」的課程中為預防甘蔗被拔走，幼兒萌發做木柵欄的方案。

四、二○○二年到二○○三年：中英文交織的英文課程

園內中、英文主題統整課程也做規劃性的實施與發展：中英文主題課程交織進行，讓孩子的學習從母語出發，保留本國語言與文化學習，同時兼顧英語學習與其他多元智能的發展，如糖果屋、麥當勞、Beauty Salon 等課程。

參、二○○四年到二○○九年：學習區自主探究的方案課程與精進個別化課程

二○○四年開始，以「全人發展（目標及內容）・建構取向（方法及評量）」為核心特色的園本位課程已漸漸發展成型。此階段也細分為以下三個次階段。

一、二○○四年到二○○五年：學習區自主探究的學習

愛彌兒在二○○四年將旅順、永春、逢甲三園的硬體重新改造，學習區空間在擴增為較原先寬闊兩倍的情況下，老師們的專業更有開展的空間。於是在

學習區與方案探究並行數年後，園內課程走向以幼兒在學習區的自主學習為主，老師們依據各年齡層、各發展領域的目標規劃活動室內各個學習區，以期待幼兒自主選擇學習區、以自己的方式與不同學習區互動的歷程中發展基本能力，或發展出自己或小組探究的方案課程。

二、二○○六年到二○○八年：課程本位的動態評量

為因應幼兒於學習區個別與自主的學習，將動態評量落實於課程發展歷程中。老師於課程進行的過程中即時觀察與記錄幼兒各領域能力的具體表現，據以分析其發展意涵，並思考推進幼兒至潛在發展區的策略，例如：同儕間的討論以激盪想法或教師的提示引導等，以發展下一步課程的同時，也增強了個別孩子的發展能力。

在「不讓每個孩子落後」（No Child Left Behind）的教育目標之下，強調教師對孩子自主學習的尊重與引導，以協助達成各年齡層、各領域的發展能力目標。

三、二○○九年迄今：回歸更扎實的學習區課程

重新檢視老師及幼兒在學習區課程發展中的需求，在現有的基礎上，提供老師們更扎實與細緻的研習課程或教師工作坊，並進行學習情境規劃布置及學習評量更精緻的調整，例如：老師對學習情境布置的自然性、多元性、豐富性及富邀請性也漸趨熟稔，教室內常置的學習區有：語文區（含簽到區、電腦區）、益智區、積木區、藝術創作區、科學區及裝扮區，或依孩子能力適時增設感官區、烹飪區、木工區等；教室外的學習區則有：大肌肉遊戲區、空心大積木建構區、玩沙區、玩水區、種植區等。

第二節　愛彌兒建構主義取向課程實施的背景因素

為瞭解愛彌兒建構主義取向課程產生與進行的時、空場域及在其間與人有關的各項因素，以利讀者對第二篇中各課程緣起與發展背景的瞭解，筆者將依序就愛彌兒幼兒園學習區的設置、孩子一天生活作息的安排及行政對於課程教

學的架構與支持（例如：創辦人前瞻性的幼教理念、研究企劃室對教師教學的支持，以及園內行政系統對教師的賦權增能）三個構面分別加以敘說。

壹、園內的學習區設置

在愛彌兒每一個學習區都有其特定的學習目標，教師並依據目標及孩子的發展狀況提供適性但又稍具挑戰性、豐富、多元的學習材料。幼兒們則依據自己的興趣、發展能力，自主選擇一個人獨自操作學習或是兩三個人一起進行合作性的小組探究。老師一則從旁觀察、輔導並記錄每一個孩子的學習狀況，並適時介入引導；或以引導式參與孩子活動的引導方式，適時激盪孩子的想法，以深化孩子的探究或延展其學習觸角。

在「空間是幼兒的另一位老師」的前提下，園內學習區設置的目的如下：讓孩子在各領域的發展能與在環境中人事物的互動下，以自己的方式與速度往潛在的發展區域邁進。因愛彌兒幼兒園是台中市最早（一九八九年）成立「學習區」的幼兒園，也運作得極為成熟，常置的學習區有語文區、科學區、益智區、積木區、裝扮區、藝術創作、木工區、感官區等。

一、語文區（圖 4-1～4-3）

幼兒聽、說、讀與寫能力的發展是彼此相輔相成，於是老師在語文區提供豐富的語文學習材料，如詩歌、韻文、繪本、海報、語言經驗圖表等，孩子可以自行翻閱、傾聽、閱讀，也可以改編童詩、自創故事或改編故事為劇本而做戲劇（偶）的表演。教師在語文區中也常透過存字銀行、好書欣賞等語文活動以支持幼兒讀寫的學習，讓孩子由日常生活出發，並在有意義的情境（如主題的探究）當中塗寫、仿寫，以培養孩子讀寫能力。

簽到區（圖 4-3）與語文之運用息息相關，雖不是孩子學習區時段可以選擇的一區，但孩子每天進入園內的第一件事即為簽到。在簽到區中孩子參與和個人生活經驗相關的紀錄，如日期、時間、自己的姓名、天氣、心情、學習

圖 4-1　語文區

圖4-2　語文區（用手偶講個故事）

圖4-3　簽到區

計畫等。老師會依孩子的能力設計簽到／表的內容，並適時做調整以提供孩子新獲得能力運用的機會，也能讓孩子能從塗鴉、蓋章、符號創作的歷程中探索抽象文字的意義，進而仿寫與運筆練習，以利孩子從幼兒園銜接到小學。

二、科學區（圖4-4～4-6）

孩子幼小的心靈裡，總是有問不完的「為什麼？」他們雖能從生活中發現許多的問題，但若再透過科學區裡的培養皿、觀察箱以及多元的物理科學實驗，從中觀察到反覆操作後的物體變化，並反思與發現其中的邏輯關係，將有助於孩子科學知識的獲得與科學能力的運用，並培養孩子的好奇心、主動探究、客觀、求真、對失敗的正向態度、堅毅等科學態度。

圖4-4　科學區（光影遊戲）

圖4-5　科學區／「我們在修理壞掉的電話」

圖4-6　科學區（孩子討論，如何讓球順利滾下來）

三、益智區（圖4-7～4-8）

益智區是讓幼兒透過實際操作去創造、發現邏輯數學知識，例如：邏輯概念、數概念、測量概念、幾何空間概念，以及運用這些概念解決問題的能力。同時對於孩子的小肌肉、手眼協調等能力的發展也有所助益。由於此區教具種

圖 4-7　益智區／「我找到一樣的圖案了」

圖 4-8　益智區／「我畫我做的旋風騎士記錄圖」

類較多，老師可依學期目標對焦選擇放置教具，孩子再從中選擇適合自己發展、感興趣的教具操作。當孩子在自發且無競爭壓力的情況下完成某項教具操作時，自然會從中獲得成就感，增加自尊與自信，在提昇自我概念上有正向的幫助。對於較大的孩子，老師則會提供如象棋、跳棋、五子棋等團體遊戲，以提供孩子發展空間、邏輯關係、問題解決、人際互動及溝通協商的機會。

四、積木區（圖 4-9～4-11）

　　積木區提供各發展階段孩子能自由使用的建構材料，如單位積木、空心大積木、樂高積木、泡棉大積木以及柔麗磚等。除在積木尺寸、材質上的多元之外，也置放能以建構物延伸出「社會戲劇遊戲」的各類扮演相關配件。因此，積木區不但能滿足孩子想像、表徵、創作與社會遊戲的需求，也促進了孩子大、小肌肉的發展，並提供孩子學習與應用數學、科學、概念、語文的機會，同時孩子也學會溝通、遵守規則、輪流、分享、互助、合作以及對他人作品的欣賞，每位孩子的自信心、自主性嘗試、勇於面對挑戰的態度、問題解決的能力也在建構的歷程中顯現。積木區也往往是愛彌兒孩子在主題探究歷程中，用

圖 4-9　積木區／「搭建高速公路」

圖 4-10　積木區／「蓋小老鼠可以跑來跑去的二棟房子」

圖 4-11　積木區／「高鐵台中站」

以統整探究經驗、創新與表徵所獲得與主題相關知識的媒材。

五、裝扮區（圖 4-12～4-13）

　　進行想像扮演遊戲是每一個小孩都擁有的心理需求，扮演活動提供孩子與他人互動及遊戲的機會。孩子融入個人的生活經驗及表徵，對各種社會角色的認知於想像扮演之中，每一樣物品到了孩子手中，都可以有不同的象徵意義，想像扮演遊戲為孩子抽象、表徵及想像思考的發展奠定了穩實的基礎。當孩子能運用自身的能力，透過扮演以抒解內心的情感、不被滿足的欲求及現實生活中的挫折時，對其情緒的發展常有無以言喻的重要影響。

圖 4-12　裝扮區／「聽小 Baby 的肚子，有沒有細菌？」

圖 4-13　裝扮區／「餵動物吃飯」

六、藝術創作區（圖 4-14～4-15）

　　幼兒藝術創作是孩子的另一種語言，它可以幫助幼兒運用各種藝術媒材及型式來表達內心的創新想法、情緒與感受以及對事物的認知等。此外，藝術創作區也提供孩子感受各種材料質感及色彩運用的機會，並在創作過程中孩子學習統整各種元素，以建立個人藝術涵養的基礎，進而成為一個具審美思考能力的小小創意人。此外，有助於藝術創作的基本技巧，如縫、編、織、撕與折等，也常在幼兒自行開啟、有目的、問題解決取向的主題或方案探究過程中，被加以運用與練習。

圖 4-14　藝術區／（運用各種工具在畫架上自由創作）

圖 4-15　藝術區／（縫工）

七、木工區（圖 4-16〜4-17）

　　木工是一個讓幼兒學習更多關於他們自己及這個世界的極佳活動。孩子在個人目的驅使下，摸索與學會使用工具和材料的正確方法；並透過自己的能力完成木工作品的同時，也能夠建立自己的自尊與自信。木工活動的進行，提供孩子身體動作、認知和社會技巧發展增進的機會，也讓他們感覺進入大人的真實生活，並且能與自己的生活經驗做連結。此外，木工活動也能讓孩子透過擴散性思考和有創意地規劃三度空間物體的結構與問題解決，或透過木材的質地、味道和聲音來拓展自己的感覺與認知；孩子為了自身的安全也習得工具的安全使用及規則的遵循。

圖 4-16　木工區

圖 4-17　木工區／「我想做一架飛機」

八、感官區

　　幼幼班孩子正處於 Piaget 所謂的感覺動作期，為提供這些小小孩藉著與感官區玩具互動的機會，以增進他們五覺（視、聽、嗅、味、觸覺）辨識異同的

基本心智能力，老師往往配合認識身體部位或探索感覺的主題，擺放相關的操作性玩具以供幼兒在遊戲中探索與學習。

每一區寬廣的空間，不但能容納與該領域學習目標及與孩子發展能力相關之多元、豐富且富挑戰性的學習材料，也能增進幼兒的小組互動與合作學習，並讓孩子能有一展身手、以多元形式創作與表徵的機會；每一學習區內提供作品保留或張貼的空間，前者使孩子能以長時間、不斷討論修正的方式，以具體表徵孩子的創意、想像與對事物的認知；後者則可以讓孩子能與作品對話、對創作行動進行反思以延伸日後創作或表徵的想法與做法。

孩子在上述學習區的探索，有時為了達到既定的目標或解決一問題，可能延展成深入探索某一主題的方案，例如：「帳棚」的搭建，原本僅僅是孩子在益智區對百力智慧片在三角形（大、中、小尺寸上）組合規律性的探究及延伸，卻能搭蓋出實際生活中可使用的帳棚（張斯寧，2005）。在一個班級之中，往往能有好幾個方案同時在不同的學習區中萌發與進行（方案也可能因本身跨領域的性質而自然整合兩個學習區以進行同一議題的探索與研究），所開展出課程的多元、豐富與精彩，委實令人驚嘆。

愛彌兒的老師精心營造全語言的學習環境，因此，不難發現故事繪本不盡然都放置在語文區，只要與孩子探究主題相關的繪本，在各學習區中都不難發現，例如：孩子正在積木區搭蓋一座火車站，與火車或火車站相關的繪本，就會被心細的老師從圖書室（圖4-18）借出，放置在教室內積木區的一角，以作為孩子積木建構的參考。

圖4-18　故事船屋（圖書室）

此外，園內其他的戶外空間也往往依孩子的探究或建構需求，成為學習區往外延展的空間，例如：當孩子欲瞭解植物的成長時，種植區域就成為孩子觀察與探究的場域（圖 4-19～4-20）；當孩子欲瞭解昆蟲的成長歷程時，戶外的花草樹木就成為孩子就近觀察的生態園區——因為種植了許多吸引昆蟲的花草樹木；當孩子要具體建構理想中的大樓、書店、比賽場等大型建物時，孩子往往可找到幼兒園內的某一隅來實現自己的美夢。當然，孩子也時時跨出校園做

圖 4-19　菜圃種植（篩土）

圖 4-20　菜圃種植（澆水）

觀察或訪談專家，以延伸其學習觸角，例如：在搭建學校附近社區、百貨大樓、停車廠、飛機場時，戶外教學就能讓孩子做具體、貼近及細微的觀察；當孩子對聚焦探究的動物、昆蟲習性加以觀察、推論而欲驗證時，專家所駐在的寵物店或學者的研究室就成了獲得資訊的場所。換言之，整個學校所在的社區是可視為孩子的一座大學習區，它提供孩子的學習場域由個人→家庭→學校→社區的往外延伸，孩子的活動空間、人己或與自然間的關係也因之拓展。

貳、愛彌兒孩子的一日生活作息

為使孩子能充分以自己的選擇、興趣（如方案主題）、步調及方式與學習區內的材料，或共同參與學習的同儕、老師互動，在愛彌兒孩子的一天作息安排中規劃有三個長時段的學習區時間（表 4-1）。學習區時段與主題方案教學相互搭配，以追溯昨日的學習及今日學習規劃的團體討論作為開始，再以當日學習區作品的分享、學習心得的交流，或師生給予的回饋與建議的團體討論作為結束；在愛彌兒師生與同儕間長時間的對話提供彼此許多認知衝突、解題與反思的機會，許多師生間的想法也因此得以深入探究。換言之，在愛彌兒幼兒園內時間的規劃及運用與師生的探究學習形成了盟友的關係。

筆者對學習區團討富有深刻的印象：二〇〇六年十一月的某一天，在學習區時段Ｂ結束的團討中，大班的胤忻分享他在木工區所做的大兜蟲（圖4-21）：以一片長方形木板作為身體，兩側各釘上三隻腳，頭頂已釘上一大（中央）兩小（兩邊對稱）的樹枝作為犄角。胤忻打算將大兜蟲身體同樣大小的木板放直，由中線對半鋸開，各於右上角與左上角內釘上釘子，以與身體結合並做出可以展開的雙翅。但同學問：「這麼做翅膀如何打開？」胤忻無言以對，宇壕

◆ 表 4-1　愛彌兒孩子一日生活作息

上午	07:30～09:30	1.有機＆生機早餐 2.生活教育＆環境教育（環境整理、綠色園藝） 3.簽到 4.大肢體遊戲
	09:30～11:30	1.學習區時段（個人、小組、團體） 2.方案教學
中午	11:30～14:00	有機＆生機午餐 午休
下午	14:00～16:00	1.早期英文體驗 2.體適能 3.奧福音樂 4.有機＆生機點心
	16:00～17:00	1.創造遊戲場 2.生活教育＆環境教育（環境整理、綠色園藝） 3.課後興趣俱樂部 **大班「幼小銜接」（每年三月～六月每週兩個下午／七月小學老師進班）
	17:00～	放學

於是建議胤忻在鋸開的木板中線上方，以中線為準，各向內側左、右兩角邊長約三公分處，斜鋸出兩個倒直角三角形，如此才能提供空間供大兜蟲的翅膀迴旋開展。隔天，在學習區時段 B，胤忻拉著宇壕的手到木工區，邀請他具體指導昨天所做的建議，進而順利地共同完成了木作的大兜蟲。

圖 4-21　胤忻以木工製作可打開翅膀的大兜蟲

　　14:00～16:00 是團體活動時間，延聘專門教師依據幼兒發展及學習主題為幼兒精心設計體適能、英語及奧福音樂等課程，期望透過這些課程來開啟幼兒的內在潛能，延伸他們學習的觸角，也期盼孩子能透過各種管道來表達個人內心的情緒與感受。而生活美語部分除了以孩

子生活經驗與用語出發，英文教師與中文教師密切參與教學會議，配合正在發展中的中文方案主題課程以尋找合適的切入點，將相關、有趣的英文歌謠、童詩、韻文、繪本、律動及遊戲帶入英語教學中，以與中文課程相互交織，這就是愛彌兒的中英文主題交織課程。

參、愛彌兒建構取向課程實施有關於人的因素

一、教師的教學信念

幼兒園本位課程的建構與形成的歷程中，愛彌兒教師的角色逐步地邁向多元：是孩子遊戲的參與者與引導者、是支持並能挑戰孩子思考的人，也是一位常保有五歲孩子的心而與孩子共同探索的夥伴——但又必須能前瞻地比孩子早先一步的操作、實驗、驗證知識以便能引領孩子探究。所以，師生間的教與學是一種雙向的關係：非但孩子從老師身上學習，老師也自孩子身上學習。園內老師們在與孩子共同建構知識的教學相長過程中，也逐漸地感受到：(1)太早告訴孩子所謂的「正確答案」將剝奪孩子學習的機會；(2)能夠進入並探勘孩子的內心世界是一種幸福（高琇嬅主編，2003）。

老師們教學背後所依據的愛彌兒教育理念如下：

1. 每一位孩子都應被尊重與鼓勵去用「眼」、「耳」、「手」、「嘴」、「鼻子」等感官去認識世界，以自己的方式去解決問題，以建立自信心與盡情地發揮自己的潛能。

2. 讓幼兒由懂得「尊重自我」到懂得「尊重他人」與「愛護環境」。愛彌兒從孩子最基本的生活教育做起，每日晨昏的自我物品整理、掃地、澆花、用餐時的禮儀表現等（圖 4-22～4-23），都是期待孩子在生活中的行為實踐，以內化其自我負責、關心他人、愛護環境的信念與態度的培養。

3. 在愛彌兒，老師完全接納每個孩子的個別差異，希望每一位孩子在各領域（身體動作、認知、社會情緒、藝術創作等）的發展都能逐漸往較高的層次邁進，進而成為全人發展的孩子。

因此，愛彌兒較資深的老師常會被家長冠上「非常愛彌兒」的封號——意

圖 4-22　打掃校園（生活教育）　　圖 4-23　鋪午餐桌巾、擺鮮花（生活教育）

即老師內隱的幼教理念或外顯的教學行為與前段所述有相當程度的契合。

　　不論前段園內課程的遞變、教育理念的凝聚及專業文化的型塑，除了聘任幼教／幼保相關的碩士、學士的專業師資群外，來自於創辦人開放與前瞻性幼教理念的薰陶與引領、研究企劃室對教師在課程與教學的支持協助，以及幼兒園內行政系統對教師教學上的賦權增能三者彼此的交織，也充分發揮了加乘效果。

二、創辦人開放與前瞻性的幼教理念

　　愛彌兒創辦人——高琇嬅老師（曾任慈明高中代理校長）的幼教理念始終以幼兒為學習的主體，並隨著近三十七年來與機構內教師每週一晚對幼教思潮相關課程的研修（講者皆為台灣幼教學界的一時之選），在各課程發展階段與研企人員的專業對話，每月一次與四園教師課程分享時，想法的激盪與撞擊，海內外幼教機構的參訪及相關課程的研修，聚焦於單一幼教議題上的大量且深入的閱讀，以及近年來愛彌兒各園皆延聘大學院校幼教／幼保系教授擔任教學顧問，創辦人與顧問間經常性的對話，及創辦人與台灣諸多幼教學者的專業接觸，創辦人至今仍不斷參訪海外優質學前機構，不斷參與學前教育國際會議（至二〇一八年二月止，已到訪歐洲二十七次、美洲十二次、紐澳十八次、日韓五十次），在在開啟了她的專業學習視窗及自我不斷的專業成長。就以課程紀實概念的獲得及建構主義的影響為例，不難看出創辦人前瞻性的幼教理念是有其淵源，並能內化及進一步地應用於園內的課程與教學的實施。

（一）課程紀實概念

　　課程紀實概念得自於創辦人五次（於一九九六年、二〇〇〇年、二〇〇二年、二〇〇五年與二〇一〇年）親赴義大利艾蜜利亞‧瑞吉歐幼兒學校的參訪與專業課程的研修。

（二）建構主義的影響

　　在一九九二年創辦人曾參與美國伊利諾大學之訪問與幼教課程研修，主辦單位曾安排參訪伊利諾大學附近幾所為幼教大師 Lilian Kaze 所輔導的幼兒園，當時園內各個班級所進行的方案課程各不相同卻十分精彩，在深受感動之餘，創辦人發現方案課程實施所奠基的理念即為社會建構主義的精神。

　　但創辦人深信並非孩子所有的知識與學習都是以建構的方式獲致，如社會知識，又如木工、縫工等技能的學習，則需透過成人的指導以及孩子自身在有意義情境下的主動練習。至於情感及態度的學習，是孩子在方案探究歷程中親身經驗、感知與被增強的。園內目前所發展的方案課程，創辦人相信可以提供孩子在探究歷程中與生活相關、具體、有意義問題的解決；因此，園內孩子的學習雖不似其他幼教機構提供孩子大量的記憶性知識，但創辦人看到了園內孩子學到了讓自己獲得知識的方法及問題解決的能力，這才是可以讓孩子帶得走的能力及終身受益的學習。二〇〇五年，創辦人對「學習區」與「方案教學」產生更多反思，二〇一〇年開始「再進化愛彌兒的學習區」，讓愛彌兒課程發展為「遊戲情境中，學習區的多元鷹架與方案教學的偶而交織」。

　　誠如周淑惠（2006）在〈幼教課程教學創新發展影響因素〉一文中對私立幼兒園負責人所做的建議：幼兒園的負責人或管理者實為園內課程教學創新與改變的引發與促動者。若幼兒園之領導者能具開放、建構主義取向的教育信念，便能對園內人員賦權增能，以強化每位人員創新課程生成的專業角色。而創新課程通常強調遊戲、探索、建構的學習方式，再加上探究、解決問題等高層次心理能力的培養。

三、研究企劃室對課程與教學的支持

　　研究企劃室自一九八九年成立迄今一直在園內的課程與教學上扮演著專業

支持與協助的重要角色。研企人員藉由教室觀察後的支持與諮詢、教學會議中的專業對話與省思及教學活動的激盪、課程紀實歷程的協助、園內課程分享後對課程相關問題的建議與省思等與老師的互動溝通，彙整出園內教師專業成長的需求，加上教師所提出的研習需求及創辦人對幼兒教育理念的推動，進而規劃與實施多元化的教師研修課程，如讀書會、專題演講、工作坊、學術研討會及國內外幼教機構參訪等。

在愛彌兒研企人員對園內老師的協助是採「實行中反思」的模式，也就是讓老師先知道自己在做什麼？並思考：自己的行為方式對孩子學習的影響？以及將如何改變自己的行為以配合新的變化？（桂冠編譯室譯，1999）

四、行政系統對課程發展與教學的支持

愛彌兒幼兒園總管理處及各園行政辦公室的功能在於：

1. 提供幼兒全人發展的成長環境。
2. 提供教師各類的教學資源。
3. 實踐幼兒教育的理論。
4. 支持教師的專業學習及成長；在支持的內容上，行政系統的做法為：
   (1)營造積極創新園本位的課程文化，例如：不斷介紹引進新的幼教理論與新老師的師訓及對資深老師的課程教學上的觀摩、討論、省思、建議與學習。
   (2)催化教師學習社群的運作，例如：依帶班幼兒年齡層進行中文與英文教師的教學會議、讀書會與美語老師會議。
   (3)對教師的增權賦能，例如：對教師專業自主權的尊重、定期專業研修課程的實施。
   (4)實施知識管理，例如：四校課程的分享、主題資源庫的建立、教師專業圖書與幼兒繪本的管理、課程紀實與機構專業期刊（《探索》）的出版、課程教學及行政管理上 SOP 的建立。
   (5)協助教師教學自我評鑑的運作，例如：藉由「學習目標訂定→課程教學的規劃及實施→幼兒學習觀察與評量→教學的自我省思與教學策略的思考與運用→幼兒學習觀察與評量」此教學循環的記錄、幼兒個別學習檔

案的建立，以及與家長、研企人員、同儕及行政人員互動後所獲得的回饋，以自我檢視個人的教學成效。

不論行政、研企人員及藝術（家）教師在園內所汲汲營造的是一個教育的論壇、學習型的組織、重視省思與共同成長的專業成長團體。園內成員間彼此相互支持、協助與合作（如課室內雙主教的合作無間），並共同解決幼兒教保相關的問題，讓園內的課程教學及教保服務品質成為「被協助的成就表現」（周淑惠，2006）。

此外，值得一提的是園內課程紀實的實施，如各班定期的電子報及課程紀實板，將課程發展的社會情境與脈絡具體重建，提供教師瞭解孩子在各領域發展的依據及課程教學省思的機會，再經與同儕或專家對話後教師思考課程可以調整的方向及鷹架的策略，進而增進了教師的專業成長。課程紀實也是親師互動、溝通與彼此成長的橋樑，提供幼兒家長對孩子身心發展及進展進一步瞭解的依據，促使家長對孩子教養工作的更具信心，進而走進、參與孩子的園內學習，也促成了家庭與機構在孩子學習上夥伴關係的形成。課程紀實，對機構本身而言，足以成為日後追溯機構教學發展彌足珍貴的歷史資料；課程紀實的發表與出版也期待成為幼教學習社群閱讀討論的公共資料，進而促使幼教工作者之間專業意見的溝通與交流。

🌳 第三節　結語

以上所述為愛彌兒幼兒園三十七年來課程教學的變遷、發展，以及其在實踐建構主義取向課程教學相關空間規劃、時間安排及園內與人相關因素的描述。十分巧合地正與周淑惠（2006）所提出探究取向之幼教主題課程發展的特性、影響因素及重要策略相互呼應、不謀而合。茲依各項目、類別、意涵／實施統整如表 4-2，以供讀者便於相互參照。

表 4-2　探究取向之幼教主題課程創新發展的特性、影響因素及重要策略

類別	項目	意涵／實施
特性	1. 逐漸演化性	源自本土情境之課程教學的生成與發展不是一蹴可幾，是緩慢、需假以時日的。
	2. 整體牽動性	幼兒園系統的每一部分都是環環相扣的，因此課程教學的變革是一整體、系統性的變化，會連帶牽動園內整體結構的革新，並非僅在課程內容上做改變，即可奏效。
	3. 複雜不定性	在課程發展的過程中，因涉及全園的各層面，而形成錯綜複雜的動態關係，實有賴大家對幼教共同理念的堅信，彼此相互支持、攜手共創園本位的課程與教學。
影響因素	1. 人的信念	有強烈的信念，必然會追求專業知能，進而將創新課程教學付諸實際行動。
	2. 組織要素	幼兒園創新課程教學的發展有賴全園人力資源、物力資源或各項有形與無形政策的全面投入與支援。
重要策略	1. 提昇各層級的專業成長	以多元方式實施，如讀書會、教學研討會、（協同）行動研究、聘請專家學者「駐園輔導」、在職進修與研習等。
	2. 強化語文於課程中的探究角色	語言是重要的心智工具，宜強化聽、說、讀、寫在課程中的探究與統整角色，讓幼兒在運用語文探究工具的過程中，自然習得聽、說、讀、寫的能力。
	3. 系統化地呈現幼兒的進步表現	呈現幼兒進步表現的方式宜多樣與真實，如園（班）訊、學習檔案、檔案記錄面板、主題成果展示活動、家長的課程參與等。

參考文獻

內政部（1979）。托兒所教保手冊。台北：作者。

周淑惠（2006）。幼兒園課程與教學：探究取向之主題課程。台北：心理。

桂冠編譯室（譯）（1999）。幼教課程：當代研究的回顧。台北：桂冠。

高琇嬅（主編）（2003）。學校附近的地圖。台北：光佑。

張斯寧（2005）。愛彌兒孩子在益智區的數學探究與學習。載於台中市愛彌兒幼教機構所舉辦之「幼兒心智研究趨勢與教學實踐學術講座」論文集（頁6-28），台中。

鄭青青（2011）。編織幼兒教育的綺麗夢想：愛彌兒課程發展歷程之回顧與剖析。探索愛彌兒，**28**，1-7。

第二篇

建構主義取向幼兒園的課程實踐

建構主義取向的幼兒課程與教學：以台中市愛彌兒幼兒園探究課程為例

chapter 5

建構主義取向的語文經驗

文／陳淑琴

第一節　全語言教學觀的理論與實踐

壹、前言

　　人類早期的語言學習是其他學習的基礎，幼兒在語言表達和語言理解的能力上，如果正常發展，則其他各方面的學習，如社會情緒、人際關係、一般概念、生活常規和幼兒六大學習領域（身體動作與健康、認知、語文、社會、情緒、美感）等，也都會有極良好的學習成效。其實個體的語言學習行為開始得相當早，只要嬰幼兒的發聲器官和聽覺器官沒有生物性障礙，大多數的初生嬰兒都已具備語言學習的能力了，只要給予足夠、適當的環境刺激，幼兒的語言學習與發展是再自然不過的事。

　　然而，但大多數人士認為語文學習無外乎注音符號讀寫、國字筆順抄寫、課文讀寫背誦、造詞造句作文等的練習，即便是幼兒階段學習語文也應該是這般歷程。其實不然，從兒童發展的角度來探討，兩歲到七歲的幼兒，正處於 Piaget 所謂的「前運思期」的階段，這個階段幼兒的發展特徵，諸如：自我中心觀、動作與圖像表徵能力、直接推理、集中注意、具體思維、感官操作、小肌肉動作欠佳、手眼和動作協調能力不足、極端好動、好奇喜歡探索、愛模仿可塑性高、注意力和情緒容易受到干擾等等，往往使得幼兒的學習方式異於較大兒童或成人。再加上幼兒階段的語言發展，具有特定的程序和特殊需求，同時也受到個體生理因素和後天環境因素的影響，使得幼兒的語言發展和學習問

題，遠比一般人的認知複雜許多。

此外，許多家長與部分幼教業者，往往將幼兒園誤為國民小學的先修班，把幼兒園小學銜接的主要範疇，狹隘地鎖定在注音符號和國字的讀寫，強調這些語文技巧的學習與練習，不但過度窄化幼小銜接的範疇，也過度強調注音符號和國字讀寫的預備學習。傳統強調技巧性練習的語文教學，諸如單調的歌謠唸唱、故事讀本的誦唸、注音符號的書寫練習等，這類被動式的練習活動，違反了幼兒主動建構知識的自然學習原則，非但無法有效地促進幼兒的語文發展，甚至會妨礙幼兒語文的學習興趣，也為幼教教師帶來許多教學上的困擾和壓力（陳淑琴，1998）。然而幼兒園的語文學習活動應該如何進行，才能符合幼兒的發展特徵與需求？幼兒園需要提供何種讀寫經驗，方能有效地促進幼兒的讀寫發展？下文先就讀寫萌發觀點探討幼兒的語言發展與學習，再從讀寫萌發觀點、心理語言學、社會心理語言學層面討論全語言教學觀，最後從愛彌兒課程實例中，分析全語言教學觀在幼教現場的實踐。期望提供關心學齡前幼兒語言的教與學人士，一個既能符合發展觀點，又能有效支持與促進幼兒語言發展兩全的思考方向。

貳、早期讀寫萌發

幼兒是何時開始學習閱讀和書寫？通常一般人對於這個問題的回應是：上學就開始學習。當然對多數人而言，所謂學習是指正式的學習，雖然我們認同幼兒正式的讀寫學習是開始於入學時，但是這樣的認知其實是低估了幼兒在入學前漫長的讀寫經驗和非正式的讀寫學習。許多研究證實在入學第一年讀寫表現優異的孩子，多數在入學前就擁有極為豐富悠久的讀寫經驗和歷史（陳淑琴譯，2005；Schickedanz, 1998）。就如同嬰幼兒的肢體動作和口語發展一樣，幼兒讀寫能力必須歷經漫長的發展歷程，甚至早在個體初生時，讀寫的發展與學習就已經開始萌芽，可以推斷的是嬰幼兒的讀寫發展幾乎是與口語發展同時並進。

一、讀寫發展的四個主要概念

紐西蘭的 Clay（1966, 1976）是最早提出人類早期讀寫萌發概念的語言學者，從七〇年代推動讀寫萌發理念至今已近半個世紀，影響後來的相關研究甚鉅。綜觀國內外眾多讀寫萌發相關研究證實，幼兒的讀寫能力是在日常生活實際的讀寫經驗中發展而來。國內學者黃瑞琴整理國內外文獻指出，從幼兒的觀點探究讀寫發展主要概念有如下四方面（黃瑞琴，1997）。

（一）幼兒在生活中即開始學習閱讀與書寫

幼兒的讀寫能力並非上學才開始正式學習，事實上嬰幼兒從出生開始，就透過成人的指稱環境文字、聽讀故事、玩具操作、遊戲、塗鴉、繪圖等日常活動，辨識、認讀和塗寫文字，這些發生在嬰幼兒階段普遍的日常操作活動，大多具有溝通意義，顯示幼兒的讀寫嘗試萌芽於日常生活當中。

（二）幼兒學習讀寫是一種社會歷程

幼兒學習閱讀與書寫不僅是一種社會化的歷程，意即透過閱讀與書寫達到社會溝通的目的，讀寫能力的發展本身也是一種社會互動歷程。讀寫是一種複雜的「社會心理語言活動」（sociopsycholinguistic activity），必須在社會情境中方能產生運作，學習者更是必須透過心理、認知、語言和社會等多層面，主動與周遭環境中的人事物產生互動，不斷地從社會互動過程中獲得回饋，並藉以省思、自我修正和建構意義，才能學會使用和掌控書面語言。

（三）幼兒是學習讀寫的主動者

讀寫萌發採用 Piaget 與 Vygotsky 的建構論，強調讀寫發展歷程中個體的主動性，認為學習者在學習閱讀與書寫過程中，是主動者也是參與者，語言知識是經由學習者主動探索建構而來。換言之，幼兒讀寫的相關知識與能力是在真實的社會情境當中，持續不斷地主動探索與嘗試過程裡發展而來。在幼兒運用語言建構意義的探究歷程中，所產生的不符合傳統形式的語文表達形式，不應該被視為錯誤，而是一種創造性有邏輯意義的主動建構表現，一種可以反映幼兒語言發展的線索，這些線索可以幫助成人瞭解幼兒讀寫發展的狀況。

（四）閱讀和書寫相互關聯發展

如同前文所言，閱讀與書寫雖然是語言的兩種形式，但是在日常生活中往往是兩者並行同時運作的語言行為。閱讀與書寫能力的發展被視為一體，無所謂的先後，兩者的發展互為關聯相輔相成。嬰幼兒透過大量的聽讀經驗，熟悉語音、辨識詞彙字形、理解詞意、掌握語用，同時也透過塗鴉、繪圖、畫字仿寫，探索建構各種語言形式的溝通意義，聽覺與視覺符號的發展是同時並進。大量的聽讀經驗固然可以作為書寫的基礎，但是相對地，語言學習者也會因為要藉由書寫達成意義傳達的目的，而產生更多的閱讀需求和動機。

二、讀寫發展的四個階段

綜合國際閱讀協會（International Reading Association, IRA）和美國幼兒教育協會（National Association for the Education of Young Children, NAEYC）對於幼兒語文發展和適性課程的立論觀點，以及讀寫發展相關研究發現，幼兒的讀寫發展必須經歷四個階段：初學期、新手期、實驗期和成熟期。在這四個階段裡，語言學習者所呈現的讀寫行為分別為：覺知與探索（awareness and exploration）；實驗性的讀與寫（experimental reading and writing）；初期、轉銜期與獨立的讀與寫（early, transitional and independent reading and writing）（McGee & Richgels, 2004），因為第一和二階段在發展上有許多交疊，所以並列在「（一）覺知與探索」中。分別敘述於下。

（一）覺知與探索

嬰幼兒讀寫發展的初學和新手階段，互為交疊，同時呈現不同程度對讀寫的覺知和探索行為，即是指嬰幼兒在獲得傳統讀寫能力前，對環境中的標示、符號、印刷文字的覺知和探索時期。雖然處於這兩個階段的嬰幼兒，尚未具備傳統所謂的讀寫能力，但是已經在日常生活中從事許多語文相關活動了，例如：嬰幼兒可以區辨電梯裡的開、閉、樓層、禁菸等標示，以及男女廁所的不同標示，指稱知名速食店的商標、汽車廠牌標誌，從商品架上挑選出自己所喜愛廠牌的零食，指稱認讀繪本裡的物件、人物名稱等，都顯現嬰幼兒在此階段，對環境中的印刷文字所傳達溝通意義的覺知。

但是研究者也觀察到在這兩個階段，如果將印有「麥當勞」、「喜瑞爾」或是「KFC」等文字的識字卡，交予嬰幼兒辨讀，絕大多數的小小孩是無法立即正確唸讀出來的，顯示嬰幼兒對於印刷文字的覺知，是建立在整體情境之中，他們藉由熟悉的文字情境來解讀廠牌商標，這是一種文字閱讀的視覺認知，所憑藉的是情境中的閱讀經驗。幼兒這種依賴情境閱讀的特徵，也發生在書寫的發展上。有許多觀察顯示，幼兒在解說自己的塗鴉時，會藉由情境來建構故事意義，一旦情境改變，小小孩十分鐘後的塗鴉敘述，會不同於十分鐘前的故事內容。這種依賴情境的讀寫現象，正是讀寫萌發觀點所強調的，幼兒是在生活的真實情境中學習閱讀與書寫。

（二）實驗性的讀與寫

處於讀寫實驗階段的語言學習者，展現大量自發性的實驗性讀寫行為。許多研究發現此階段的幼兒比前兩階段的幼兒，具備更多成熟的讀寫技巧和學習策略。此時的幼兒已經逐漸瞭解印刷文字的溝通功能，例如：孩子終於知道原來說故事的不是圖畫，而是圖畫下方的印刷文字，所以孩子會開始試著模仿成人唸讀故事，並且會竭盡所能運用他們有限的文字認知，企圖表達和建構溝通意義。幼兒會憑藉著累積的讀寫經驗，在他們讀寫的探索和實驗過程中，加入更多創造性的嘗試，因此在這個階段最明顯的幼兒讀寫特徵，就是獨立閱讀行為和自創字的產生。此時提供豐富多元的讀寫材料和機會，供幼兒充分進行讀寫嘗試和實驗，將有助於幼兒發展成為成熟的讀寫者。

（三）初期、轉銜期與獨立的讀與寫

幼兒讀寫發展到最後一個成熟階段，即進入所謂傳統的讀寫形式（conventional reading and writing）階段。這個階段幼兒所呈現的讀寫行為和作品，已經大致能符合社會文化的期待；換言之，幼兒已經有能力從閱讀者的期望和需求角度思考，並藉以調整修正自己的讀寫形式。此外，由於身心理的發展逐漸成熟，加上書寫知識和技巧的累積增進，對於讀寫結果正確度的自我監控能力也較為成熟。IRA 與 NAEYC（1998），為突顯本階段的讀寫特徵，將此階段再細分為三個階段：初期、轉銜期和獨立的閱讀與書寫階段。

根據 IRA 與 NAEYC 的說法，幼兒在成熟初期的讀寫能力特徵包括：能閱

讀及敘述熟悉的故事、能運用策略解決閱讀過程中所遭遇的困難、能主動從事目標導向的讀寫活動、能流暢閱讀、能運用既有的文字知識推測不熟悉的詞彙、成功的字母拼讀和拼寫以及開始使用標點符號等。兒童進入成熟轉銜期的讀寫能力包括：更為流暢的閱讀、更為成熟的讀寫策略、使用更為複雜的認字策略來解讀新詞彙、能根據前後文解讀新詞彙的意義、正確回應讀者的需求書寫、運用文法規則、正確使用標點符號、對自己的書寫習作進行校正、養成閱讀習慣及運用閱讀解決問題等。兒童在成熟獨立階段讀寫能力包括：流暢無礙的閱讀、能大量運用問題解決策略進行詞彙分析和解讀、自動運用認字策略解讀及討論新詞彙、能以不同文體（如散文、詩歌、書信、論文報告等）精準表達、能運用大量的詞彙和複雜文法句型進行書寫創作、能在寫作過程中自我校正。此階段的兒童在讀寫的運作上，幾乎可以不受視覺線索的限制，也擺脫對情境的依賴，成為獨立成熟的讀寫者（IRA & NAEYC, 1998）。

三、塗鴉、繪圖和書寫

幼兒期的塗鴉和繪畫對於幼兒書寫發展的影響，也不容忽視。幼兒藉由圖畫和書寫，組織來自於經驗的想法和建構意義，為了要理解自己的經驗，幼兒會唸讀自己所完成的圖畫和書寫（Powell & Davidson, 2005）。幼兒的書寫行為從最早的信筆塗鴉、命名標示、到書寫故事，漸次發展（Baghban, 2007）。早期的塗鴉被視為是一種「基礎繪圖行為」（a fundamental graphic act）（Gibson & Levin, 1975），雖然有學者在仔細檢視三十個國家超過兩百萬份的幼兒塗鴉後，宣稱幼兒天生喜歡在平整光滑的表面上塗鴉，塗鴉對幼兒而言是一種天性本能（Kellogg, 1979），但是無可否認的，塗鴉繪圖提供物件或人物圖像標示功能，引發幼兒學習認讀標示上詞彙的動機，同時對欠缺書寫知識和技能的小小孩而言，在敘寫故事時可藉以取代傳統的文字，不至於因知識或技能不足而中斷書寫，塗鴉繪圖與書寫相輔相成的夥伴關係是無庸置疑的。

此外，幼兒可以透過經常性的塗鴉與圖畫操作，察覺自己的肢體動作對書寫工具的影響，以及在紙面上所產生的不同視覺效果，這些視覺的回饋可以協助幼兒調整書寫行為與自我修正（陳淑琴譯，2005；Schickedanz, 1998）。從認知心理學的角度而言，幼兒理解手指運動與物件間的關係，也是相當程度的認

知覺知（cognitive awareness），幼兒對自己可以創造的覺知，對於自我概念的發展具有關鍵性的幫助。綜合言之，幼兒的塗鴉和繪圖是一種初期的書寫呈現，能促進早期的書寫發展，對小小孩而言，這些先期的書寫作品也是自己的閱讀材料。在幼兒敘寫故事時，圖畫還可以幫助幼兒組織想法，促進幼兒思考邏輯的發展。幼兒大約要到七歲時，才能將繪畫和書寫區隔開來，但此時期還是有些孩子喜歡用繪圖取代書寫，語言學者建議，在此之前教師在面對幼兒的塗鴉和繪圖作品時，除非孩子自稱那是畫圖不是寫字，都必須以書寫成品處理之（Baghban, 2007）。

　　由以上討論得知，幼兒的讀寫能力幾乎是同時發展的，而且是早在嬰兒時期就開始發展了（李連珠，1992，1995，2006；陳淑琴，1998，2000；黃瑞琴，1994，1997；Clay, 1976; Goodman, 1986; IRA & NAEYC, 1998; McGee & Richgels, 2004; Salinger, 1988）。幼兒的讀寫萌發是透過日常生活中，主動與環境產生積極互動，從而發展出讀寫概念和能力。事實上，每一位幼兒來到幼兒園所之前，早已具有相當的讀寫經驗（Raines & Canady, 1990），幼兒在園所機構的學習應為家庭學習的延伸。幼兒園所可以在幼兒既有的發展基礎上，延續和拓展幼兒的讀寫經驗，促進幼兒的語言發展和學習，提供更豐富的讀寫支援環境，鼓勵每一位幼兒在日常操作的真實情境中，主動積極地與環境產生互動，以建構其語言溝通的個別意義（陳淑琴譯，2005）。

參、心理語言學的全語言教學觀

　　幼兒學習理論與幼兒早期讀寫基礎技巧之間的鴻溝與矛盾，是許多幼教工作者長久以來的困惑。幼兒學習理論學者指出，幼兒無論在語文學習或是其他各方面的學習上，都應建立在幼兒的具體操作和主動建構上（Gibson, 1989; Piaget, 1977; Raines & Canady, 1990）。然而幼教現場仍存在許多強調語文讀寫基礎技巧的練習，教學者視學習者為被動的接受者，以背誦、記憶和不斷地反覆練習，來進行語文學習。這種傳統機械式的語文學習方式，當然不為強調以幼兒為中心的教學者所接受。而強調幼兒早期讀寫技巧學習的老師，也擔心一旦增加幼兒動手操作的活動，相對的讀寫技巧練習也會減少，因此如何確保幼兒讀寫技巧的基本能力發展，是許多幼教師和家長的疑慮。

　　全語言教學觀是一套對於幼兒如何學習語文的觀點，它不是一種教學法或一套教材，是一套結合了心理語言學、社會語言學和讀寫萌發研究成果的語文教學觀（Raines & Canady, 1990），也是一個歷經長時間醞釀、多方挹注、幾經辯證，結合理論、研究和實務驗證的教育哲學觀（李連珠，2006）。全語言教學觀將幼兒語文發展，視為幼兒整體發展持續的一部分，同時也認為幼兒讀與寫的發展應是同時進行的，並且互為相輔相成沒有先後之分。全語言教學者更進一步指出，幼兒是透過建構知識的方式學習語文，而非經由機械式練習獲得語文能力（Barclay & Breheny, 1994; Teale, 1986）。這種語言學習觀點不僅符合 NAEYC、IRA 和國際兒童教育協會（ACEI）對幼兒語文學習的主張，也被證實確實可以促進和支持幼兒的語言學習和發展（Raines & Canady, 1990）。

　　著名全語言倡導者Goodman，在他的全語言經典之作 *What's Whole in Whole Language?* 一書中，從心理語言學的層面探討語言的學習，曾指出語文之所以不容易學習，主要有下列四個原因（Goodman, 1986）：

1. 從局部到整體的錯誤學習觀：從注音符號、發音、筆畫、字詞開始教學，是屬於由下而上，從局部到整體的學習觀，符合了成人的邏輯思考，卻違反了幼童的學習心理原則。因此全語言教學者主張，這些局部性的技巧學習，應該融合在整體的語文情境中學習，不應該被孤立出來做機械式的單獨練習。

2. 不自然的技巧學習順序：許多所謂的語文技巧，其實是相當武斷的，有許多研究結果是來自動物的實驗，或是將幼童置於不自然的實驗情境當中，進行行為反應觀察。然而幼童實際的語文和思考能力的發展，大異於動物的行為，這些不自然的語文技巧學習順序，無法充分解釋幼童語文發展的實際狀況。

3. 錯誤的教學目標，為學習語言而學習語言：大多數的傳統語文教學，是為學習語文而學習語文，忽略了語文的功能性，語言之所以成為語言，主要是提供語言使用者與他人溝通的功能，如果一味注重語文技巧的學習，反倒阻礙了學習者使用語文的樂趣。

4. 無趣、無意義與幼童生活無關的課程：孤立機械式的語文技巧練習，無法誘發幼童主動學習的興趣，單調重複的語文技巧學習，如發音、注音

符號練習、國字筆畫書寫等，內容大多與幼童生活無關，不僅無法引起幼童的學習興趣，也不易促使幼童產生有意義的知識建構。

相對地，Goodman（1986）也提出五點促使語文容易學習的因素，分別如下：

1. 相關性：對學習者而言，語文學習應該是完整的、有意義並且與生活相關的。能融入學習者日常生活真實情境中的學習，才能幫助學習者進行有意義的知識建構。

2. 目標導向：人類之所以使用語文，目的在於溝通，不論語文使用者是想要理解或表達，語文符號只有在被使用時，才被賦予意義，因此教師應該尊重幼童的語文擁有權與使用權，和語文使用的目標導向原則。

3. 意義性：當語文學習的重點不在語文學習本身，而是在語文的溝通意義上時，語文學習才能達到最高效率。我們透過使用語文而學習語文，同時也發展我們的語文能力。要習得一種語文，唯有透過學習者使用該目標語文進行有意義的溝通。

4. 尊重：教師必須尊重幼童在入學前的語文能力和學習經驗，將語文學習建基在幼童既有的經驗上，學習才會事半功倍，因此有效的語文學習，教師必須尊重接納每一位幼童的個別差異性，敏感而適當地回應每一個幼童的需求。唯有在被允許以他們所熟悉的方式和情境下學習，幼童才能持續正向的發展和成長。

5. 賦予語文的使用權：學校所規劃的語文學習活動，應該協助學習者對自己所使用的語文，產生掌控和擁有的感覺，如果幼童能對自己的聽、說、讀、寫等一切語文的使用形式，甚至對自己的思考能力產生掌控和擁有感，將進一步發展其自我肯定的概念。

從Goodman對早期語文學習的觀點看來，幼童的語文學習與其他方面的學習，其實是一樣的，原則上仍是以完整的、相關的和有意義的學習內容為主，強調學習者具體的操作和主動學習的訴求，與一般教育原理是一致的。因此，我們可以說全語文的教學觀，能符合兒童發展與學習理論的基本原理。

肆、社會心理語言學的全語言教學觀

Goodman 的全語言教學觀是從心理語言學（psycholinguistic）的觀點，探

討人類的語言學習，藉由研究兒童與印刷文字的互動情形，來瞭解兒童的讀寫發展。然而有另一派的學者，從社會心理語言學（socio-psycholinguistic）的觀點，來詮釋全語言的教學理念（曾月紅，1998；Harste, Woodward, & Burke, 1984）。研究者透過長期的觀察，試圖瞭解學齡前兒童是如何藉由與環境中的語文互動，而學會閱讀與書寫。Harste 等人（1984）認為我們是生活在一個充滿文字的環境裡，因此幼兒對文字的認知，是開始於解讀環境中的文字。所謂環境文字（environmental prints），指的是環境當中的標示、記號、包裝、招牌、說明、廣告、指示等等，例如：P 代表停車場，M 代表麥當勞，電梯裡的開閉符號、男女廁所的標示、交通號誌等都是環境文字，從許多研究觀察中證實，大多數三歲不到的孩子，都有能力指辨這些常見的環境文字。

Harste 等人（1984）長達七年的研究發現，三到六歲的幼兒就已經具備讀寫能力，只是幼兒是運用他們特殊的方式進行閱讀與書寫活動，例如：幼兒會以直線條代表寫字，畫圓圈代表畫圖。因此，即使是孩子隨手的一張塗鴉，也極可能都具有語言溝通的功能。社會心理語言學的全語言教學觀相當強調學習者的自主性，因為他們深信幼兒的語言學習絕不是單純的社會模仿，而是個體與環境進行有意義的社會互動過程。因此，Harste 等人建議父母與教育工作者，從布置一個語文豐富的學習環境著手，大量利用環境文字，例如：聽、說故事，閱讀分享，戲劇扮演，有意義的書寫活動（日記、簽到、寫信、寫卡片、為作品命名、製作小書等），讓兒童在充滿語言和文字的情境中，自然地不斷接觸環境文字，鼓勵兒童從事大量有意義的聽、說、讀、寫的語言活動，在豐富的語言互動的社會情境中，從操作、獲得回饋、思考、自我校正，到建構新知識、發展新技能的學習迴路中，自然建構其讀寫相關的知識與能力。

第二節　全語言教學觀在愛彌兒課程（幼兒語言教育）中的實踐

不論從讀寫萌發、心理語言學或社會心理語言學的觀點，來詮釋全語言教學觀，都是強調語言的完整性、功能性和有意義的學習。人類的語言發展與學習都有其共通性和一致性（陳淑琴，2000），因此有助於學習者語文學習的教

學原則，應該也是能適用於任何一種語文的教學，包括中文和英文的教學。過去國內傳統的語文教學，不管是本國語文或外國語文的教學，都過度強調語言的技巧性學習，學習者被要求對語言的局部技巧，反覆進行機械式的練習，卻缺乏使用目標語言的機會，教材與課程內容無法與學生的生活產生關聯，不僅不能符合語言的完整性和功能性原則，對學習者而言也是無意義的被動學習，其學習效果十分有限。我等雖然從相關文獻和諸多實證研究上，可以肯定實施全語言教學，確能支持促進幼兒語言的學習與發展，但是幼教現場的實踐又是如何呢？

台中市私立愛彌兒幼教機構自二〇〇一年以來，出版了幾本膾炙人口的幼教課程專書，諸如二〇〇一年的《甘蔗有多高？》、二〇〇二年的《鴿子》、二〇〇三年的《學校附近的地圖》、二〇〇六年的《幼兒英文「融入式」教學》，以及每學期出刊至今已出版超過二十期的《探索》愛彌兒課程期刊。一直以來極少聽到董事長高琇嬅老師對其課程模式有所強調，但是不管是在對外的演講還是機構內部的研習場合，筆者倒是曾多次聽到高老師宣稱，支撐愛彌兒課程發展的兩大理論基礎，分別為建構主義和全語言教學觀。全語言教學觀在愛彌兒的實踐，更是包含下午時段的融入式幼兒英語教學活動。根據筆者長期觀察，遠的不提就說自二〇〇一年以來，愛彌兒幼教機構所規劃舉辦對內對外各種大小研習或研討活動，確實絕大部分與建構主義、全語言教學相關，近三年更是致力於推動閱讀與大腦認知神經心理學的理論與實踐。

近幾年來筆者藉由園所輔導的機會，有幸參與愛彌兒的課程發展，得以近距離地檢視其課程的建構歷程，愛彌兒的教學團隊如何將全語言教學觀落實在課程的實踐中，可由本書第六、九、十二章所收錄的十三個課程紀實觀察一二。《探索》精選編輯小組不僅精挑細選出十三個精彩課程，還刻意將每篇課程屬性加以分類標示，經過初步整理後發現，這十三個獲得青睞的課程紀實，以科學和數學探索占壓倒性的大多數，但是儘管如此這十三個課程卻仍是非常語文取向，仔細檢視每一篇課程紀錄，都能發現所提供的豐富的語文學習經驗。

1. 「孩子從『故事創作』到『編寫劇本』」，是一篇建構取向的統整課程。課程發展脈絡紋理清晰，由裝扮區、語文區和藝術創作區自然交織發展，最特殊之處乃在清晰呈現每一位幼兒個別的語文經驗，是一篇相當

完整精彩、語文屬性強烈的方案課程。所提供的語文經驗包括：大量的故事閱讀、「五格書」與「八格書」的製作和故事創作、為演出現有的故事製作偶、為自製偶編寫故事、編演故事、「故事文本結構」與「劇本文本結構」的探究等。

2. 「『房子在動耶！』——天上的雲」，也是少數幾篇被歸類為語文屬性的課程，所提供的語文經驗，例如：繪本引導、觀察記錄、發展形容雲的詞彙、相關文學作品導讀、童詩朗讀後的換詞遊戲、創作童詩、為創作命名、發表討論等。

3. 「和孩子談談『書』——從『分享、討論』到『故事情節網』」，是少數幾篇被歸類為語文屬性的課程，所提供的語文經驗自然更為豐富多元，例如：大量繪本童書閱讀、故事教學、製作語言經驗圖表、記錄自己所喜歡的圖書部分、故事改編創作、發展故事結構認知、透過不斷的討論引導幼兒綜合歸納、發展故事情節網的能力、發展比較分析故事的能力等。

4. 「果醬餅乾」，被歸類為科學與數概念的探索課程，而筆者所發現的語文經驗諸如：食譜和相關繪本的閱讀、學習製作和品嚐餅乾的相關詞彙、數度記錄製作餅乾的流程、記錄餅乾和材料數量、提問與討論、歸納記錄老師們試吃餅乾後的感覺和建議、書寫製作義賣餅乾的海報、學習及運用測量單位相關詞彙、計數及書寫數字等。

5. 「讓樺斑蝶回家」，被歸類為科學探究的課程，同時也是一篇相當成功的生命教育課程。其語文經驗計有：相關繪本閱讀、認識不同種類蝴蝶的名稱、學習蝴蝶的蜜源植物和食草植物的名稱、改編故事、觀察記錄、討論等。

6. 「好吃的太陽餅」，這篇被編輯小組歸類為科學與數概念探究的課程，同樣地也提供了豐富的語文經驗，例如：記錄太陽堂老店師傅如何製作太陽餅的過程、食譜的閱讀與仿寫探究、經過三次修訂完成設計的外送訂購單、學習訂購單文本相關詞彙、填寫外送訂購單、學習並運用關於製作太陽餅的相關詞彙，以及不斷地討論和語言的互動。

7. 「聲音的世界」，這篇同樣被歸類為幼兒科學探究的課程紀實，也呈現

了許多有意義的語文探索活動，例如：表達與記錄觸摸各種鼓的感覺、學習感覺相關的詞彙、學習樂器相關詞彙、創作編寫兒歌、製作聲音的書、影片觀賞與討論等。

8.「積木蓋的新光三越」，又是一篇成功的積木課程，幼兒利用積木歷經六次的嘗試，終於完成台中新光三越十四層樓的建構，除了要感佩帶班老師的用心引導之外，幼兒對於積木經常性的操作，應該也是課程成功的重要因素。雖然被歸類為數概念的探索課程，但是其提供的語文經驗計有：製作設計圖、觀察記錄、繪本引導、認識方位名稱相關詞彙、記錄標示樓層、計數及書寫數字、發表討論等。

9.「孩子自己創作的摺紙書」，被歸類為語文、藝術和數學空間概念的探索課程，可見是一篇相當統整的課程紀錄。簡單的摺紙活動透過適當引導，不僅可以協助幼兒發展對稱、形狀的空間幾何概念，以及培養幼兒造型藝術創作能力，對幼兒的精細動作和手眼協調的發展也有莫大的助益。觀察到所提供的語文經驗也是豐富而多元，例如：發展像什麼的形容語彙、命名、記錄、自製變化多端的摺紙書、學習與運用摺法相關詞彙、仿寫、摺紙書的閱讀等。

10.「誰是全校最高的老師？」，是一篇探究數學測量的課程紀錄，從益智區的連環扣開始，幼兒展開測量的探究歷程，同時也經歷了豐富的語文經驗，諸如：記錄測量結果、討論製作測量注意事項、學習與運用測量相關詞彙、身高統計圖表製作、分享討論等。

11.「戰鬥陀螺比賽」，被歸類為數概念和社會發展的課程，幼兒為了舉行戰鬥陀螺比賽，利用積木搭建比賽場，共同發展比賽規則，是一篇具目標導向的有意義學習歷程紀錄。所提供的語文經驗諸如：比賽規則的討論與制定、經驗圖表製作、記錄每次的比賽成績、製作比賽規則海報、為自製陀螺命名、填寫參賽報名表、製作比賽場地設計圖、點數記錄參賽班級人數並製作座位號碼牌、仿寫場地保留牌、製作比賽相關各類標示牌、記錄製作賽程表等。

12.「從『家人人數統計表』到『爸媽家務統計圖』——看愛彌兒孩子圖表概念的建構與發展」，這是兩份課程紀錄的整理，很顯然地從這篇課程

紀錄標題所提供的線索看來，就能清楚判斷是屬於幼兒數概念發展的探索課程，但是同樣地也提供了大量的語文探索活動，例如：繪本閱讀與教學引導、學習家庭成員的稱呼與詞彙、記錄家人人數、為圖表命名、認識同學姓名、學習家務工作的名稱、製作經驗圖表、計數及書寫數字、分享與討論等。

13.「星期日的位置在哪裡？我們用版畫做了二〇〇四年的月曆」，雖然在這次的《探索》精選集中被歸類為數概念發展的課程，但是仍然可以很清楚地觀察到課程發展歷程中，幼兒所歷經的語文經驗，例如：紀錄紙的特性的探究歷程、學習比較運用形容紙張特性的詞彙如「厚」與「薄」、運用主題相關繪本帶入版畫的活動如「一百萬隻貓」、探究區辨日曆和月曆文本結構的同異處、製作日曆和月曆過程中對於印刷文字的空間概念反覆探索，以及持續不斷的團體和小組的分享發表與討論等。

🌳 第三節　結語

全語言（whole language）的「全」指的就是統整、完整的含意（李連珠，1998）。全語言教育家Goodman指出，全語言教學的主要訴求，就是希望將學校的語言學習，回歸到真實世界的情境中進行，將讀本、教科書、練習本和傳統的測驗考試拋到一旁，邀請兒童藉由讀寫日常生活中的事物，學習閱讀與書寫（Goodman, 1986）。綜觀愛彌兒的課程，語文相關活動被自然地融入於幼兒的日常操作中，幼兒是在使用語言進行意義的建構過程中學習語言；換言之，幼兒語言的學習是在使用語言的歷程中進行，符合全語言教學所強調有意義、自然情境的語言學習觀。也因為在愛彌兒的課程中，語言學習是統整、完整的，因此，幼兒的語文經驗散見於所有的探究活動中，在科學探索活動中、在數學概念的發展活動中、在藝術體能的活動中以及在語文的操作活動中，都能見到幼兒運用語文作為工具進行探索學習。在愛彌兒的學習環境中，語文學習不是孤立的一個時段，或是在特定的學習角落所發生的學習事件。在愛彌兒的幼兒，語文學習是隨時隨地、全面性的學習。

參考文獻

李連珠（1992）。台灣幼兒之書寫發展初探。發表於八十學年度師院教育學術論文發表會，台中。

李連珠（1995）。台灣幼兒之讀寫概念發展。**幼教天地，11**，37-66。

李連珠（1998）。全語言的「全」全在哪裡？台北：信誼。

李連珠（2006）。全語言教育。台北：心理。

陳淑琴（1998）。全語言自然學習教室模式的理論與實務應用。台灣省教育廳幼稚園語文教材教法研究發展專案。

陳淑琴（2000）。幼兒語文教材教法：全語言教學觀。台北：光佑。

陳淑琴（譯）（2005）。遠遠多於 **ABC**。台北：信誼基金會。

曾月紅（1998）。從兩大學派探討全語文教學理論。**教育研究資訊，6**（1），76-90。

黃瑞琴（1994）。幼兒的語文經驗。台北：五南。

黃瑞琴（1997）。幼兒讀寫萌發課程。台北：五南。

Baghban, M. (2007). Scribbles, labels, and stories: The role of drawing in the development of writing. *Young Children, 62*(1), 20-26.

Barclay, K., & Breheny, C. (1994). Hey, look me over! Assess, evaluate and conference with confidence. *Childhood Education, 70*(4), 215-220.

Clay, M. (1966). *Emergent reading behavior*. Unpublished doctoral dissertation, University of Auckland, Auckland, New Zealand.

Clay, M. (1976). *What did I write?* Portsmouth, NH: Heinemann.

Gibson, E., & Levin, H. (1975). *The psychology of reading*. Cambridge, MA: The MIT Press.

Gibson, L. (1989). *Literacy learning in the early years: Through children's eyes*. New York, NY: Teachers College Press.

Goodman, K. (1986). *What's whole in whole language?* Portsmouth, NH: Heinemann.

Harste, J. C., Woodward, V. A., & Burke, C. L. (1984). *Language stories and literacy les-

sons. Portsmouth, NH: Heinemann.

International Reading Association & National Association for the Education of Young Children. (1998). Learning to read and write: Developmentally appropriate practices for young children. *The Reading Teacher, 52*, 193-216.

Kellogg, R. (1979). *Children's drawings, children's minds*. New York, NY: Avon.

McGee, L. M., & Richgels, D. J. (2004). *Literacy's beginnings: Supporting young readers and writers* (4th ed.). Boston, MA: Allyn & Bacon.

Piaget, J. (1977). *The development of thought: Equilibration of cognitive structure*. New York, NY: Viking.

Powell, R., & Davidson, N. (2005). The donut house: Real world literacy in an urban kindergarten classroom. *Language Arts, 82*, 248-56.

Raines, S., & Canady, R. J. (1990). *The whole language kindergarten*. New York, NY: Teachers College Press.

Salinger, T. (1988). *Language arts and literacy young children*. Columbus, OH: Merrill.

Schickedanz, J. A. (1998). *Much more than the ABCs*. Washington, DC: NAEYC.

Teale, W. H. (1986). Home background and young children's literacy development. In W. H. Teals & E. Sulzby (Eds.), *Emergent literacy: Writing and reading* (pp. 173-206). Norwood, NJ: Ablex.

chapter 6

台中市愛彌兒幼兒園建構主義取向的語文課程實例

🌳 第一節　孩子從「故事創作」到「編寫劇本」

文／江佩憶　朝陽科技大學幼兒保育系／幼教學程

邱珮滋　屏東教育大學幼兒教育學系

　　愛彌兒孩子在大量的閱讀經驗下，逐漸累積創作故事的能量，語文區常依稀可見正在構思故事的孩子身影。老師因此介紹「五格書」給孩子，一方面讓孩子將焦點轉移至對故事內容的深入思考；一方面，引導孩子發現「五格書」頁面愈變愈大的形式。

壹、「五格書」的故事創作

　　「五格書」創作時，孩子會編頁碼、畫書的封面，請老師幫忙寫下書名，他們已瞭解書的基本元素。有些孩子開始貫穿情節，例如：冠儒的《載走了》（圖 6-1），在結局時，出現峰迴路轉的一筆，讓所有的獨立描述，產生「故事性」連結。

　　冠維嘗試以時間序軸陳述飛機的發展，機體愈變愈大，成熟運用了五格書，可讓畫面愈來愈大的特性（圖6-2）。

　　冠維的創作提醒了孩子——五格書除了免裝訂外，還有愈變愈大的特性。於是大家開始思考「什麼東西會愈變愈大？」

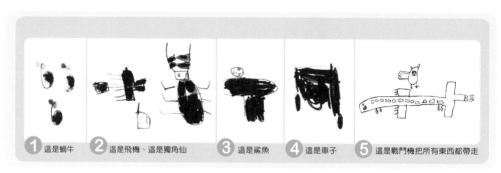

① 這是蝸牛　② 這是飛機、這是獨角仙　③ 這是鯊魚　④ 這是車子　⑤ 這是戰鬥機把所有東西都帶走

圖 6-1　《載走了》（冠儒，6 歲）

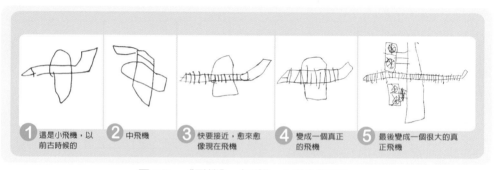

① 這是小飛機，以前古時候的　② 中飛機　③ 快要接近，愈來愈像現在飛機　④ 變成一個真正的飛機　⑤ 最後變成一個很大的真正飛機

圖 6-2　《飛機》（冠維，5 歲 9 個月）

陳彧、采葳、冠維喜愛昆蟲，他們選擇昆蟲的成長歷程為主題（圖 6-3）。

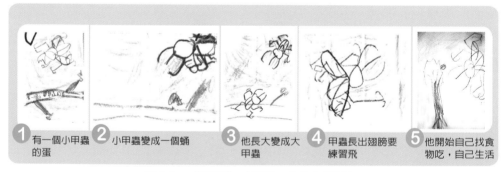

① 有一個小甲蟲的蛋　② 小甲蟲變成一個蛹　③ 他長大變成大甲蟲　④ 甲蟲長出翅膀要練習飛　⑤ 他開始自己找食物吃，自己生活

圖 6-3　《甲蟲》（陳彧，6 歲 2 個月）

貳、「八格書」的故事創作

孩子們創作五格書一段時間後，對故事的創作、想法愈來愈多，五格書的形式已無法滿足孩子的需求。政文從哥哥那兒學來八格書的形式，創作了《小

老鼠的惡夢》（圖6-4）。喬涵的《小王子遇見海邊
的人魚公主》這本八格小書創作，可看見《人魚公
主》與《浦島太郎》兩個故事的原型，也可看到卡通
《珍珠美人魚》和《美人魚公主》的故事影子（圖
6-5）。

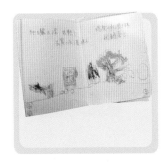

圖 6-4　《小老鼠的惡夢》
（政文，5 歲 11 個月）

① 有一天小王子走到海邊，他遇見美人魚公主

② 美人魚公主帶小王子到她海底的家

③

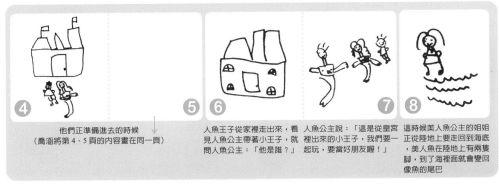

④ 他們正準備進去的時候
（喬涵將第 4、5 頁的內容畫在同一頁）

⑤⑥ 人魚王子從家裡走出來，看見人魚公主帶著小王子，就問人魚公主：「他是誰？」

⑦ 人魚公主說：「這是從皇宮裡出來的小王子，我們要一起玩，要當好朋友喔！」

⑧ 這時候美人魚公主的姐姐正從陸地上要走回到海底，美人魚在陸地上有兩隻腳，到了海裡面就會變回像魚的尾巴

圖 6-5　《小王子遇見海邊的人魚公主》（喬涵，6 歲 2 個月）

參、自演、自編、自製的「偶」故事

　　老師在教室裝扮區，提供各種形式的偶，
如手套偶、手偶、棒偶、紙偶、填充偶等，
想吸引已累積創作故事能力的孩子們，用
「偶」說故事（圖6-6、6-7）。

　　孩子在裝扮區果然常以現成的偶演出既
有的繪本故事，但也常因缺乏故事中的角色偶，
而反映：「沒有偶，沒辦法演！」老師增加製

圖6-6　仕穎（4歲11個月）自製
「鸚鵡」紙袋偶，說自編的故事

裝扮區——各種形式的偶及工具書

裝扮區——各種形式的偶及工具書

靖雅（4歲11個月）、宜禎（5歲3個月）
演出「三隻猴子在樹上」

圖 6-7　裝扮區中放置各種形式的偶，吸引孩子用「偶」說故事

作偶的工具書，與偶劇相關的書籍，並安排孩子欣賞偶劇影片。

　　亭昀看過《作玩偶說故事》後，試著邊看書中圖解，邊製作一個「紅衣女孩」的襪子偶（圖 6-8），並編了一個紅衣女孩的故事（圖 6-9）。亭昀陸續製作故事中其他角色的偶、場景和道具，然後用她自製的偶，演她自編的故事給大家看。

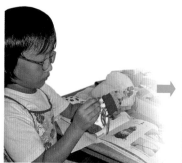

亭昀（5歲7個月）試著邊看書中圖解，邊製作一個「紅衣女孩」的襪子偶

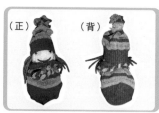

（正）　　（背）

亭昀自製的襪子偶

偶劇影片 VCD：《偶有故事 1》、
《偶有故事 2》（東西圖書，2004）、
《作玩偶說故事》（福地，2005）
（本圖經東西出版事業股份有限公司及福地
出版社授權使用）

圖 6-8　亭昀製作的偶

「紅衣女孩的故事」　作者：亭昀／5歲7個月

　　紅衣女孩和黃衣女孩她們是姊妹，紅衣女孩是姊姊，黃衣女孩是妹妹。她們在路上走著走著要去麥當勞，她們不知道要吃什麼？

　　廚師說：「喝一些玉米濃湯，這樣才會健康。」她們決定要喝玉米濃湯。廚師又說：「可以再吃一些菜，這樣才有維他命。」她們又決定要點玉米濃湯也要點菜。

　　紅衣女孩和黃衣女孩吃的好開心。她們付了錢給廚師，然後手牽手過馬路，就回家了。

圖 6-9　《紅衣女孩》

亭昀的《紅衣女孩》，故事結構完整，角色間的互動與對話清晰可見，情節合乎邏輯。亭昀以自製的偶、自演自編的《紅衣女孩》偶劇，引發了其他孩子的興致。

孩子編的故事，愈來愈有個人風格。像《林昀萱好想吃蘋果》，昀萱將她所瞭解的植物生長常識融入故事，並以自己為故事主角，透過「第一人稱」的觀點敘說故事，是孩子編故事中，罕見的敘述角度（圖 6-10）。

「林昀萱好想吃蘋果」　　作者：昀萱／4歲5個月

我是林昀萱，我要去花園玩囉！到花園就看到一棵蘋果樹，蘋果樹上有一個還沒成熟的蘋果，好想吃，可是又不能吃怎麼辦？

可以請太陽公公努力發光，給他營養。可以請雲下雨幫他澆水，這樣就不用澆水了。可以請泥土變多一點，這樣蘋果樹就會趕快長高。然後，蘋果就成熟了，我就可以吃了。

圖 6-10　《林昀萱好想吃蘋果》

采葳編的《八個人想吃棒棒糖》，營造了「八個人，棒棒糖卻只有兩根」的故事困境（圖 6-11）。加上同儕意見後，以自製的手套偶演出（圖 6-12）。

「八個人想吃棒棒糖」　　作者：采葳／5歲8個月

有兩根棒棒糖，然後呢？有八個人，他們都想吃棒棒糖，他們一直想、一直想、一直想：「怎樣才能讓每一個人都吃到棒棒糖？」於是噴火龍說：「我們一人吃一口。」噴火龍先吃一口、蜘蛛吃一口、蘋果吃一口、恐龍吃一口、香蕉吃一口、橘子吃一口、鬼吃一口、小女孩吃一口，就這樣，大家都吃到棒棒糖了！

圖 6-11　《八個人想吃棒棒糖》

圖 6-12　采葳以自製的手套偶演出《八個人想吃棒棒糖》

累積一些編、演偶劇經驗後，有些孩子的故事愈具創意，例如：思詠和柔安一起創作《小女孩遇到鬼》，出人意料的幽默結局，抒解孩子自己對鬼怪的恐懼情緒（圖 6-13、6-14）。

「小女孩遇到鬼」　作者：思詠／5歲2個月　柔安／6歲1個月

　有一天，有一個小女孩她出門去了，她要去找她的朋友，還有她的動物朋友長頸鹿一起玩，她們三個一起玩，玩得好開心，玩到一半，有一個鬼出來嚇她們，她們很害怕，趕快跑回家，鬼在後面一直追，一直追，她們一直跑，她們的心都一直蹦蹦跳，到家了，小女孩趕快把門鎖起來，結果鬼沒有追上，撞到門，撞了一個好大的包包，原來這個鬼是人假扮的，不是真的鬼。

圖 6-13　《小女孩遇到鬼》

圖 6-14　思詠、柔安演出《小女孩遇到鬼》故事

承勳的《蝙蝠俠》，充滿豐富的科幻想像。承勳邏輯運思能力，包括時間概念、因果關係，都相當成熟（圖 6-15、6-16）。

「蝙蝠俠」　作者：承勳／6歲2個月

　蝙蝠俠早上8：00到公司的時候，發現公司鬧鬼了。因為公司裡的人，他們一大早7：00的時候就在做實驗，亂加了很多別種的藥，還加雞血，所以就鬧鬼了。兩隻鬼到處搗蛋，把公司弄得亂七八糟，後來鬼看到蝙蝠俠就逃到山上去，鬼還用油漆把自己擦成藍色的。蝙蝠俠追到山上就和鬼打起來，後來蝙蝠俠把鬼關進魔法箱，鬼就變回原來的東西──藥和雞血。蝙蝠俠把它送回公司繼續做實驗，把它製造成肥皂和各種洗髮精，精油、番茄醬，要拿到市場去賣。

圖 6-15　承勳演出《蝙蝠俠》故事　　　　圖 6-16　《蝙蝠俠》

宜禎的《小安安的戒指》，情節鋪陳巧妙。故事中安排小安安幫助別人的插曲，看似毫無關聯，卻是傳達「善有善報」的重要伏筆（圖 6-17、6-18）。

圖 6-17　演出《小安安的戒指》

「小安安的戒指」　作者：宜禎 / 5歲3個月

　　小安安一直在睡覺，小偷溜進小安安的房間，從小安安的書桌上面把戒指偷走了！小安安聽見有人走進來的聲音就醒過來了！發現，戒指不見了，所以他決定還要再去買一個亮晶晶的戒指。小安安換好衣服就出門去了！

　　小安安在路上看到戴著披風的女孩，被別人撞到跌倒了，小安安看到了，就去幫忙小女孩，把小女孩扶起來，小女孩向小安安說謝謝！小安安覺得很開心，小安安到了市場，然後走進一家地板亮晶晶的店，看到了一個漂亮的戒指，小安安跟老闆說他要買這個戒指。

　　小安安回家看到門被鎖得很緊，因為小安安剛才出門忘記鎖門，被別人闖進他家，又把門鎖上，小安安進不去了，然後小安安沒拿好手上的戒指，戒指掉下去，掉進水溝裡去，小安安很傷心。

　　突然，門被打開了，是跟小安安住同一棟的人打開的，小安安走進去家裡，發現家裡變得亮晶晶的，家裡有好多的戒指和手鍊，這些是老天爺送他的。因為小安安幫助別人，老天爺覺得小安安很棒，小安安決定開一家戒指店，小偷就不會再來偷了！因為它已經在賣了！

圖 6-18　《小安安的戒指》

肆、同樣的偶主角，不同的故事創作

　　大偉原只用羊奶瓶做了個城堡，有孩子建議：「你可以用它來演一個城堡的故事。」大偉用自製的偶與小道具，演了自編的王子和三角龍大戰的故事（圖 6-19、6-20）。

圖 6-19　大偉（5 歲 11 個月）演出《一個王子和一個三角龍大戰》

一個王子和一個三角龍大戰　作者：大偉 / 5歲11個月

　　有一天，三角龍準備要闖入城堡的時候，王子出現了，王子要保護城堡，於是王子就和三角龍打起來了，打到一半的時候，城堡垮了，城堡倒向三角龍那邊，三角龍被城堡壓死了，王子只好再重新蓋一座城堡。

圖 6-20　《一個王子和一個三角龍大戰》

家寧提出：「王子和三角龍不一定要互相攻擊，我們可以改變故事。」老師：「你會怎麼改變？」孩子們開始以大偉的「王子」和「三角龍」為主角創作不同故事，有些孩子加入其他角色豐富情節，有些孩子跳脫原來情境，創作出截然不同的故事發展（表6-1）！

表6-1　孩子以「王子」和「三角龍」為主角創作不同故事

編者	主角	場景	故事大綱
昀萱 （4歲5 個月）	「王子」和「三角龍」	動物園、科博館	「從前有一個王子，他看到一隻三角龍。三角龍說：『我可以跟你一起做朋友嗎？因為我的主人不要我了，我可不可以跟你一起住？』王子說：『不要。』因為三角龍再走的話會看到動物園。三角龍跟動物園老闆問：『我可以待在這裡嗎？』動物園老闆說：『你不行在這裡，因為你不是動物，你是恐龍，你再一直走會看到一個科博館，裡面有很多恐龍，他們可能是你的朋友。』他就真的去科博館，從此過著幸福快樂的日子。」
冠儒 （6歲）	「王子」和「三角龍」	「王子」的家、「三角龍」的家、汽車、火車	「王子想要看三角龍，所以王子決定要開車去，三角龍也想要去看王子，牠要坐火車去，王子發現三角龍不在家，於是王子就開車回家了。三角龍發現王子不在家，也覺得王子會去牠家找牠，於是又坐火車回家了。王子在開車的時候發現三角龍在火車上，就追著火車跑，火車停下來了，王子發現火車開到三角龍家了！三角龍下車終於見到王子，他們都很高興。」

伍、將「故事」文本，改編為「劇本」文本

班上孩子演出偶劇故事，大都自製偶、自編劇、自導、自演，有時兩人共同製作，一起演出。由於孩子自編的故事角色愈來愈多，情節愈來愈複雜，需要同儕的協助也愈多。但協助一多，有時反而發生演出不順暢的狀況，例如：協助「旁白」的小朋友，故事唸過了，但演出角色偶的小朋友，還不知可說什麼話。於是，老師介紹經典童話雙語劇場繪本（同一故事有兩種不同書寫形式，一種以敘述性故事文體，另一種以戲劇演出的劇本文體）（圖6-21）。

圖6-21　經典童話雙語劇場──《三隻小豬》（*The Three Little Pigs*）（東西圖書，2005）
（封面經東西出版事業股份有限公司授權使用）

老師：「這兩本書都是三隻小豬的
　　　故事，有什麼不一樣？」

奕翰：「那個是電影版的。就是演
　　　戲的人看，就知道怎麼演。」

老師：「怎麼看？」

子榕：「這個人，然後兩點，兩點
　　　的後面，就是這個人要說的話。」
　　　（指著冒號前面的角色名字）

豬二哥：	（喘氣聲）小弟，快…… 快開門啊！
豬大哥：	（緊張地）快開門
豬小弟：	大哥、二哥，什麼事…
豬大哥：	大…大…大野狼來了
豬小弟：	大野狼？別怕，別怕，先進來吧~

（兩點）
（角色名）　　　（這個人說的話）

　　老師以孩子編的故事與孩子討論。孩子發現演戲的偶，應該要自己講話，不是讓旁白一直講，孩子說：「要寫每一個人要說什麼話，在那個人的名字後加兩點，然後寫他要說的話。」

　　喬涵編的故事已顯示三個主角要說的話，孩子只要標示旁白說的話即可（圖 6-22）！而冠瑪的故事，敘述內容較多，便和幾個孩子一起將句子改為「對話式」，改變為劇本式的對話形式後，孩子們覺得演起來順暢多了（圖6-23、6-24）！

「三個小朋友想要去野餐」 作者：喬函／6歲2個月
（故事版）

　　有三個小朋友去樹林，他們以為樹後面有蘋果，他們想說可以在這裡野餐，琪琪說：「可是我們又沒有帶野餐墊來，我們怎麼野餐呢？」瑪瑪：「那下次我們再來這裡，要記得帶野餐墊。」小慧：「如果這棵樹後面沒有蘋果，就不要來這裡野餐了。」後來她們三個跑到樹後面看，結果真的沒有蘋果，然後他們三個就回家了。

「三個小朋友想要去野餐」（劇本版）
作者：喬涵、大偉、思詠、柔安、靖雅

旁白：「有三個小朋友去樹林，他們以為樹後面有蘋果，他們想說可以在這裡野餐。」

琪琪說：「可是我們又沒有帶野餐墊來，我們怎麼野餐呢？」

瑪瑪：「那下次我們再來這裡，要記得帶野餐墊。」

小慧：「如果這棵樹後面沒有蘋果，就不要來這裡野餐了。」

旁白：「後來她們三個跑到樹後面看，結果真的沒有蘋果，然後他們三個就回家了。」

圖 6-22　演出《三個小朋友想要去野餐》
演出者：冠瑪（5歲6個月）、昀萱（4歲11個月）、冠儒（6歲）、亭昀（5歲7個月）、珈伶（5歲8個月）、家寧（6歲）

「小慧帶妹妹去摘蘋果」
（故事版）
作者：冠瑀／5歲6個月

小慧跟妹妹說：「妹妹，下個禮拜日，我要帶你去蘋果樹的下面摘蘋果。」妹妹很開心，跟姊姊說：「謝謝！」禮拜日到了，妹妹很開心，因為姊姊要帶她去摘蘋果了！她們一起到山上去，看到一個蘋果樹，她們一起在蘋果樹下摘蘋果吃。可是太多了吃不完，就帶回家給爸爸媽媽吃。小慧和妹妹也一起吃，大家吃得好飽！肚子都變得大大的。爸爸、媽媽跟小慧和妹妹說：「謝謝！」還問：「下次可不可以帶我們去摘！」小慧和妹妹說：「好！」，現在已經很晚了，大家都要去睡覺了！

「小慧帶妹妹去摘蘋果」（劇本版）
作者：冠瑀、昀萱、冠儒、亭昀、迦伶、家寧

旁白：「大家好！今天我們要演的是『小慧帶妹妹去摘蘋果』。」
小慧：「大家好！我是小慧！」
妹妹：「大家好！我是小琦，我是小慧的妹妹。」
媽媽：「大家好！我是媽媽！」
爸爸：「大家好！我是爸爸！」
小慧：「妹妹，下個禮拜日，我要帶你去蘋果樹的下面摘蘋果。」
妹妹：「YA！YA！謝謝姊姊！」（妹妹要一直跳）
旁白：「禮拜日到了！」
妹妹：「YA！YA！姊姊要帶我去摘蘋果了！」（妹妹要一直跳）
小慧：「妹妹我們走吧！」
旁白：「她們一起到山上去，看到一顆蘋果樹，她們就一起在蘋果樹下摘蘋果吃。」
小慧和妹妹：「YUMMY！YUMMY！YUMMY！」
妹妹：「我們帶一些蘋果回去給爸爸媽媽吃。」
小慧：「好啊！」
旁白：「妹妹和小慧又摘了好多好多蘋果放進籃子裡，然後把這籃重重的蘋果一起抬回家。」
小慧和妹妹：「嘿呦！嘿呦！嘿呦！」
小慧和妹妹：「家終於到了！」
小慧和妹妹：「爸爸、媽媽，給你們吃蘋果。」
爸爸和媽媽：「YUMMY！YUMMY！YUMMY！」
小慧和妹妹：「YUMMY！YUMMY！YUMMY！」
旁白：「大家一起吃蘋果，吃得好飽，肚子變得大大的。」
爸爸和媽媽：「下一次可不可以帶我們去摘蘋果？」
小慧和妹妹：「好！」
小慧：「現在已經很晚了，我們去睡覺吧！」
小慧和妹妹：「爸爸、媽媽晚安！」
爸爸和媽媽：「晚安！」
旁白：「大家都去睡覺了。後來，禮拜日又到了，小慧和妹妹一起帶爸爸、媽媽去摘蘋果。」
妹妹：「怎麼沒有蘋果了？」
小慧：「被我們摘完了，還沒長出來吧！」
旁白、小慧、妹妹、爸爸、媽媽：「我們演完了，謝謝大家！」

圖 6-23　演出《小慧帶妹妹去摘蘋果》（第一次演出）
演出者：冠瑀（5歲6個月）、昀萱（4歲11個月）、冠儒（6歲）、亭昀（5歲7個月）、迦伶（5歲8個月）

圖 6-24　第二次演出《小慧帶妹妹去摘蘋果》
演出者：柔安（6歲1個月）、思詠（2歲2個月）、亭昀（5歲7個月）、迦伶（5歲8個月）、家寧（6歲）

～上文摘自愛彌兒《探索》期刊 20 期（2007.05 出刊）

🌳 第二節　「房子在動耶！」──天上的雲

文／楊佩瑜　弘光科技大學幼兒保育系

陳佩婷　嘉南藥理科技大學嬰幼兒保育系／東海大學所長班

二○○四年十月底的台灣，出現了罕見的秋颱。颱風來臨前夕，孩子看到天空中雲的變化，孩子說：「房子在動耶！」（圖 6-25）於是，班上的孩子開始討論起天上的雲。

老師：「天空上有什麼？」

孩子：「有太陽。」

孩子：「有飛機。」

孩子：「雲。」

孩子：「小鳥。」

孩子：「有蝴蝶。」

老師：「雲像什麼呢？」

孩子：「雲像棉花糖。」

孩子：「雲像大象。」

孩子：「雲像車子的樣子。」

孩子：「雲像飛機的樣子。」

孩子：「雲像小白兔。」

孩子：「雲像冰淇淋。」

孩子：「雲像棉被軟軟的。」

孩子：「雲像綿羊。」

孩子：「雲像棉花。」

孩子：「雲像枕頭一樣。」

孩子：「雲像棒棒糖捲捲的。」

孩子：「雲像海一樣。」

孩子：「雲像海綿蛋糕。」

圖 6-25　孩子看著天上的雲：「房子在動耶！」

孩子：「雲像葉子捲捲的。」

孩子：「雲像河在震動的樣子。」

孩子對雲充滿想像力，我們決定加入圖片、繪本（如《雲上的小孩》），增加孩子對雲的感覺。

壹、讓我們看雲去

除了在校園的一樓及二樓觀察，我們也帶孩子到三樓和頂樓觀察天空中雲的變化（圖6-26）。孩子到了頂樓說：「這裡看得更清楚耶！」我們要孩子將看到的雲畫下來，以便和大家分享。

圖6-26　孩子在頂樓觀察雲的變化

接著，我們安排了科博館之旅，參觀科博館「科學中心」時，老師問孩子：「雲的形狀有何不同？」孩子說：「雲的形狀不一樣，（指著高積雲）這是很多很多的雲，有些雲是薄薄的。」孩子也發現雲有不同的高度，有的很高，有的很低，在下面的雲是快下雨的雲，很多很多的雲（高積雲）也是快下雨的雲，也有些孩子，感覺到雲與下雨的關係。

貳、用童謠、童詩催生孩子的形容語彙

十一月初，孩子來愛彌兒的日子，幾乎天天天藍，萬里無雲，孩子每天都失望地表示沒有看到雲。我們便鼓勵孩子在假日時，抬頭看看天空，注意是否有雲。進行假日分享的時候，孩子說看到天上的雲，但是孩子對雲的形容只有：「我看到一些些雲或是有很多的雲。」較缺乏豐富的形容語彙。因此，我們挑了一些兒童文學家的詩讀給孩子聽，如馮輝岳的〈春天〉、楊喚的〈家〉、劉安娜的〈冬天〉等。

圖6-27　孩子改編童詩前，先進行更換名詞的活動

童詩欣賞過後，我們便邀請孩子改編童詩，先讓孩子做更換名詞的活動，例如：將「樹葉是小毛蟲的搖籃」，改成「西瓜是小蟲的搖籃」等（圖6-27）。

家（海豚班改編楊喚的〈家〉）

西瓜是小蟲的搖籃，

小草是小瓢蟲的眠床，

歌唱的蟬誰都有一個舒適的巢，

辛勤的松鼠和小熊都住著漂亮的大宿舍，

青蛙和馬的家在綠色的草原裡，

綠色無際的原野是羊和兔子的家園。

可憐的太陽沒有家，

跑東跑西也找不到一個地方休息。

飄流的雲沒有家，

天一陰就急得不住地流眼淚。

小弟弟小妹妹最幸福啦！

生下來就有媽媽爸爸給準備好了家。

參、開始「童詩」創作

　　孩子們做完每日雲的觀察紀錄後（圖6-28），我們慢慢邀請孩子把對雲的感覺說出來，漸漸地，孩子用這些累積的詞彙，自己創作起「雲」的童詩。

圖6-28　孩子的觀察紀錄
（林欣平，5歲6個月）

　　孩子創作的童詩如下：

★鍾蚊　5歲9個月

小白雲像棉花

又像床又溫暖

小白雲像棉被

因為很保暖

（2004年11月初）

★鍾蚊　5歲11個月

一絲一絲白白的雲　　像風吹過來的雲

一朵一朵白白的雲　　像綿羊的雲

一塊一塊白白的雲　　像方塊的雲

一片一片白白的雲　　像棉花很多的雲

我喜歡很白很白的雲　因為是太陽出來的雲

（2005年1月初）

★妍姍　4歲10個月

太陽被雲擋住了，
被白色的雲遮住了，
藍藍的天空有白雲，
有像棉花的白雲，
棉花的雲軟軟，像棉被，
我最喜歡像棉花的雲。
（2004 年 12 月初）

★姝靜　4歲9個月

白雲是出太陽的雲，
天空是藍藍的顏色，
灰灰的是快下雨的雲，
天空是灰灰白白的顏色，
今天的天空是暗暗的白。
（2004 年 12 月初）

★安喬　5歲9個月

白色的雲像太陽
藍色的天空上有白色的雲
橘色的雲像火箭
橘色的雲也在天空上
（2004 年 12 月初）

★家翊　5歲2個月

雲像一個冰淇淋，
雲白白好像自己的頭髮，
雲有各種形狀有像兔子、恐龍，
雲連在一起，好像好朋友在抱抱，
雲軟軟佳佳坐在上面就掉下來。
（2004 年 12 月初）

★翊萱　4歲1個月

灰灰的雲像快要下雨的樣子
白白的雲像太陽快出來的樣子
小小、長長的雲像一個棉花糖一樣
常常又像花朵的樹根一樣
我比較喜歡灰灰的雲
（2004 年 12 月初）

★品毅　5歲3個月

有時候天空藍藍的沒有雲，
雲跑到哪裡？
雲被風吹到別人的房子上面，
有時候天空有很多雲，
因為太陽出來了，
雲就變成一朵朵的。
（2004 年 12 月初）

★方慈　5歲9個月

一小顆一小顆的雲
像小牙齒
一小朵一小朵的雲
像棉花被吹走的雲
一大坨一大坨的雲
像綿羊的身體
下雨的雲
像棉花被塗成灰灰的雲
出太陽的雲是
藍藍的天白白的雲

（2004 年 12 月初）

★予涵　6歲

藍藍的天空上，
有軟綿綿的雲，
白白的雲在藍藍的天空，
白雲輕飄飄會動的樣子，
風一吹雲就散掉了。

（2004 年 12 月底）

★士翔　4歲4個月

軟綿綿的白雲是沒有下雨的雲
黑黑的雲是下雨的雲
橘色的雲是晚上太陽公公下山的雲
我最喜歡白白的雲

（2004 年 12 月初）

★俊彥　6歲2個月

天上的雲飄呀飄　吹呀吹　變呀變
變成三角形的溜滑梯
又變呀變　變成正方形的餅乾
又變成圓形的蔥油餅
天上的風吹呀吹
把雲吹到別的地方去了

（2004 年 1 月初）

★欣平　**6歲2個月**

烏雲的顏色灰灰的，
好像快下雨了，
一片烏雲在天空上飄來飄去的，
烏雲變黑了，就下雨，
我喜歡烏雲，因為會下雨，
下雨完如果出太陽，
就會有彩虹出現。

（2004年12月底）

★岱佑　**5歲9個月**

一絲一絲的雲像棉花糖
軟軟的雲像床
灰灰的雲像快下雨的雲
現在的天空有灰灰的雲
我喜歡灰灰的雲

（2004年12月底）

肆、用複合媒材、多元技法畫「雲」做「雲」

　　我們發現孩子的語彙已慢慢擴充，除了對雲的外形描述，他們已經會試著用形容詞，將對雲的感覺表達出來。我們期望孩子能對雲有更多細微的觀察，如比較清晨和黃昏的雲有何不同，我們也期望孩子能用更多元的表達方式呈現。因此，我們在藝術創作區加入雲的圖片，除了邀請藝術老師帶領創作立體的雲外，我們也鼓勵孩子運用不同的複合媒材（水彩、粉蠟筆、海棉、壓克力原料、油漆等的交織），運用不同的技法，例如：拍畫、撕貼畫、水蠟畫、立體創作等，創作出不同的雲。立體創作時，予涵說：「這像松鼠的雲」；油漆拍畫時，孩子說：「我要畫城堡的雲」；水臘畫創作時，孩子為自己的作品命名為：「彩虹雲」、「在哭的雲」等等（圖6-29、6-30）。

　　～上文摘自愛彌兒《探索》期刊16期

（2005.04出刊）

圖6-29　將所觀察到的雲畫下來（劉巳瑄，5歲）

圖6-30　使用海棉以拍畫方式創作雲

伍、結語

文／呂昭慧　美國波斯頓大學幼兒教育碩士

在科學的領域中，自然科學偏重於生命體或自然現象的探究，包含它們的起源、成長與結構。根據 Piaget 的幼兒發展理論，隨著孩子年齡的增長，孩子們會主動對環境進行探索，二歲至七歲的孩子仍處於前運思期階段，因此孩子必須透過實際的操作後才能進一步獲得知識（梁雲霞譯，2001）。學齡前的孩子雖然能透過肉眼觀察到天氣的變化，然而，要讓幼兒瞭解雲的形成原因，以及老師原來擬定雲與天氣變化的關係，對幼兒而言，是困難的。帶班老師跳脫抽象的科學知識，透過觀察活動，產生對自然現象的興趣以及豐沛的創作想像力。

就語言發展來說，Piaget 指出，孩子與周遭文字語言的互動十分重要；另一方面，Vygotsky 認為，語言的發展會刺激孩子的認知發展（Vacca et al., 2003）。因此，孩子在透過實驗、探索、文字遊戲後，會更加瞭解語言的重要性及其功用。在雲的主題課程中，老師用童詩、繪本豐富孩子的語彙、想像力及創造力。藉由變化童詩作家裡的名詞，孩子們開始玩起改編小詩的文字遊戲，進而發展「語言領域中的表達層面和美學層面，以及實用的、貼近真實情境的和描述的特性」（梁雲霞譯，2001，頁 63）。在文字遊戲、改編小詩的暖身後，孩子創造了自己的童詩。

最後，老師鼓勵孩子，將雲用繪畫的方式呈現。藉由水彩的柔性特色，孩子用畫筆彩繪出對雲的認知。從孩子童畫中，老師發現孩子有著敏銳的觀察力，他們用灰色代表快下雨的天空與雲，用黑色的雲表示夜晚，用七彩彩虹雲表示下過雨後的雲。學齡前的孩子並不能具體理解抽象的科學知識，例如：小水滴的旅行，水氣的蒸發凝結，形成天上的雲。Gardner 所提出的多元智能：對自然的好奇心、敏銳的觀察力、創意思考、豐富的語彙，以及創造力等智能卻必須從小培養。海豚班的孩子從觀察雲到童詩創作中，發展了科學精神，也成了小小藝術家、小小詩人。

🌳 第三節　和孩子談談「書」——從「分享、討論」到 「故事情節網」

文／林偉婷　嘉南藥理科技大學嬰幼兒保育系
黃淑卿　弘光科技大學幼兒保育系

壹、階段一：以故事書，直接分享討論

　　這是個中、大混齡的班（4歲至6歲6個月）。我們想安排較多「語文」、「閱讀」有關的學習，所以我們選了《小獅子討厭》（文：Christa Koch；圖：Eugen Sopko）這本與「自我概念」相關的書，讀給孩子聽，書中大意是「小獅子朗尼討厭東、討厭西，所以大家不再叫他朗尼，而叫他小獅子討厭，他不喜歡當獅子，想學其他的動物，老師告訴他這是不可能的，於是他離家出走，過程中遇到許多動物請他幫忙，由此也讓他找回自信心。」讀完後，大家進行討論分享：

宇軒：「我喜歡小獅子在看青蛙。」

睿樸：「我喜歡這頁的小獅子，因為小獅
　　　子很帥。」

宸沛：「因為這裡有很多動物，所以我喜
　　　歡這一頁。」

偉倫：「我喜歡這頁，因為小獅子朗尼
　　　說，我不要學麋鹿（羚羊）跳跳，我要
　　　回家了。」（圖6-31）

佳寧：「我不喜歡小獅子被罵，結果哭
　　　了。」

圖6-31　孩子將自己喜歡的部分以繪畫的方式記錄下來，偉倫說：「我喜歡這頁，因為小獅子朗尼說，我不學當麋鹿（羚羊）跳跳，我要回家了。」

　　大家討論分享後，大班的宇軒進行故事改編創作，書名叫《小孩子討厭》，內容描述有個孩子看到人家會算數學、會畫畫，自己不會，因此討厭自己而離家出走，遇到太陽，太陽告訴他有人說它讓人很熱，有人說它讓人很溫暖，有人討厭有人喜歡，於是小孩子就不討厭自己了。

在孩子的分享中，我們發現孩子大都以故事內容做直接陳述，並且孩子會以簡單的語彙——「好玩」、「帥」來陳述自己喜歡的原因。孩子也能以讀過的書為文本，將生活經驗轉化延伸去改編創作。

貳、階段二：以「語言經驗圖表」，呈現、歸納孩子的討論

我們明白孩子對於「故事結構」的瞭解還沒有經驗，於是我們又選擇了《我漂亮嗎？》（原著：艾爾斯・豪梅朗・麥拿得；譯寫者：余治瑩）這本脈絡較清晰、內容架構較淺顯的書籍，繼續與孩子分享討論，這本書的大意是「小河馬快樂地出門散步，途中分別遇到獅子媽媽和寶寶、蒼鷺爸爸和寶寶、人類媽媽和寶寶，他看到這些媽媽和爸爸稱讚自己寶寶，他就跑去問他們，他是否也和他們的寶寶一樣很強壯、很會跳舞、很聰明又可愛呢？可是他們都對他說，他很醜，於是他傷心地回家問媽媽他是否真的很醜，媽媽告訴他，所有的河馬都很漂亮，你是最最漂亮的一個，因為你是我的乖寶寶啊！於是小河馬開心地表演給媽媽看。」讀完《我漂亮嗎？》這本書後，與小朋友討論書上「我喜歡的」與「我不喜歡的」部分，我們並將孩子討論內容的語言經驗圖表，以表格方式陳列於班上（圖 6-32）。

圖 6-32　將孩子的討論，「我最喜歡」、「我不喜歡」、「我不明白的」和「一樣的地方」，以「語言經驗圖表」記錄陳列

看過討論後的「語言經驗圖表」，班上孩子發現，很奇怪為什麼「喜歡」和「不喜歡」兩邊都有泡澡〔例如：安立：「我喜歡河馬在泡澡。」（圖 6-33）；柏寬：「我不喜歡河馬媽媽在泡澡，鱷魚在旁邊的話，河馬媽媽會不會被咬？」〕；兩邊都有小笨豬（例如：蕭淮：「我喜歡人類媽媽說小河馬是小笨豬，因為很好笑。」羅翔：「我不喜歡小河馬被人類媽媽笑說小笨豬，因為不可以笑人家。」）；

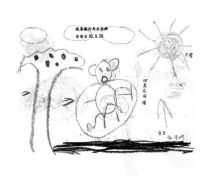

圖 6-33　安立說：「我喜歡河馬泡澡」，並將他喜歡的書中情節畫下來

欣亞說：「有人會覺得這樣、有人會覺得那樣，每個人都可以有自己的想法，要尊重別人。」（圖6-34）

圖6-34　孩子畫下自己喜歡和不喜歡的部分

我們又與孩子討論到，「不明白或覺得奇怪的地方」，孩子認為他不明白的地方有：

蕭荷：「小河馬為什麼會像人類一樣說話、會走路？」

蕭淮：「寫這本書的作者，可以決定要做什麼樣的故事。」

睿樸：「有時候是用真的事情寫出來，有時候是把想的事情寫出來。」

奕安：「而且如果沒有讓河馬會講話，這樣故事就沒辦法寫下去了。」

孩子認為奇怪的地方，有：

可晴：「為什麼叫人看他做動作？」

宇軒：「因為他看不到自己漂不漂亮。」

孩子討論故事中「重複的地方」，有：

宸沛：「問三個動物他漂不漂亮。」

欣亞：「重複的還有，大家都說自己的孩子是最漂亮的。」

仁右：「別人的爸爸媽媽都說小河馬醜。」

元華：「那他為什麼要問三次？」

可晴：「他希望別人說他自己很漂亮。」

立言：「可是我覺得媽媽覺得我很漂亮就好了。」

可晴：「知道媽媽愛他，小河馬就好了。」

宇軒：「如果他是他，他去問他，他也會說他的小孩比他還要可愛。我小時候我覺得自己胖嘟嘟的很可愛。我覺得自己比較漂亮，才是棒的。」

元華：「我覺得河馬很棒，因為他沒有跟別人說不漂亮。」

孩子從不斷相互討論中，逐漸會直接主動提出問題，參與對話，並從「語言經驗圖表」之中，歸納別人不同的看法，然後提出自己的想法！

但孩子說故事的過程中，我們聽到孩子們對於故事的呈現較片段，所以我們想帶入「故事情節網」的方法，讓孩子逐步明白作者在創作上的組織布局。

參、階段三：「故事情節網」的呈現

於是，我們帶著孩子討論製作「故事情節網」。首先，我們先與孩子討論「我漂亮嗎？」「這本書裡面的角色有誰？」

孩子說：「有獅子媽媽、蒼鷺爸爸、人類媽媽、還有河馬媽媽。」

再與孩子討論「小河馬去散步先後遇到誰？」孩子看著書本排出角色順序（圖6-35）。「那怎麼讓人一看就知道哪一個先遇到、哪一個後遇到呢？」

圖6-35　孩子討論小河馬遇到的動物順序及事件

旭茲：「我們可以加上箭頭啊！這樣人家一看就知道了。」

於是，孩子加上了箭號來標示。

我們再與孩子討論「那小河馬遇到其他動物所發生的事情怎麼辦呢？」

文瑄：「我們寫在動物的旁邊好了。」

瑜昕：「可以也加箭頭，表示那是跟哪一個動物發生的事情。」

一開始，孩子在陳述事件時，以說故事的方式說出，我們也逐字將孩子所說的內容寫在白板上，完成後與孩子討論，「我們要記錄的紙好像不能寫那麼多耶，要怎麼辦呢？」於是，孩子開始進行修正（例如：欣亞：「前面已經有小河馬、蒼鷺媽媽了，後面就不用了，我們有用箭頭，這樣就知道是誰說他的，所以不用再重複了。」）孩子將討論出的文字由老師仿寫下來，並加上圖解，再對照討論完成的內容在全開壁報紙上進行記錄（圖6-36）。討論的過程中，關於書籍《我漂亮嗎？》河馬情緒的部分，大班的孩子還用英文告訴我：

"The Hippo feels happy"。中班的孩子會說小河馬 sad，孩子還會將班上常使用的美語運用出來！透過故事情節網將故事的重點完整呈現（圖 6-37），孩子注意到了作者對故事的安排與布置。分享時，孩子看著情節網，也會將片段的故事統整說出，孩子對故事的架構，前後因果關係更清楚了。

圖 6-36 完成文字仿寫後，依順序位置排列黏貼在紙上

肆、階段四：「故事情節網」的比較與孩子的發現

完成《我漂亮嗎？》的故事情節網後，孩子提出也想完成《小獅子討厭》的故事情節網（圖 6-38、6-39）。完成後兩組孩子再一起分享，有孩子說：「老師，《小獅子討厭》的作者，先講了很多小獅子的事情，他討厭的

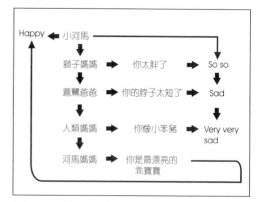

圖 6-37 孩子完成了《我漂亮嗎？》的故事情節網

圖 6-38 孩子排列完成《小獅子討厭》的故事情節網後，志杰：「要記得畫箭頭，這樣人家才知道怎麼看。」

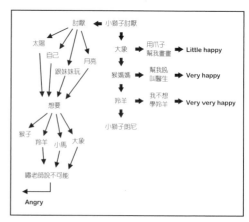

圖 6-39 孩子完成了《小獅子討厭》的故事情節網

和他想要的。小獅子的故事比較難。」我們問孩子：「為什麼要先介紹小獅子討厭的事情？」孩子說：「因為如果沒有先介紹，我們就不知道他討厭的事情，故事就沒有辦法再寫下去了。」藉由情節網的分享，孩子從兩則故事中，看到了兩個故事的架構。比較了兩個故事架構的差異性；更重要的是，統整了作者對故事布局的邏輯性。

此主題的訂定到主題的進行，我們發現孩子語文呈現的日益進步，還有看到孩子針對故事內容思維的細膩，是如此地令我們驚訝！討論過程中，孩子自主性一來一往的相互回饋，也令我們十分驚喜！孩子從因無法接受他人的想法而爭吵，到「對不起，請問我可以幫你解答、補充嗎？」的運用，最後學習到尊重他人想法、意見的態度，這更是在這歷程中令我們感動不已的。所以，帶領孩子閱讀「繪本」的功用，真是妙不可喻！

此課程進行時，感謝高琇嬅老師及時提供英國艾登‧錢伯斯《說來聽聽：兒童、閱讀與討論》一書，給予我許多教學策略的激盪，課程結束後，協助紀實脈絡的整理，也給予我一些省思！

～上文摘自愛彌兒《探索》期刊 15 期（2004.11 出刊）

參考文獻

余治瑩（譯）（1994）。我漂亮嗎？台北：智茂。

張晉霖（譯）（1999）。小獅子討厭。台北：漢彥。

梁雲霞（譯）（2001）。光譜計畫：幼兒教育評量手冊。台北：心理。

蔡宜容（譯）（2001）。說來聽聽：兒童、閱讀與討論。台北：天衛文化

Vacca, J. L., Vacca, R. T., Gove, M. K., Burkey, L., Lenhart, L. A., & McKeon, C. (2003).

Reading and learning to read (5th ed.). Boston, MA: Pearson.

chapter 7

建構主義取向的幼兒語文教育

文／鄭舒丹

🌳 第一節　前言

　　建構主義的學習理論觀點普遍地被運用在科學領域的學習上，然而目前也漸漸地運用在讀寫教育中。Piaget 與 Vygotsky 的建構觀點，強調讀寫發展歷程中學習者的主動性，認為學習者在學習閱讀與書寫過程中，是主動者也是參與者，語言知識是經由學習者主動探索建構而來。換言之，讀寫的相關知識與能力是在社會情境當中，持續不斷地主動探索與嘗試過程中發展而來（陳淑琴，2006）。

　　特別是 Vygotsky 理論被廣泛地應用到讀寫研究中，他主張兒童的讀寫發展和社會文化、社會互動及意義建構，有著密切的關係（Vygotsky, 1962, 1978）。這個觀點主要是假設孩子可藉由一個更有知識與能力的成人，來計畫和引導他們的學習，並透過社會互動來擴展「可能發展區」。換句話說，孩子在接受成人的支持、引導與協助，逐漸瞭解熟悉生活中的各項經驗。如果將這觀點選用在語文「學習」上，其重要的關鍵在於成人能否提供孩子一個真實、完整的情境，產生有意義的學習，使他們對語文學習本身產生高度的興趣，並對自己能力的認同（谷瑞勉譯，2001）。Morrow 更進一步詮釋：「讀寫發展是語言發展的一部分；語言發展是符號發展的一部分；符號發展又是社會文化意義發展的一部分」（Morrow, 1993, p. 239）。因此，孩子語言與讀寫的學習過程必須在社會文化中去經驗，藉由假裝遊戲、畫畫、讀故事書、和成人對話，以及認識

外在世界符號，像是街道、廣告標誌等，而再轉接到書寫，這樣的過程才能使其習得的語言發生社會功能（McLane & McNamee, 1990）。

🌳 第二節 建構主義取向的語文教育

Christie（1998）認為，幼兒的讀寫能力發展必須透過真實的社會文化經驗，與他人互動進而增加使用的機會，也透過成人及同儕的鷹架（scaffolding），逐漸地擴展可能發展區，並建構自己對社會文化中的符號系統之理解和掌握。因此，幼兒想要精通語言文字的意義，和以讀寫活動與人順暢溝通，也必須歷經同樣的過程，並與語言文字產生各種有意義的經驗（引自林惠娟，2001）。近年來支持孩子的語文學習教育較具影響力的一些理論觀點如下：

1. 讀寫萌發觀點（emergent literacy）。

2. 全語言（whole language）的語言學習觀點。

3. Vygotsky「可能發展區」。

4. Bruner 鷹架理論。

統整上述四個觀點，其主要強調重點為幼兒的語文發展應該是孩子所需要的、重視孩子內發的動機、必須在真實環境中透過建構方式進行語文的學習。因此教師在幼兒園發展主題課程時，所提供之讀寫經驗，包括：分享的寫和讀、朗讀和反應、獨立的寫，以及獨立的讀（黃瑞琴，1997a，1997b）都必須在一個有意義的情境下進行。筆者在閱讀這四個理論相關文獻時，發現澳洲全語言學者 B. Cambourne 提出了一個建構主義取向的語文學習理論，清楚地建議八種具體可行的學習元素（conditions of learning）幫助老師支持引導孩子讀寫概念的獲得（李連珠，2006；陳淑琴，2006）。這些元素之間產生互動、交互作用能促成孩子完整、成功的語文學習。而這語文學習理論正可與先前的四個理論根基相呼應。筆者試著將這些理論基礎加以論述其重要觀點、支持語文學習元素及可提供的讀寫經驗方向，如表 7-1。

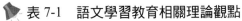 表 7-1　語文學習教育相關理論觀點

理論基礎	重要觀點	Cambourne 語文學習元素	可提供之讀寫經驗
讀寫萌發觀點	採用 Piaget 與 Vygotsky 的建構論，強調讀寫發展歷程中的主動性，認為幼兒的讀寫相關知識與能力是在社會情境中，持續不斷地主動探索與嘗試過程中發展而來（陳淑琴，2006）。幼兒從日常生活中接觸文字的刺激，並主動地假設、驗證、發明和建構文字有關的讀寫知識，而自然地萌發和展現讀寫能力（鄭瑞菁，2005）。	*提供豐富的語文環境，讓孩子沉浸在自然真實且多元的語言與文字環境中。 *給予大量並有意義的示範，讓孩子有機會觀察到其他人如何使用各式不同文本。 *給予孩子使用語言的自主權，主動從事及參與所學習的內容。	分享的讀和寫 · 各種經驗圖表發展 · 共同閱讀／分享閱讀／引導閱讀／重複閱讀等 朗讀和反應 · 聆聽和反應圖書 · 參與閱讀 · 提問與討論
全語言的語言學習觀點	語言學習是真實的、自然的；是完整的；是有意義的、可理解的；是有趣的；是與學習者相關的；是屬於學習者個人經驗的；是日常生活的一部分；具有社會性功能；對學習者而言是有目的的；學習者自己想學的；學習資源是唾手可得的；學習者有使用的自主權（引自李連珠譯，1998，頁 16）。	*給予孩子一個充滿接納和期待的環境，鼓勵用自己的方式探索。 *鼓勵孩子在自己的學習歷程擔負起責任，而促發他們主動學習。	獨立的讀 · 閱讀的行為（圖書／圖片等各式文字符號） · 閱讀討論後的文字符號 獨立的寫 · 討論
可能發展區	介於獨自解決問題和得到成人或與有能力的同儕合作解決問題的這一段距離，這是學習和心智發展產生的地方。	*提供孩子時間與機會，讓他們在自然有意義的情境中，大量使用語言。 *鼓勵孩子在語文學習歷程中	· 畫圖／寫字的行為（畫畫／仿寫等）
鷹架理論	一種臨時、可調整的支援，當孩子因為成人的支援而瞭解自己的任務，並且快要完成時，成人就抽離一部分支援，以便孩子能獨立地完成。	冒險嘗試，允許他們在學習過程中約略錯誤的發生。 *給予孩子正向的回應與鼓勵，讓他們在與成人良性語文互動中，樂意表達。	· 自製故事書 · 記錄 · 文本創作

第三節　孩子的「讀」──以「和孩子談談『書』：從『分享、討論』到『故事情節網』」課程為例

壹、與課程的對話

　　「和孩子談談『書』：從『分享、討論』到『故事情節網』」這個課程主要是紀實老師如何引導支持孩子的閱讀。老師藉由提供豐富的語言經驗鷹架孩子的讀寫發展；例如：透過童書繪本閱讀、記錄自己喜歡的故事部分、分享自己的想法、故事改編創作、製作語言經驗圖表、比較經驗圖表，透過團體討論引導孩子綜合歸納故事情節、發展故事情節網並比較分析故事等。孩子逐漸發展出對故事布局邏輯性理解的能力。

　　在第一階段的教學中，林老師以「讓孩子有更多機會接觸語文與閱讀有關學習」為目標，因此她首先採用「為孩子朗讀書」的策略，唸讀了《小獅子討厭》故事書給孩子聽。唸讀故事這個策略除了建構一個支持閱讀的語言鷹架讓孩子欣賞與瞭解故事外，孩子圍繞在老師身邊聽故事的同時，也發展與老師之間的親密關係（黃瑞琴，1997a，1997b）。在讀完《小獅子討厭》後，林老師讓孩子自由地發表看法，並畫下最喜歡的情節。孩子藉著畫出一個讀過的文本部份來表現他的想法，也在團體討論時分享他們的圖畫。大班孩子宇軒也將原創《小獅子討厭》文本改編為《小孩子討厭》。宇軒藉著看其他作者怎麼寫，嘗試模仿作者的一些寫作觀點並且創新作者的風格。

　　這個階段中雖然許多孩子發表了對此故事書的看法，但筆者發現林老師似乎在這過程中並未強力介入引導。然而許多幼教師喜歡在閱讀故事書後便開始以問題引導孩子對此故事書做更深入的問題討論，但林老師卻是先讓孩子沉浸在故事中，允許自由地發表對此書的想法並以繪圖方式呈現。筆者認為此時林老師作為一個有知識的他人，她是在觀察並評估孩子的說話與圖畫，並發現了孩子以自己的價值觀和先前經驗來詮釋對故事的想法。她也從團討分享中發現，孩子大都只表達自己對某一段情節的喜好，理解故事的重點在於內容的事

實與結果，對故事內容中所隱藏的情節、作者的企圖、各事件間的因果與時序關係，以及真正所要傳達的意涵似乎仍不清楚。於是林老師需要鷹架孩子所建構的意義，如此他們才能瞭解作者的意圖是要傳達「自信心」。然而，要理解故事中所隱藏的意涵必須清楚「故事結構」中包括主角、問題或衝突，主角試圖解決問題的經過，以及結局這些元素才能真正地瞭解故事內容中主要概念。很顯然地，林老師在透過孩子的分享與討論，發現孩子對「故事結構」的概念不足因而無法掌握故事內容的重點。於是林老師找到她下一個仲介目標──介紹「故事結構」來幫助孩子理解故事。這一階段可看到林老師提供孩子自然真實的讀寫活動與事件機會讓孩子學習，林老師觀察孩子如何探索及他們目前精通的程度。這讓林老師知道如何鼓勵孩子進入第二階段、需要示範什麼，以及如何組織下個活動。

第二階段一開始林老師評估《小獅子討厭》這本故事書的故事脈絡較複雜不適合中、大混齡班，於是決定閱讀另一本故事書──《我漂亮嗎？》為此階段閱讀仲介的起點。在和孩子們一起閱讀完後，林老師和他們先針對書中「我喜歡的」與「我不喜歡的」的部分討論，並與孩子以「語言經驗圖表」記錄討論的內容。「語言經驗圖表」是經常被運用的一種技巧來創造孩子語言的文本；而此階段的「語言經驗圖表」正是師生共同創作的文本。而這文本的創作過程中林老師扮演為孩子口述主題的紀錄者角色；而孩子「說」出他們的想法，看到老師把他們所說的話「寫」成文字，並將所寫的內容「讀」給孩子聽，並展示出來。整個過程孩子充分使用聽、說、讀、寫，增加聽說閱讀的機會；除此之外，孩子也藉由「閱讀」語言經驗圖表上的紀錄，能有系統地使孩子重新檢視自己和他人的想法與論點，然後更深入地再次建構，再詮釋自己的想法，例如：班上一位小女孩──欣亞從閱讀經驗圖表中發現有人「喜歡」的情節卻出現在他人「不喜歡」的情節上，由於她「看見」了多元觀點的陳述，而說出：「每個人都可以有自己的想法，要尊重別人。」很顯然地，欣亞透過這一次的語文活動的學習歷程，促發了她的思考並內化成自我的一部分（Foorman & Torgesen, 2001）。

在與孩子討論「我喜歡的」與「我不喜歡的」部份後，林老師繼續拋出幾個與故事相關的問題與孩子討論；例如：故事中「不明白或覺得奇怪的地方」

及「重複的地方」。林老師這個「提問」的策略有三個功用：(1)孩子運用口說語言相互地討論故事中的內容；(2)孩子表達自己的想法中，逐漸對《我漂亮嗎？》整個故事愈來愈熟悉；(3)促發孩子直接主動提出故事中的問題並參與對話。除此之外，孩子也從「語言經驗圖表」之中，歸納別人不同的看法，然後提出自己的想法。而在第二階段林老師發現孩子在說故事的過程中，仍以片段方式呈現重述，於是在下一階段決定請孩子說故事給老師聽，因而帶入「故事情節網」的方法，試圖讓孩子逐步明白作者在創作上的組織布局，進而理解整個故事。

第三階段主要敘述林老師帶領孩子討論並製作「故事情節網」來幫助理解故事的鋪陳。國內外許多文獻提出一個故事呈現清楚的故事段落和層次分析將能幫助讀者剖析閱讀內容。因此「故事結構」將影響讀者是否能瞭解及回憶文章內容（Bransford & Johnson, 1972）。Beck 與 Mckeown（1981）在他們對故事結構研究中也提出，以視覺圖示的方式將故事中主要的結構元素呈現出來，而形成一張故事地圖（story map），更容易幫助孩子瞭解故事脈絡。於是在第三階段仲介教學中，林老師以「孩子能完整地重述故事」為主要目標，採用孩子很熟悉的故事書——《我漂亮嗎？》為主要文本，並再次使用「提問」的策略，詢問孩子故事中所發生的人、事、物。林老師透過此方式讓孩子「重訪既有經驗」（Forman, 1996），勾勒記憶並回溯故事內容。這也可讓記憶淺短的孩子重新回思探索的歷程與經驗，有利於對故事理解與概念的建構（周淑惠，2006）。

在這階段教學中，林老師首先採用了故事結構性問題來引導孩子掌握故事主要結構。她拋出「這本書裡面的角色有誰？」讓孩子討論，再確認孩子清楚知道故事中的角色後，林老師進一步詢問孩子「故事中的主角——小河馬去散步先後遇到誰？」但是很明顯地，有許多孩子是無法完整記憶故事中角色出現的先後順序。然而林老師允許孩子再次翻閱故事書來排出動物角色順序，並將孩子的回答記錄在白板上。但是由於老師只在白板上寫下動物名稱，並無清楚地明示動物出現的先後順序，林老師再次提出「如何讓人清楚知道小河馬遇到的動物順序呢？」讓孩子思考解決的方法。其中一位孩子——旭茲提出使用「箭號」標示出現順序。而林老師又再提出「小河馬遇到其他動物所發生的事

情怎麼辦呢？」和孩子們討論。文瑄建議將發生的事件「寫在動物的旁邊」，而瑜昕更是綜合了兩個人的意見提出「加箭頭，表示那是跟哪一個動物發生的事情」。這過程中林老師營造一個安全且不具威脅的環境，以開放式問題一步步引導孩子思考問題，且鼓勵孩子參與問題討論。在孩子無法回答時，也允許孩子可以翻閱書籍找尋答案。團討中同儕間透過口說語言溝通想法，找尋語言中所代表的意義，逐漸更清楚故事結構脈絡的知識。

在整個故事情節的討論過程中，林老師不斷地拋出問題讓孩子思考，並寫下孩子的口述內容，而孩子將老師寫的文字仿寫在便條貼上，對照了先前師生共同討論完成的內容，在全開的壁報紙上進行故事情節順序位置的排列，完成了《我漂亮嗎？》整個故事情節網。這張網將故事重點完整呈現，不僅提供孩子視覺圖像線索幫助他們瞭解作者對故事的安排與布局，也可以讓孩子依著結構中的線索，來重述故事（王瓊珠，2004）。

第四階段主要描述孩子在完成《我漂亮嗎？》的故事情節網後，促發他們對製作故事情節網的興趣，進而完成《小獅子討厭》的故事情節網。林老師並沒有因完成了《我漂亮嗎？》故事情節網而結束了課程；相反地，她鼓勵這些有興趣的孩子繼續製作先前老師刻意跳過的故事書——《小獅子討厭》的故事情節網，並在完成後讓兩組孩子一起分享兩個故事的情節網。由於孩子已有先前製作的經驗，於是在製作《小獅子討厭》的過程中，更能體會並發現這個故事比《我漂亮嗎？》更加困難與複雜。孩子在製作這兩個故事情節網過程中重新組織故事結構內容及釐清故事重點，更也藉由閱讀了兩個「故事情節網」的架構，比較之間的差異性，統整了作者對故事布局的邏輯性（林偉婷，2004）。

貳、課程實施中教師鷹架引導策略分析

筆者試著將「和孩子談談『書』：從『分享、討論』到『故事情節網』」課程實施歷程加以論述其支持語文學習元素、教師所搭建的鷹架策略及焦點語文活動，如表 7-2。

📌 表 7-2 「和孩子談談『書』：從『分享、討論』到『故事情節網』」課程實施中教師鷹架引導策略分析

課程的發展與實施	引導和支持孩子讀寫學習之元素	教師的鷹架策略	語文經驗的焦點
階段一：以故事書，直接分享討論 林老師安排閱讀故事書《小獅子討厭》給孩子們聽，讀完後，孩子在分享時大都可直接陳述故事內容，孩子會以簡單的語彙，像是「好玩」、「帥」來陳述自己最喜歡或最不喜歡的故事情節。老師也鼓勵孩子以繪畫的分式記錄自己最喜歡的故事情節部分。部分大班孩子甚至改編創作為《小孩子討厭》。	沉浸 參與 使用 期待	***言談鷹架** • 閱讀《小獅子討厭》故事書給孩子聽。 • 討論《小獅子討厭》故事內容中喜歡的故事情節。 ***材料鷹架** • 提供圖畫紙、蠟筆讓孩子以繪畫的形式記錄自己最喜歡的故事情節。 • 故事改編《小獅子討厭》。	***分享的讀** • 老師與孩子共同閱讀《小獅子討厭》。 ***朗讀和反應** • 讀完《小獅子討厭》，孩子發表對故事內容的想法。 • 讀完《小獅子討厭》，孩子畫下故事中喜歡的情節部分。 ***獨立的寫** • 孩子畫下故事中喜歡的情節部分。 • 創新一個已知的文本《小孩子討厭》。
階段二：以「語言驗圖表」，呈現、歸納孩子的討論 林老師閱讀故事書《我漂亮嗎？》給孩子們聽，讀完後，與孩子討論書中「我喜歡」和「我不喜歡」部分，並將孩子討論的內容以語言經驗圖表呈現。孩子也藉由「閱讀」記錄了他們了想法的語言經驗圖表，清楚地看每個人的意見，而歸納出自己的想法。	沉浸 參與 示範 使用 約略 回應	***言談鷹架** • 閱讀《我漂亮嗎？》故事書給孩子們聽。 • 討論故事情節中「我喜歡」和「我不喜歡」部分。 • 討論故事中「不明白或覺得奇怪的地方」。 ***回溯／環境鷹架** • 提供《我漂亮嗎？》的「語言經驗圖表」。	***分享的讀和寫** • 老師與孩子共同閱讀《我漂亮嗎？》，和孩子討論故事中「我喜歡」和「我不喜歡」部分，老師將孩子討論內容以表格陳列，讓孩子看到每個人的不同意見。 • 讀完《我漂亮嗎？》老師和孩子討論「不明白的地方」，並將孩子討論內容以表格陳列。

（接下頁）

課程的發展與實施	引導和支持孩子讀寫學習之元素	教師的鷹架策略	語文經驗的焦點
		*參與鷹架 ・孩子共同討論並創造出「語言經驗圖表」。	・讀完《我漂亮嗎？》，老師繼續和孩子討論「一樣的地方」，並將孩子討論內容以表格陳列。 *朗讀和反應 ・使用語言來表達對《我漂亮嗎？》的想法。 ・讀完《我漂亮嗎？》後，引導孩子討論故事情節中「我喜歡」和「我不喜歡」部分。 ・讀完《我漂亮嗎？》後，孩子畫下故事情節中「我喜歡」部分。 ・讀完《我漂亮嗎？》後，引導孩子提出故事內容中「不明白的地方」。 ・讀完《我漂亮嗎？》後，引導孩子提出故事內容中「一樣的地方」。 *獨立的寫 ・讀完《我漂亮嗎？》後，孩子畫下故事中喜歡的情節部分。 *獨立的讀 ・孩子獨立讀出語言經驗圖表中記錄的內容。

（接下頁）

課程的發展與實施	引導和支持孩子讀寫學習之元素	教師的鷹架策略	語文經驗的焦點
階段三：「故事情節網」的呈現 林老師以引導的方式和孩子討論《我漂亮嗎？》書中的角色、角色出場的順序及發生的事件並以圖表方式呈現在白板上。在林老師逐字地將孩子陳述故事的內容記錄在白板上以作為示範。此時，林老師拋出一個問題詢問孩子解決之道──「全開壁報紙上無法記錄全部孩子的討論內容，怎麼辦呢？」此時，孩子也想出當角色名稱重複出現時，可用箭頭來取代第二次重複出現名稱；並在角色旁邊敘述發生的事件，孩子因而修正了原先紀錄。之後，孩子在全開壁報紙上進行仿寫並加上圖解，再對照白板上討論完成的內容。在討論過程中，孩子也自然地將平日常使用的美語轉化運用在故事中。	參與 示範 回應 期待 約略 使用	*回溯／環境鷹架 ・提供《我漂亮嗎？》故事情節網。 *言談鷹架 ・老師提問故事情節中「角色」、「順序」、「事件」部分，讓孩子討論。 *材料鷹架 ・提供全開壁報紙、便利貼讓孩子黏貼故事角色順序。 *參與鷹架 ・孩子討論並製作《我漂亮嗎？》的故事情節網。 ・孩子仿寫。 ・孩子以英文說出河馬情緒形容詞。	*分享的讀和寫 ・老師和孩子討論《我漂亮嗎？》中的主角、發生的事件等故事情節網。 *分享的讀 ・孩子們討論《我漂亮嗎？》中，小河馬遇到的動物順序及事件。 *朗讀和反應 ・讀完《我漂亮嗎？》，孩子以英文詞句描述故事中河馬情緒表現。 *獨立的寫 ・以繪畫方式記錄對《我漂亮嗎？》的想法。 ・孩子請老師寫下《我漂亮嗎？》討論的內容文字，並仿寫下來。 *獨立的讀 ・孩子觀看白板上《我漂亮嗎？》的故事情節網與文字。 ・完成《我漂亮嗎？》的文字仿寫後，依順序位置排列黏貼在紙上。

（接下頁）

課程的發展與實施	引導和支持孩子讀寫學習之元素	教師的鷹架策略	語文經驗的焦點
階段四：「故事情節網」的比較與孩子的發現／以不同角度思考故事內容 孩子完成《我漂亮嗎？》故事情節網後，部分孩子也提出要繪製《小獅子討厭》故事情節網。完成後林老師鼓勵繪製這兩組不同故事情節網的孩子分享。藉由情節網的分享，孩子從中看到了兩個故事的架構組成，也看到了其中的差異性，統整了作者對故事布局的邏輯性。	參與 使用 期待 約略 回應	*回溯／環境鷹架 • 提供《我漂亮嗎？》與《小獅子討厭》故事情節網。 *言談鷹架 • 孩子比較並分享《我漂亮嗎？》與《小獅子討厭》兩個故事情節網。 • 老師提問「為什麼要先介紹《小獅子討厭》的事情」，引發孩子思考與討論。 *材料鷹架 • 提供全開壁報紙、筆，製作《小獅子討厭》的故事情節網。 *參與鷹架 • 孩子討論並製作《小獅子討厭》的故事情節網。	*分享的讀和寫 • 老師和孩子討論《小獅子討厭》中的主角、發生的事件等故事情節網。 *朗讀和反應 • 讀完《小獅子討厭》，製作故事情節網。 *獨立的寫 • 孩子請老師寫下《小獅子討厭》討論的內容文字，並仿寫下來。 • 完成《小獅子討厭》文字仿寫後，依順序位置排列黏貼在紙上，並以箭頭標示故事情節脈絡。 *獨立的讀 • 孩子觀看《我漂亮嗎？》與《小獅子討厭》的故事情節網，並下結論：《小獅子討厭》的故事比較難。 • 完成《小獅子討厭》文字仿寫後，孩子試著排列便利貼上文字順序位置。

參、「和孩子談談『書』：從『分享、討論』到『故事情節網』」課程之啟示

在這課程過程中，孩子都在歷經思考、再思考；建構、解構、再建構的歷程。孩子浸淫在一個豐富文字且有機會建構文字意義的環境中，並實際地參與所學習的內容。在一個正向的學習環境中，老師以開放式問題引導孩子參與問題討論，讓孩子在自己的學習歷程擔負起責任，過程中孩子雖有思考不周詳或錯誤的地方，但老師仍給予孩子正面的回應與回饋。孩子可以很自在地運用繪畫或口頭的形式表達自己的意見與想法。透過老師的協助，以提問、引導或示範的方式讓孩子有機會觀察到其他人如何使用各式不同文本，並在實際參與中逐漸獲得故事結構的概念。這顯示了透過師生雙方持續不斷交流並進行「教育對話」（educational dialogue），提昇了孩子的心智功能（周淑惠，2006）。課堂中同儕間的團體討論也能激盪孩子的思考，孩子藉由與同儕間的語言互動，從中得到回饋，再重新思考並歸納、內化成自己的想法。

第四節　孩子的「寫」——以「『房子在動耶！』——天上的雲」課程為例

壹、與課程的對話

「『房子在動耶！』——天上的雲」這個課程主要是描述老師如何鷹架孩子的童詩創作過程。老師在這主題中提供了豐富的語文經驗，例如：繪本引導、觀察記錄、發展形容雲的詞彙、相關童詩欣賞、童詩朗讀後的換名詞遊戲、創作童詩、為創作命名、發表討論等。因此整個主題進行中可看到孩子期待並主動參與，不僅孩子在這主題中建構有意義的知識，也在語言能力上呈現明顯的成長。筆者將這課程分為五階段評析如下。

一、第一階段：主題的萌發

童詩「『房子在動耶！』——天上的雲」的主題起源於孩子觀察到天空中

雲的變化而開始討論起天上的雲。在主題開始進行時老師並無預設以「童詩創作」為課程的主軸,而是順著偶發的生活事件所激起孩子探索的興趣開展下去。當孩子看到天空中雲的變化,一句:「房子在動耶!」引發教室中熱烈的討論,這充分顯現孩子對探索大自然的興趣。而興趣是學習之源,也是探究的動力(周淑惠,2006),這時老師也把握時機適時切入主題。於是,此主題課程也正式展開了。

老師在與孩子討論時,提出幾個問題:「天空上有什麼?」、「雲像什麼呢?」來引導孩子說出觀察到的事物。此時孩子將原先看到的經驗,透過「說」出來,而教師將孩子所說的主要字句寫在白板上成為一張經驗表,讓孩子觀看,教師也指著表上所記錄的字句重複唸給孩子聽,或孩子跟著教師一起唸。孩子可透過文字重現當時的情景,再次回想他們曾經驗過的歷程。這樣的方式是「語言經驗取向」(language experience approach, LEA)的教學法,也是愛彌兒教師時常運用在教室中的方式。教師讓孩子談論和分享他們自己的經驗,並幫助孩子連結經驗、口頭語言和書面語言。這個過程顯示了經驗、說話、寫和讀之間的關係,也看到了文字被創造的一個歷程(黃瑞琴,1997a)。孩子可從這歷程中感受到文字可源自某些語言和記憶,並察覺文字本身承載著意義且具有溝通功能,口說的話可以轉成文字,從這些文字中讀出其意義。

在這階段中,從孩子回答「雲像什麼呢?」可發現他們大都是針對雲的外觀與形狀描述;像是「雲像大象」、「雲像冰淇淋」、「雲像綿羊」、「雲像飛機」、「雲像枕頭」等。這些回答雖充滿想像力,且孩子能找出本體(雲)的特性,然後用相似的事物做比喻。但仍可看出大部分的孩子描述時只說出以名詞為主的具象事物;只有少數孩子能加上適當形容詞,使抽象的事物描述得更具體、鮮明,例如:「雲像棒棒糖捲捲的」、「雲像葉子捲捲的」、「雲像河在震動的樣子」。於是老師決定加入圖片,並唸讀故事書——《雲上的小孩》等文本來幫助孩子增加對雲的感覺。值得一提的是,《雲上的小孩》書中的插圖是以照片為背景,再將人物剪貼上去,變成了似幻似真的故事場景。孩子閱讀故事時就好像進入了夢幻及想像的國度。此外,故事書中插圖描繪出晴天時白白的雲、快下雨時灰灰的雲、下雨時黑黑的雲、太陽下山時橘色的雲、雨過天晴時有彩虹出現的雲等等大自然的天氣現象。孩子在閱讀此書時也獲得

一些有關於天上的雲相關知識。

二、第二階段：提供機會讓孩子到戶外實際地觀察「雲」

　　除了故事書、圖片等不同文本讓孩子有機會看到各式各樣的雲，老師也帶領孩子實際地參與觀察天空中的雲。孩子到校園中的一樓、二樓、三樓及頂樓觀察天空中雲的變化。孩子也因親身到校園不同位置進行觀察，進而發現觀察到的內容會因位置不同而有所不同。然而，老師也瞭解只透過肉眼觀察是無法幫助孩子理解雲的形成原因及雲與天氣變化的關係。因此，除了校園中的觀察，也安排孩子到科博館參觀「科學中心」幫助孩子瞭解「雲」的自然科學相關知識。這階段，老師藉由觀察及戶外教學活動來鼓勵孩子探索和發現新的資訊，期待孩子運用語言來整合新的資訊，並透過口說和繪畫的方式來溝通新的資訊（薛曉華譯，1997）。

三、第三階段：提供童謠與童詩催生孩子的形容語彙

　　雖然每天進行觀察雲的活動，但是孩子在分享時對雲的描繪仍缺乏豐富的形容語彙。老師在此階段主要的鷹架策略提供多元文本讓孩子浸沉。她為孩子挑選一些兒童文學家的詩讓孩子欣賞，像是：馮輝岳〈春天〉、楊喚〈家〉、劉安娜〈冬天〉。這幾篇童詩的意境與情感都是以兒童接受的能力和經驗為基礎；且筆觸的淺顯易懂、詩意的明晰，皆符合孩子的生活經驗與情境，不僅豐富孩子的語彙，也增進孩子欣賞的樂趣，提高他們欣賞創作的能力。許多研究兒童詩專家建議孩子學習創作童詩，應該先從欣賞入手，多讀一些好的童詩，可以學習到別人創作童詩的方法（黃尤君，1996），這也為日後孩子的童詩創作奠定了些基礎。

　　在欣賞這些文學家的童詩後，老師以楊喚「家」這首童詩為主要文本，讓孩子進行更換名詞的活動。筆者認為老師選擇楊喚這首童詩，主要原因是它以孩子最喜歡的動物們起筆，不僅貼切孩子的生活經驗，也可引起孩子的興趣。且文中作者使用的譬喻法來鋪成詩句，孩子可藉由更換名詞活動中學習作者的寫作觀點，藉著看其他作者怎麼寫，試著模仿他的寫作，也從中學到許多關於寫作的事（谷瑞勉譯，2001），例如：姝靜與士翔的童詩一開始以「……是

……」起筆，正是模仿楊喚「家」前兩句「樹葉是小毛蟲的搖籃，花朵是蝴蝶的眠床」的寫作風格。

四、第四階段：開始童詩創作

由於孩子記錄每日觀察天空中的雲，有很多機會可捕捉到靈感。加上校外參觀及欣賞兒童文學家的詩，孩子逐漸累積一定程度的詞彙，因此在開始創作「雲」童詩時，展現出豐富的形容詞詞彙，成功地轉換到書寫語言上。孩子在創作童詩時，利用感官去捕捉周圍真實的景致，把自己的想像與親身的感受寫出來，並流露出他們心中最率直的真情，使得他們的作品活潑、生動又有趣，例如：鍾妏、士翔、欣平、翊萱、岱佑的童詩中都將「我」放進詩句中來描述自己的喜好情感（例句：我喜歡灰灰的雲）。此外，大部分孩子的童詩創作都運用譬喻法中的明喻法（例句：白色的雲像太陽），以喻詞——「像」連結本體（白色的雲）與喻體（太陽）。筆者認為這應該與老師在第一階段團討中的提問「雲像什麼呢？」的引導，及孩子平日觀察天空的雲外觀變化有很大關聯。

五、第五階段：運用複合媒材多元技法畫「雲」、做「雲」

此階段課程已進入到尾聲，主要描述孩子從創作「雲」的童詩延伸到以藝術創作來展現對「雲」的細微觀察（例如：清晨的雲和黃昏的雲有何不同）。由於老師考量某些情境的雲對孩子而言是不容易觀察到的（如清晨中的雲），於是在藝術創作區放入各種變化雲的圖片讓孩子觀察。藝術是一種探索工具，讓孩子表現想法思緒的一種管道，因此在老師除了提供不同的藝術表達媒材（如水彩、粉蠟筆、海綿、壓克力原料、油漆等）與介紹不同的技法（如拍畫、撕貼畫、水蠟畫、立體創作等）讓孩子自由交織使用，來表達探究過程中的想法；也邀請藝術老師帶領孩子體驗不同表徵方式（如三度空間的立體創作）的藝術創作。因此，孩子在這藝術創作的過程中，操作材料並發掘、控制各種素材的可能性，實驗新且彈性的方式來運用材料（薛曉華譯，1997），並創作出自己獨一無二的作品。最後，孩子也為自己所創作的藝術作品命名，為這個課程畫下了句點。

貳、課程實施中教師鷹架引導策略分析

筆者試著將第六章第二節「『房子在動耶！』——天上的雲」的課程實施歷程做統整分析，但由於此課程的描述較為簡略，因此筆者僅以文章中所描述的事件來論述其支持語文學習元素、教師所搭建的鷹架策略及焦點語文活動，如表 7-3。

表 7-3　「『房子在動耶！』——天上的雲」課程實施中教師鷹架引導策略分析

課程的發展與實施	引導和支持孩子讀寫學習之元素	教師的鷹架策略	語文經驗的焦點
階段一：主題的緣起 孩子看到天空的雲的變化，開啟了孩子對雲的興趣，老師和孩子在教室開始討論起天上的雲。老師帶入雲的圖片與繪本與孩子分享來幫助孩子想像力產生。	沉浸 參與	*言談鷹架 ・討論天上的雲。 *回溯／環境鷹架 ・提供「語言經驗圖表」。 *參與鷹架 ・實際觀察天空中的雲。 *材料鷹架 ・提供繪本《雲上的小孩》。 ・提供「雲」的相關圖片。	*分享的讀和寫 ・老師與孩子共同閱讀《雲上的小孩》。 ・討論天上的雲，孩子說出經驗，老師將之列成表，讓彼此都可以看到。 *朗讀和反應 ・讀完《雲上的小孩》，加入雲的圖片增加孩子對雲的想像力。
階段二：校園觀察天空中的雲，及校外觀科博館 孩子們在校園中的一樓、二樓、三樓及頂樓觀察天空中雲的變化並以繪畫方式記錄下來。老師也安排孩子到科博館的科學中心，期待他們能從實地參觀中瞭解雲的相關自然科學知識。	參與 使用 期待 示範	*言談鷹架 ・提問「雲的形狀有何不同？」藉由科博館之旅中實地觀察。 *環境鷹架 ・校園中進行觀察。 ・參觀科博館的科學中心。 *材料鷹架 ・提供紙筆讓孩子畫下在校園中所觀察到的雲。 *參與鷹架 ・給予孩子到不同的地點觀察天空雲的變化。	*獨立的寫 ・孩子在觀察天空中雲的變化後，畫下觀察到的雲。

140

（接下頁）

課程的發展與實施	引導和支持孩子讀寫學習之元素	教師的鷹架策略	語文經驗的焦點
階段三：介紹童詩，進行文本創新 老師發現孩子對雲的描述缺乏豐富的形容語彙，於是挑選一些兒童文學家的童詩，讓孩子欣賞。之後以楊喚的〈家〉為架構，進行更換名詞的文本創新活動。	示範 期待 參與 使用	*言談鷹架 • 閱讀〈春天〉、〈家〉、〈冬天〉等童詩給孩子們聽。 *環境鷹架 • 提供一些兒童文學家的童詩。 *回溯鷹架 • 張貼改編後的童詩〈家〉。 *參與鷹架 • 參與改編童詩〈家〉。	*分享的讀和寫 • 老師與孩子共同閱讀兒童文學家的童詩像：〈春天〉、〈家〉、〈冬天〉等。 • 創新一個已知的文本「家」。 *朗讀和反應 • 閱讀童詩〈家〉，讓孩子做更換名詞的活動。
階段四：童詩創作 孩子記錄每日觀察雲的變化。也嘗試用語言說出對雲的感覺，並利用所累積的詞彙開始個別的童詩創作。	參與 使用 約略	*言談鷹架 • 鼓勵孩子說出對雲的感覺。 *環境鷹架 • 教室中提供雲的相關書籍和張貼雲的圖片。 *回溯鷹架 • 張貼改編後的童詩〈家〉。 *材料鷹架 • 提供紙筆讓孩子畫下在校園中所觀察到的雲。 *參與鷹架 • 持續每日讓孩子觀察天上的雲。 • 參與個人童詩創作〈雲〉。	*分享的讀和寫 • 老師記錄孩子描述對雲的感覺所使用的詞彙。 *朗讀和反應 • 孩子讀出自己每日雲的觀察紀錄，說出對雲的感覺。 *獨立的寫 • 孩子以繪畫方式，記錄每日對雲的觀察。 • 孩子用累積詞彙，創作「雲」的童詩。

（接下頁）

課程的發展與實施	引導和支持孩子讀寫學習之元素	教師的鷹架策略	語文經驗的焦點
階段五：運用複合媒材、多元技法畫「雲」，完成後為自己的藝術創作命名 邀請藝術老師帶領孩子進行三度空間的雲的創作。孩子利用不同複合媒材像是：水彩、粉蠟筆、海綿、油漆等，加上運用不同技法像是：拍畫、撕貼畫、水蠟畫等創作不同雲的表現。完成後，孩子為自己的藝術創作命名。	示範 期待 參與 使用 回應	*環境鷹架 ・教室中提供雲的相關書籍並加入更多雲的圖片。 *材料鷹架 ・提供多元藝術美勞材料。 *參與鷹架 ・參與三度空間立體藝術創作。 ・以不同媒材及技法創作雲。 ・孩子命名自己的作品。	*朗讀和反應 ・在藝術創作區觀看「清晨的雲」和「黃昏的雲」圖片，以繪畫或立體創作呈現。 ・為自己創作的作品命名。 *獨立的寫 ・以繪畫方式呈現對雲的觀察。 ・創作立體的雲。 *獨立的讀 ・在藝術創作區觀看「清晨的雲」和「黃昏的雲」圖片。

參、「『房子在動耶！』——天上的雲」課程（楊佩瑜、陳佩婷、呂昭慧，2005）之啟示

原先老師期待孩子在這主題中能透過觀察，瞭解雲的形成原因及雲與天氣變化的關係等較抽象的科學知識。但隨著課程的開展，老師修正了原先的目標，她跳脫抽象的科學知識，透過觀察活動，讓孩子產生對自然現象的興趣以及豐沛的創作想像力為目標。且在課程開展過程中，孩子們利用手、腳、整個身體、心及腦從事觀看、記錄、探索、創作等活動去體驗。換句話說，孩子使用行動去獲得問題解決的體驗。孩子在學前的發展階段主要仍以感官的感受為主，而感官的感受以觀察為立足點，只有透過完整的觀察，才能激發孩子的想像力，進而有創造力。觀察體驗是啟動孩子的思考，這種觀察是具體的，也是生活的。如果缺少觀察的基礎，所謂的想像，會淪為文字遊戲（黃尤君，1996）。在這課程中，孩子歷經觀察、校外參觀及欣賞兒童文學家的童詩，逐漸對雲產生瞭解，並累積一定程度的詞彙，因此孩子在開始創作「雲」童詩時

展現出豐富的形容詞詞彙，也成功地轉換到書寫語言上。

🌳第五節　幼兒讀寫發展再思

　　許多人誤解只有在進行「語文領域」主題活動課程中才能幫助孩子讀寫發展，其實不然。「和孩子談談『書』：從『分享、討論』到『故事情節網』」和「『房子在動耶！』——天上的雲」這兩篇文稿雖是從「語文領域」主題活動課程發展出來的，但筆者主要是以「教學」的角度來看教師鷹架孩子讀寫發展的策略。換句話說，筆者是以「微觀」的角度聚焦在教室情境下，孩子與同儕、教師互動的讀寫發展；然而從「宏觀」思維來看，孩子的語文學習是在他們所身處的社會文化環境下建構而來的。孩子的讀寫發展絕非單靠教師在教室中的教學型塑而成，任何讀寫經驗是透過反覆在一個有意義的情境下使用文字而自然發展的；因此讀寫發展是一種社會歷程，孩子經由各種社會活動，藉著成人引導和協助，內化活動中使用的口語和書面語言，逐漸增進自己的語文能力（黃瑞琴，1997b），例如：在家中看到父母閱讀報紙，在路上看到商店廣告招牌或交通標誌，或餅乾盒上的說明，和成人一起參與閱讀無字圖畫書、重複句型的書、大書、歌曲等，這些都是幫助孩子建構語言意義。其實在愛彌兒進行的課程中，都可以看到建構論、讀寫萌發，與全語言學理的實踐；在教室中教師認同孩子從家庭中帶的經驗，提供一個讓孩子能投入口頭和書面語言的全面性語言環境，也強調教室中鷹架的策略使用，更重視孩子透過實驗、互動，而後自然而然地融入閱讀及書寫的經驗裡（薛曉華譯，1997）。以下筆者將以一個由「裝扮區」、「藝術創作區」有機交織到「語文區」發展的課程：「從『故事創作』到『編寫劇本』」來看孩子的讀寫發展，可發現在社會文化的大環境下，孩子除了與環境的交互作用中，經由自我規律的過程，從個體內在所產生的建構；也透過學校的學習過程，與教師、同儕互動而激發孩子的內在心智，促進他們的語文發展。

　　「從『故事創作』到『編寫劇本』」這一篇文稿內涵是來自於教室中孩子玩「偶」、做「偶」、用「偶演故事」，從中擷取孩子「語文」方面的學習。孩子透過語言、繪畫、角色扮演，以及教具與材料設備的使用來表達自己所學

習到的事物；他們學習把舊知識和新獲得資訊相連結，建立關聯性，探索新的經驗、解決問題，並將所學的事物呈現出來。而語言就是孩子學習過程中的重要仲介工具，在課程進行過程中，孩子使用語言分享意義、澄清思想和探索世界，和周圍的人做溝通、接觸，逐漸轉變成控制自己的思想和行為，慢慢地透過語言來運作自己更高層次的心智活動。因此，不管在進行任何學習領域課程，孩子讀寫活動都融入其中，在主題活動中可幫助主題的探索；也可能自然產生在他們自己主動形成的學習或日常生活情境中。

就筆者瞭解愛彌兒教師平時非常強調孩子閱讀習慣的養成，教師會在語文區擺放大量書籍提供給孩子閱讀。孩子沉浸在一個充滿語言和文字的環境中，耳濡目染下漸漸愛上閱讀，累積創作故事的能量，這也型塑出愛彌兒的孩子喜歡閱讀與創作的歷史文化情境。「五格書」、「八格書」故事創作，甚至到後期的劇本創作就是在這樣的文化情境中自然產生，孩子創作自己的文本，探討某個寫作的特別觀點（谷瑞勉譯，2001），也累積故事創作的經驗。班上教師——佩憶老師因看到孩子在語文區中累積了許多構思故事的能量，於是介紹了五格書的形式給孩子，讓他們除了創作小書外，又多了另一種的選擇。五格書有別於小書的格式，它只需要一張紙，經過四次的對摺且免裝訂，就可以完成；但打開它的時候，每一頁的面積會愈來愈大，所以孩子在創作五格書時可發現頁面逐漸由小到大，在他們還不懂得分鏡的運用時，可先利用鏡頭的放大縮小，讓畫面產生變化。孩子在實際創作五格書時，也的確發現了五格書有由小變大、由多變少的特性，促發他們思考「什麼東西會愈變愈大？」，例如：冠維嘗試以時間軸序及物件大小的觀點來陳述他的故事，而陳彧則以昆蟲的成長歷程描述他所創作的《甲蟲》，他們所創作的故事內容呼應了五格書的特性；這都證明孩子在實驗嘗試讀寫過程中能對故事內容做深入思考。

八格書的出現是班上一位孩子——政文從哥哥那裡學到而引進教室，他自己也運用八格書創作出《小老鼠的惡夢》；這解釋了孩子讀寫發展並不只侷限在學校特定地點及教師教學特定時段。孩子在家中與父母、兄弟姐妹，或家人的互動和分享，都是提供孩子的讀寫經驗來源。由於八格書只需一張紙就可以變成一本書，且比五格書多出三格可提供多餘空間讓孩子自由地發揮想像創作，當然很快在教室中占有一席之地，且得到孩子的喜愛；這代表在一個鼓勵

讀寫的環境下，孩子對故事創作的想法與構思愈來愈豐富，例如：喬涵的《小王子遇見海邊的人魚公主》出現故事體中完整的結構：有主角（小王子與美人魚公主）、情境（海邊、陸上的皇宮與海底的家）、主要問題（遇見了人魚王子，詢問小王子是誰）、解決問題經過（人魚公主出面要求）、結局（大家都是好朋友）。這也證明了孩子故事發展的概念從原先具體的、無組織的自發概念，已慢慢變成抽象的、邏輯的及系統化有結構的科學概念。他們從聽故事、讀故事的經驗中，逐漸發展出更具邏輯的、有系統的故事結構因素知識（谷瑞勉譯，2001）。然而喬涵的故事選擇以人魚公主為主題敘述，可發現孩子受到了外在環境影響，在每天電視卡通《珍珠美人魚》和《美人魚公主》強力放送下，形成了喬涵的日常生活背景經驗。這再一次呼應孩子在一個社會文化情境中，主動建構對其有意義或有興趣的訊息來展現自己所建構的知識。

由於佩憶老師在裝扮區放置各種形式的偶，如手套偶、手偶、棒偶、紙偶、填充偶等讓孩子能扮演，在語文區提供繪本與一些寫作材料鼓勵孩子創作，這促使兩個學習區的有機連結。剛開始孩子還未有經驗時，會主動將裝扮區中的「偶」與語文區的繪本結合並嘗試扮演的工作，然而在實驗操作過程中卻也發現現成的「偶」有時並不符合繪本的角色，因而向老師反映。佩憶老師並非增加偶的數量，而是提供了製作偶的工具書、偶劇相關書籍與影片，來鼓勵孩子自製、自編與自演「偶」故事。此時，到美勞區中製作偶，語文區中故事創作，裝扮區中偶劇表演，整個過程中是因為孩子需要而主動要求，對孩子而言是有意義的活動；且自然衍生的這幾個學習區間的統整關係，整合了他們的學習。

亭昀自製襪子偶、場景與道具，自編《紅衣女孩》的故事，並在教室中自導並自演的偶戲表演，開啟了班上孩子書寫及閱讀的熱潮，這個事件促動了班上其他孩子的興趣，可見同儕之間相互影響力。偶戲表演每天如火如荼地在學習區時段上演，變成孩子自發性且最期待的活動，之後采葳編的《八個人想吃棒棒糖》、思詠與柔安共同創作的《小女孩遇見鬼》、承勳的《蝙蝠俠》、宜禎的《小安安的戒指》等都是孩子為自己的偶所創作的故事。孩子興致高昂地自演、自編、自導「偶」劇，這些讀寫事件對他們是有意義且具功能性的；不但老師沒有刻意的教導，反而是孩子自發而起、自我引導。而在三個不同版本

的《一個王子和一個三角龍大戰》，更可看到孩子對故事內容都有不同意見與想法，也反映出他們的日常生活與文化經驗。

　　劇本文本的產生是孩子因需要而衍生的一個有意義的讀寫事件；由於孩子都是以故事體為腳本扮演偶劇，因此當幾位孩子協同演出偶劇時，產生了唸旁白或對白時的重疊因而造成演出不順暢的狀況。此時的佩憶老師適時地介紹了《三隻小豬》繪本給孩子，這一本繪本同時擁有兩種不同書寫形式——故事體與劇本體，讓他們觀察並討論這兩種文體的不同處，而透過討論孩子們發現角色名字後加上「：」——冒號代表劇本體。孩子在瞭解劇本體的書寫體後，開始與其他孩子合作改編原先的故事體文本為劇本體，並設計戲劇角色及對話，也解決了先前演偶劇時對白不順暢的問題。很有趣的是，在過程中孩子用自己的劇本演出偶劇時，發現自己所製作的「偶」不符合他們創作劇本的人物，又會回頭修正了劇本來符應角色偶的需求；這說明了讀寫行為落實在當時的行動來顯示它的意義與功能（黃瑞琴，1997a）。在改編冠瑀的《小慧帶妹妹去摘蘋果》時，孩子們先寫人物、背景，再寫人物對話，並加上動作或表情說明。過程中孩子們共同討論劇本大綱、人物、發生的時間、地點，進行劇本的創作；孩子的創意除了展現在情節的鋪排之外，將自己的生活經驗融入故事中，再以自己的語彙表達出來，佩憶老師將孩子的意思用文字呈現出來，逐步形成劇本。孩子的語言相當生活化，也將在美語課程中學到的英語運用在對話中，形成一篇中英語交織的劇本，這再再說明了讀寫學習是一種社會歷程。此外，改編劇本體是以小組合作的方式進行，這是一個好的社會建構教學環境，在其中個人和團體的動機可以促進孩子們對活動的參與及增進團體成員間行為的幫助，孩子們一起努力朝向一個共同的目標，互相刺激和鼓勵，增進孩子的成就和認知的技巧（張世忠，2001）。

　　黃瑞琴（1997a）指出孩子的智能發展過程需經由物理情境、社會情境、心智情境與歷史文化情境。物理環境形成學習情境的外在條件，社會和歷史文化情境則提供與他人互動的想法和價值觀，影響孩子知識建構歷程，在成長過程中建立的認知結構在與他人互動時，運用既有的認知結構與外界刺激互動，形成個體的心智情境（黃瑞琴，1997a，頁53）。筆者從〈從「故事創作」到「編寫劇本」〉這一篇文稿來看孩子讀寫發展過程，佩憶老師在教室中的學習區的

布置，尤其是語文區是直接引發孩子閱讀與寫作的物理環境；偶戲的製作、演出更是支持和鼓勵孩子創作劇本的社會情境；平日在語文區中小書、五格書、八格書，甚至劇本創作的日常生活經驗背景，型塑孩子創作的歷史文化情境；孩子在創作五格書、八格書，甚至到後來發現到故事文本與劇本文本的差異，這過程中孩子試驗著說話和書寫的關係，構成孩子在讀寫的心智情境。上述這些情境交錯在日常生活中孩子接觸的經驗，共同持續形成班上孩子讀寫發展的情境，也自然地融入他們讀寫知識的建構歷程（黃瑞琴，1997a）。

綜觀這個課程可以說是建構論學理的實踐與應用。筆者以 Piaget 認知發展與知識建構論觀點看孩子讀寫發展，可以看到「偶」的課程發展中孩子主動地以他們自己的方式，去建構閱讀和書寫的知識，這過程佩憶老師並沒有正式教導，也沒有刻意規範（Teale & Sulzby, 1986）。孩子浸潤在有意義的讀寫環境中，透過同化、調適和平衡等機制建構自己的讀寫知識。筆者再以 Vygotsky 的社會文化理論解釋：孩子的讀寫發展發生於社會文化情境中，特別是在日常生活中自然發生；孩子和手足、老師或有能力同儕的社會互動中，發展了認知技巧，心智逐漸由初級功能走向更高級的功能（Vygotsky, 1978）。

第六節 結論與建議

透過愛彌兒幼教機構「和孩子談談『書』：從『分享、討論』到『故事情節網』」、「『房子在動耶！』——天上的雲」和「從『故事創作』到『編寫劇本』」三個課程的實施，不難發現建構主義取向的語文教學中，老師並非只是站在一旁看著孩子建構知識的觀察者，而是主動地參與及促進幼兒學習與發展。因此，老師不僅提供豐富、有意義的語文環境，也必須瞭解孩子現有能力，再進一步鷹架促進孩子的學習，並藉由提問，與孩子進行教育性對話，提昇心智能力。最後，筆者統整建構主義取向的幼兒語文教育的實施可行策略，期以作為幼教師在園所中協助孩子語文發展時參考的建議：

1. 提供充滿語言與各式各樣不同文類的文本，像是故事書、童詩、童謠、經驗圖等，讓孩子沉浸於大量語文活動中的環境洗禮。

2. 以真實且有意義的語文情境喚起孩子相關經驗，誘發他們內在興趣及學

習熱忱，而主動從事並大量使用語文。

3. 教師扮演仲介學習的角色，依據孩子的需求調整協助的程度，提供鷹架來引導支持孩子語文發展。

4. 透過有能力的成人或同儕和孩子之間的對話，激盪孩子豐富內心想法與經驗，自我建構新的經驗，創造意義，並將學習語文的歷程內化成自我的一部分（Foorman & Torgesen, 2001）。

5. 提供一個正向且充滿接納和期待的環境，讓孩子有機會選擇、嘗試、從中修正、歸納語文使用的原則（陳淑琴，2006），並整合從有能力他人的示範中所得到的資訊。

參考文獻

王瓊珠（編著）（2004）。故事結構教學與分享閱讀。台北：心理。

李連珠（2006）。全語言教育。台北：心理。

李連珠（譯）（1998）。全語言的全，全在哪裡（原作者：K. Goodman）。台北：信誼。

谷瑞勉（譯）（2001）。教室中的維高斯基：仲介的讀寫教學與評量（原作者：L. Dixon-Krauss）。台北：心理。

周淑惠（2006）。幼兒園課程與教學：探究取向之主題教學。台北：心理。

林偉婷（2004）。和孩子談談「書」：從「分享、討論」到「故事情節網」。探索，**15**，33-37。

林惠娟（2001）。創作性戲劇對幼兒創造力表現的影響。發表於第二屆兒童發展國際研討會——創造力：靈機一動觸新機，香港浸會大學。

林麗卿、邱蓮春、張巧妙、黃詩穎、洪筑芸、吳嫈華、白宜芳、莊秋芬、洪俐如（2005）。全語言的新思維。台北：華騰。

張世忠（2001）。建構教學：理論與應用。台北：五南。

陳淑琴（2006）。幼兒語文教材教法。台北：光佑。

黃尤君（1996）。淺論「兒童詩歌教學」。國教之聲，**29**，4。

黃瑞琴（1997a）。幼兒的語文經驗。台北：五南。

黃瑞琴（1997b）。幼兒讀寫萌發課程。台北：五南。

楊佩瑜、陳佩婷、呂昭慧（2005）。「房子在動耶！」：天上的雲。探索，**16**，27-30。

蔡宜容（譯）（2001）。說來聽聽：兒童、閱讀與討論。台北：天衛文化。

鄭瑞菁（2005）。幼兒文學（第二版）。台北：心理。

盧羨文（編著）（1998）。閱讀理解。台北：書林。

薛曉華（譯）（1997）。全語言幼稚園：教學之理論與實務。台北：光佑。

Beck, I. L., & McKeown, M. G. (1981). Developing questions that promote comprehension: The story map. *Language Arts, 58,* 913-918.

Bransford, J. D., & Johnson, M. K. (1972). Contextual prerequisites for understanding: Some investigations of comprehension and recall. *Journal of Verbal Learning and Verbal Behavior, 11*, 717-726.

Foorman, B. R., & Torgesen, J. (2001). Critical elements of classroom and small group instruction promote reading success in all children. *Learning Disabilities Research & Practice, 16*, 203-212.

Forman, G. (1996). The project approach in Reggio Emilia. In C. T. Fosnot (Ed.), *Constructivism: Theory, perspectives, and practice*. New York, NY: Teachers College Press.

McLane, J. B., & McNamee, G. D. (1990). *Early literacy*. Cambridge, MA: Harvard University Press.

Morrow, L. M. (1993). *Literacy development in the early tears*. Needham Heights, MA: Allyn & Bacon.

Teale W. H., & Sulzby E. (1986). *Emergent literacy: Writing and reading*. Norwood, NJ: Ablex.

Vygotsky, L. S. (1962). *Thought and language* (Eds. & Trans. by E. Hanfmann & G. Vakar). Cambridge, MA: The MIT Press.

Vygotsky, L. S. (1978). *Mind in society: The development of higher psychological process* (Eds. by M. Cole, V. John-Steiner, S. Scribner, & E. Souberman). Cambridge, MA: Harvard University Press.

chapter 8

建構主義取向的科學探究

文／陳振明

　　科學在現代社會中扮演重要的角色，科學的力量讓人們有了今日舒適與便利的生活，但卻也導致衍生出許多亟待解決的問題。明智地運用科學知識與技能可以改善我們的世界，但假若使用不當，卻可能會造成全球的大災難，例如：全球暖化、核廢料等。此外，科學也具有心智訓練的功能，就像許多其他的事物一樣，心智訓練也必須從小養成，如果我們的孩子沒有學會嚴謹、系統的科學性思考，他們長大後面對問題時可能會變成為一個盲從、沒有主見、分不清科學還是迷信的人，遇到事情時不經仔細的思索便倉促草率地下判斷。

　　科學教育的目的並非培養少數菁英科學家，而是要培養具有科學素養的國民。科學素養指的是能運用科學知識來辨識科學問題、獲得新知、解釋科學現象，並形成證據導向的結論；能理解科學特徵是一種人類知識探索的型態；能覺察科學與科技來型塑周遭物質、知識以及文化的環境；且成為一個具有意願投入科學相關議題、具有科學概念，及其反思性的公民（臺灣 PISA 國家研究中心，2011）。科學應是所有人都該具備的素養之一，不單從知識層面來培養，更要從思維方法與態度來度量。具有科學素養的國民會注意生活中的各類訊息，並以科學的方法及態度生活、處理生活中所面臨的形形色色的問題。因此，解決問題的能力與態度，以及區辨的能力，才應該是科學教育的重心，而非僅是科學概念的傳遞（林曉雯，1994），而這些基本能力與素養的建立應從幼兒時期就要開始。

傳統的教學觀認為知識是獨立於學習者之外的客觀實體，學習就是在制約與反應的連結中所產生的行為改變的過程。但這樣的教學觀的教學結果，讓科學變成只是書本上的東西、一些專有名詞而已，隨著孩子年齡的增長，對科學的喜好與興趣隨之下降，科學變成與生活無關只與考試有關而已。

　　在教學派典不斷演進與改變洪流中，建構主義結合了當代科學哲學與知識社會學對「知識的本質」、「知識的產生與獲得」的理解，以及 Piaget 和 Vygotsky 認知心理發展理論的重要主張，提出了異於傳統的知識論觀點，對「教」與「學」產生新的影響力，逐漸在當代的教育實踐形成了強而有力、影響深遠的教學派典（甄曉蘭、曾志華，2002）。

　　台中愛彌兒幼兒園的課程，以孩子的興趣與發展為課程主軸，強調孩子能自由的探索、發現、學習，在課程中讓具有不同能力的孩子都能深入學習，此即視孩子為主動建構知識者的具體實踐，這道理很簡單卻不容易做到。在課程紀實中看到孩子們的專注、深入、堅持，全心全意去投入、去接觸，這才是真正的學習，且學習效果也是最佳的，這種真實知識建構的歷程，讀來分外令人感動。

　　透過賞析愛彌兒幼兒園各課程文本時，課程的實施與師生互動在讀者眼中狀似流暢簡單，事實上這些課程的實踐是以「行動中的內隱知識」為基礎，但若詢問該課程教師，或許他們一下子是無法清楚明白用語言描述在這些流暢的教學行動中所隱含的知識，這是一種精鍊後的專業表現，但這類的知識與實踐正是課程成功的關鍵。因此本文以旁觀者的角度，帶領讀者戴上符合建構主義取向教學觀這副理論的「眼鏡」，來賞析愛彌兒幼兒園課中幼兒科學教育課程與教學實施的例證，分析與辨識課程中符合建構主義取向教學要素，以說明建構主義在幼兒科學教育上實踐的原則、方法，可作為幼兒科學教育實施時之範例與參考。

　　本章第一部分將討論幼兒與科學之關係，第二部分以愛彌兒幼兒園的課程為例，說明建構主義取向的科學探究在幼兒科學教育中實踐之可能樣貌。

🌳 第一節　幼兒與科學

幼兒對生活周遭各種現象感到好奇是本性，這和遠古時的人類對宇宙萬物的好奇是相似的，人類是這個世界的一部分，我們影響這個世界，這個世界也影響我們。幼兒好奇每一件事的來龍去脈，當他們發現老師或家長幾乎無所不知，就會開始纏著他問個不停。這種想要知道事物如何運作，以及世界為什麼會是現在這個樣子的欲望是很正常的。基本上科學就是在講這些事情與現象，而孩子們就像個貨真價實的小科學家。

可惜的是，傳統的科學教育對於各種物體、資源和各種形式的生活之間的關係只提供了一些屬於知識的內容，記憶、考試抹煞了好奇心，而這樣偏差導致大多數人們對科學的誤解、害怕與排斥。

幼兒需要以符合他們能力的方式來瞭解這個世界，因為在幼兒階段就會逐漸形成他們對這個世界的認識與態度，若能讓孩子體會到探索是有趣的，發現是有趣的，解決問題是有趣的，讓孩子能處於「樂在其中」的氛圍，學習就能夠得到最好的成果。幼兒時期是培養科學興趣的最佳起點，也是啟蒙追求、思考、理解和善用證據的最佳時期。

壹、科學是什麼?

「科學是什麼？」這個問題，不論是問大人或是小孩，大概不外乎是：課本上的東西、考試會考的、物理化學生物等。其實科學（science）的原意為「求知」（to know），科學是人們使用一些方法，用以發現自然界所建立起來的知識主體。而一般人所認為的科學侷限於科學家所做的事，或者是課本中的知識才叫科學，從科學教育的歷史來看，一九六〇年代之前，科學教育強調科學知識的瞭解；一九五七年蘇聯史普尼克人造衛星的發射後，掀起了世界各國科學教育改革的浪潮，科學過程技能的培養成為重點；至近來，科學教育關注的重點不再只限於科學概念和科學技能的學習，關懷與尊重生命、愛護自然的環境也成為科學教育的內容。因此，完整的科學教育應包含以下三個面向（周淑惠，1997；Abruscato, 2000）。

一、科學是認識周遭環境所累積的成果

科學過程產生、累積了知識主體，我們通常稱之為科學知識，科學知識包含事實真相的蒐集、統整這些事實的概念，以及可以用來說明、預測的理論，通常一般科學課本上的內容大都屬於這一類。

二、科學是認識周遭環境的過程

科學家在瞭解周圍的環境時，他們用一種或多種的科學過程技能，美國科學促進協會（American Association for Advancement of Science, AAAS）依據科學探究活動分析出十一項科學程序能力：觀察、分類、比較、溝通、下結論、使用數字、測量、使用時空關係、推論、預測、實驗，其中觀察、分類、溝通、使用數字、測量、使用時空關係、推論、預測等八項適合幼稚園到小學三年級階段的程序能力；McNairy（1985）則認為，觀察、分類、測量、計算、預測、實驗六項能力較適合幼稚園至八歲幼兒發展的能力；周淑惠（1997）則將幼兒科學程序能力歸納為四大項：觀察、推論、預測與溝通。

三、科學是一套價值觀

假如科學只重視科學知識的學習，幼兒則只能獲得科學知識的累積，若只強調科學程序技能，幼兒將只學到科學方法。科學對人類的影響非只限於物質方面的進步而已，科學重要的價值是由人類文明中逐漸滋生出的科學精神與態度。科學精神、態度表現在從事科學研究、探討者的生活、工作等各種層面中，而這些價值觀的養成被認為是科學教育的重要目標之一（黃意舒，2007）。

Shermer（1989）認為，在引導幼兒進入自然科學領域時，應培養幼兒具備：誠實、不可作弊、不輕易相信別人、要親自操作、盡量發掘合乎自然的解答、爭辯必須要有證據、科學現象沒有哪一件事是可以完全肯定的、科學是沒有秘密的、科學家應有勇於認錯的態度等情意（引自倪用直，2002）。而幼兒在科學探討活動過程中應具備：好奇進取、負責合作、虛心客觀、細心、信心、耐心、發表、自動自發、喜歡創作、欣賞等十項科學態度（邱志鵬主編，2001）。

綜上所述，科學是人類透過智慧對自身周遭環境的認識與適應後所累積的知識與經驗，包含認知、情意、技能。科學知識有其結構及研究方法，但在幼兒階段，科學知識並不是學習的重點，而是希望透過實際操作經驗的累積讓幼兒領悟基本概念，以作為將來科學知識學習的基礎，而這是幼兒科學學習與其他階段的科學學習最大的差異（倪用直，2002）。

貳、幼兒科學教育目標

　　幼兒科學教育是指一切促進幼兒學習科學的教育活動。它包含了家庭、社會、幼兒園施教者對於幼兒進行的科學啟蒙活動（倪用直，2002）。一般常見的幼兒科學教學進行方式為：老師用坊間設計好的實物、圖片、視聽資料、玩具等教材來教，讓幼兒玩弄已設計好的教材教具，在這樣的情境之下，幼兒或許能夠反應出正確的行為，然而這些正確的行為是被教具或老師制約的，幼兒並不一定瞭解其理由，也許幼兒能記得一些專有名詞，卻不知其意義。事實上，科學教學不應該只是玩一玩、刺激一下感官，或表演一下科學家的樣子就可以了，幼兒科學教育的主要目的，並非教授幼兒各種科學概念，而是讓幼兒經由實際操作與仔細觀察等過程，親身經驗各種科學現象，累積更豐富的科學學習經驗與生活經驗，以作為未來學習科學的基礎（賴羿蓉、王為國主編，2005）。

　　美國國家改進科學教育中心（National Center for Improving Science Education, 1990）曾揭示幼兒科學教育的目的有三：(1)發展幼兒對世界的好奇心；(2)拓展幼兒探究世界、解決問題與做決定的思考與程序能力；(3)增進幼兒對自然界的知識。綜觀這些目標包括了科學探究的態度、科學程序能力與幼兒可習得的科學知識；同時也標示出當前推廣幼兒科學教育的趨勢（引自周淑惠，1997）。

　　在教育部（2003）所公布的「科學教育白皮書」中明確指出：我國的科學教育目標為「使每位國民能夠樂於學習科學並瞭解科學之用，喜歡科學之奇，欣賞科學之美」。而對幼稚園科學教育的展望為「提昇每位幼兒的探究能力、創造力及批判思考能力，並培養具好奇心與科學倫理道德之良好科學態度」。Bredekamp 與 Rosegrant（1995）指出，幼兒科學學習目標應至少有三大點：(1)發展幼兒對世界的好奇心；(2)擴展幼兒探究世界、解決問題、做決策之程序與

思考技能；(3)增加幼兒對自然世界的知識；周淑惠（1997）指出，幼兒自然科學教育三大目標為：(1)獲致科學知識與概念；(2)培養科學探究的方法與技巧；(3)養成科學態度與愛護自然、科學的情操；盧美貴（2003）亦提出科學態度、科學技能、科學現象為五歲幼兒的科學學力指標之向度。這些觀點皆是呼應「幼兒園教保活動課程大綱」（教育部，2017）以「素養」為核心來思考課程的發展，以求兼顧學習者的自我實現及社會的優質發展，以期能達成「陶養幼兒擁有愛人愛己、關懷環境、面對挑戰、踐行文化的素養，並奠定終身學習的基礎為其宗旨；使幼兒成為重溝通、講道理、能思考、懂合作、有信心、會包容的未來社會公民」之宗旨。

綜上所述，在幼兒階段的科學教育重點在於建立良好的科學態度、培養思考能力與問題解決能力，而非是科學知識的獲得與累積而已。

參、建構主義取向的幼兒科學教育

近年來，國內幼兒教育蓬勃發展，但幼兒科學教育的進步相對緩慢（陳淑敏，2001），幼兒科學教育仍然是各領域教材教法中最弱的一環，幼稚園的課程設計也以科學活動所占的比例最少。簡淑真、陳淑芳、李田英（2002）指出，大部分所進行的科學活動僅為觀察動植物的成長，包括種植、飼養；用放大鏡觀看石頭、貝殼等；蒐集各類石頭、樹葉等並加以分類；進行水的浮沉、捕捉空氣和風的實驗；認識食物、人體、昆蟲等，多半較屬表層的觀察和試驗活動；對於需要帶領幼兒進行較深入性的實驗，其深層探索、思考與討論的活動則較少見到。這或許是大多數幼教老師在科學領域的概念、活動上，因擔心自己的科學知識不足，無法隨時提供幼兒正確的知識。因此「教什麼」、「如何教」成為幼教老師在進行幼兒科學教學時感到困難之處。

幸曼玲（1999）指出，造成這種現象的主要原因包括幼兒教師的科學知識不足，以及幼兒比較不易瞭解抽象的科學概念。國內幼稚園自然科學之實際教學情形，大都仍是由教師先進行知識的教導，幼兒再依照教師的指示去操作，教師仍偏重「科學知識」的教導，以知識內容的灌輸為主（高敬文、黃美瑛、陳靜媛、羅素貞，1989）。

科學教育對於幼兒、幼兒之研究，自一九六〇年代以來，受到 Popper、

Kuhn、Lakatos、Laudon 等人哲學觀點與 Piaget、Gagné、Ausubel 認知心理學的影響，發展出許多方法探究幼兒科學概念的學習（李賢哲、張蘭友，2001）。不論採用的研究方法為何，眾多的研究皆顯示，概念的學習是個「改變」的歷程，即幼兒自發概念不斷改變，逐漸由科學概念所取代。然而幼兒自發概念的改變並不容易，必須有適切的教學協助幼兒習得科學概念。而建構主義則融合這數十多年來的哲學與心理學論點，成為現今對於幼兒科學概念學習研究之主體。建構主義取向的科學學習可以看作是一個概念持續「改變」的歷程，這種改變可以意味著取代、補充或修正現存的知識 （張世忠，1997）。

在幼兒階段，孩子就如同土壤中的種子，等待適當的陽光、空氣、水、養分等以逐漸生長、苗壯，這樣的特質使得幼兒科學與其他階段的科學教育有兩點要特別注意的差異（倪用直，2002）。

第一點是啟蒙性：幼兒身體各器官還不夠成熟、認知能力較素樸，多依靠具體思維，因此不可能像其他階段的孩子可以直接學習艱深抽象的科學知識，所以幼兒科學教育是一種科學啟蒙教育，內容要淺顯易懂，以幼兒的生活和周圍環境為出發點，教學重點應在於啟迪幼兒對科學的好奇心、求知欲和興趣，並啟發幼兒創造力，思維能力以及相關的基本科學技能，為未來科學教育奠定良好基礎。

第二點是綜合性和趣味性：幼兒教育和國小、國中不同，幼兒教育中的科學教育是不分科的，課程內容中包含了生物、天文、地理、物理等是綜合的基礎性教育，因此也更加富有趣味性。此外，幼兒科學教育必須兼顧科學教育的各面向，違反科學本質的教育不但培養不出科學的思維和方法，反而可能會扼殺幼兒對科學的興趣以及曲解科學精神。同時幼兒科學教育不應以知識內容為主，而是著重於培養學習的動力與基礎，作為爾後正式學習的基礎與準備，所以教導幼兒自然科學時，必須著重掌握建構主義取向的教學精神——就是如何學習，而不是僅著重於結果。

然而，建構主義是一種知識論，並未直接告訴老師要怎樣進行教學，因此要應用到教學上則需做轉化的程序。賴羿蓉、陳振明（2007）比較了傳統教學與建構主義取向教學的差異。在傳統取向的教學中，其內容較依賴教科書，教學方法偏向靜態的講述方法，教學評量多為靜態的標準化測驗，教學目標著重

於學科專業知識的傳遞，強調幼兒能在有限的時間內，獲得最多的學科內容知識。在傳統取向的教學中，教師往往是威權的領導者，管理著幼兒的學習成果，而幼兒則是屬於被動的學習者，在教師的規範下被動式地吸收與學習。

因此賴羿蓉、陳振明（2007）根基於建構主義取向提出教學原則建議：在幼兒科學教學中，教師應建置多元且適性的學習環境，刺激幼兒科學探索的動機，並運用多元的教學方法，引導幼兒主動探索或操作，透過各種評量方式，真實地瞭解幼兒的學習成長情形，以作為規劃下一階段科學課程的參考依據，讓幼兒的學習能在教師的引導下，逐漸建立或累積各種科學經驗，以作為未來科學學習的基礎。進行幼兒科學教學時，若老師採用傳統取向的教學設計，則即使是依據教學目標設計、編製了豐富的教材、運用多元的評量方式，然而因為教學過度以教師為中心，幼兒缺少主動探索與思考的機會，則教學效果仍會大打折扣，甚至會使幼兒對科學學習產生恐懼感或排斥感，更遑論建立幼兒之學習自信與學習興趣了。

第二節 建構主義在幼兒科學教育中的實踐

建構主義取向的教學觀不同於傳統以「教師的教學行為」為中心的「傳輸式」教學觀，建構主義取向的教學觀是以「學習者的學習活動」為中心，師生角色與任務發生了根本的改變與轉移，學生成為知識與意義的詮釋者、創造者、發明者以及問題的探究者，教師則是問題和情境的設計者、討論溝通的引導者和協調者，以及知識建構的促進者。基於哲學知識論的立場和學習觀點的不同，建構式教學理念迥異於傳統教學的理念，因此如何安排合宜的教學情境和教室文化以引導幼兒進行科學學習，乃是科學方案教學成功的要素。

壹、愛彌兒幼兒園科學課程的分析

關於科學教學，教師應注意哪些要素與彼此之間的關係呢？Novak（1998）提出學習者、教學者、學科內容／知識、社會環境、評量等教學五要素，這些要素沒有一項能獨立於其他項目來考量，因此這些變項彼此間的關係與互動都需同時整體考慮。此外，「教學」的目的在於促進學生「學習」，「學習」是

學生「自我」的事，別人無法替代，因此建構主義取向教學的學習者之學習活動應符合詹志禹（2002）分析各學派的建構主義觀點歸納後所提出的「主動」、「適應」、「發展」三原則，主動原則彰顯了「知識並非由認知主體被動地接受而來，而是由認知主體主動建造而成」（Von Glasersfeld, 1989）之要義，但若只強調「主動原則」，雖跳脫傳統知識論中的「接受觀」，卻會陷入理性主義的泥沼，因此輔以「適應原則」：「認知的功能是適應性的，是用來組織經驗世界，不是用來發現本體性的真實。」（Von Glasersfeld, 1989），使建構論在先天與後天之間取得平衡。而知識的成長是透過同化、調適及反思性抽取等歷程逐漸發展而成，後續知識必須基於先備知識且受限於先備知識，此「發展原則」說明知識成長與重建的歷程，傳神地呈現出建構論對於知識成長的動態性。此三原則必須同時並存，才能精準呈現出建構論的精神。

在台中愛彌兒幼兒園的課程中，尊重與啟發幼兒的學習本能是其特色，視孩子為主動建構知識者，以孩子的興趣與發展為課程主軸，在方案中讓具有不同能力的孩子都能自由地探索、發現、解決問題以及表達自我，幼兒的學習不是教出來的，而是幼兒與環境互動中主動建構出來的。為了分析此具有特色的園所課程，筆者融合 Novak（1998）所提出的教學五要素與詹志禹（2002）所歸納出建構主義三原則，以：(1)方案內容的增生；(2)幼兒既有經驗與能力之分析和潛力發展區之評估；(3)學習情境的營造；(4)認知鷹架的提供；(5)與教學結合的評量等五個向度，來作為賞析愛彌兒幼兒園的科學課程之架構（圖 8-1），嘗試建立理論與實務的對話，來觀看建構主義取向的教學觀是如何在真實的課程中實踐。

一、方案內容的增生

幼兒科學課程可以預設目標，但目標是有彈性的，以適應孩子的能力、興趣及需求。目標的思考方向除了由師生、同儕互動而來外，家庭互動也是一個重要的管道。目標的彈性不代表不需要計畫，老師仍需要為教材、空間、情境、學習狀況等做準備而有所計畫，這些元素將會在課程進行中複雜且交錯地運作。正因為真實的教學情境是如此複雜，如目標不具彈性，則孩子的潛能可能會被阻礙，因此老師可加入孩子參與討論方案的內容，考慮幼兒可能的想法、假設與選擇。

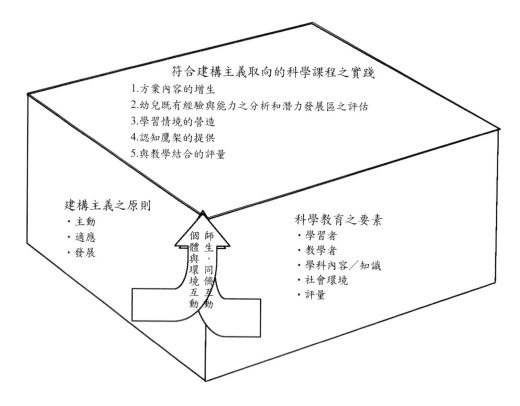

符合建構主義取向的科學課程之實踐
1.方案內容的增生
2.幼兒既有經驗與能力之分析和潛力發展區之評估
3.學習情境的營造
4.認知鷹架的提供
5.與教學結合的評量

建構主義之原則
・主動
・適應
・發展

個體與環境互動　師生、同儕互動

科學教育之要素
・學習者
・教學者
・學科內容／知識
・社會環境
・評量

圖 8-1　本文賞析愛彌兒幼兒園科學課程之架構

　　建構主義取向的幼兒科學教育的目的，不在教導幼兒特定的知識，而是在提供幼兒建構和應用知識的機會。因此，遷移性較高的概念與技能，推論、問題解決、後設認知等高層次能力才是學習的重點。

　　在「果醬餅乾」、「好吃的太陽餅」、「聲音的世界」、「讓樺斑蝶回家」四個課程中，方案課程的內容都不是一開始就固定的，而是順著孩子的發展不斷增生的結果。在建構主義取向的教學中，教與學不會是直線式地去達成預擬的目標，而是在一個豐富多元、富多層次意義的情境中，自由創造，產生各式各樣的學習結果。因此，不要讓具體固定的行為目標侷限孩子的建構，教師應隨時隨著孩子對知識的建構狀況，營造合宜的教與學之「情境」。

　　我們來看「讓樺斑蝶回家」，此課程是起源於為克服一般成人叮嚀的話語及對毛毛蟲有毒、危險的刻板印象。大人們常擔心孩子被毛毛蟲傷害，忘了引導孩子們欣賞生命的奧秘及自然的美妙。這個課程倘若在一般制式化的教學活動中可能是看看蝴蝶標本、欣賞影片、到蝴蝶園參觀等等，不會是這樣的風

貌。但老師巧妙、適時地掌握天時、地利、人和。三月時，孩子們在植樹節種的馬利筋，經過春雨的滋潤、夏日的照護，慢慢地成長；八月，孩子在戶外活動時，發現一棵棵馬利筋植栽上，悄悄地出現色彩艷麗的毛毛蟲，老師們敏銳地觀察吸引孩子們的事物，營造一個可進行的課程。試想，哪有一個課程會事先為了讓蝴蝶來產卵而在幾個月前種了蜜源植物，而且還保證蝴蝶一定來？

待確認這個明確且能預知其變化的主題後，老師掌握課程目標，在課程進行的歷程中，與孩子們一同認識蝴蝶生態變化的科學知識，培養尊重、愛護生命的科學態度。這樣豐富多元、具多層次意義的情境，是順其自然，並善加規劃的。而孩子在此課程中也運用了觀察、比較、分類、記錄、溝通、預測、實驗、資料蒐集等科學程序能力；培養了懷疑、好奇、求證、堅持、耐心、勇於嘗試等科學態度。此外，也營造了一課真實的生命教育，連結其與幼兒學習的關係。

在「聲音的世界」課程中，此主題的發展，由積木區發展而來的，孩子搭建「鼓」，並對「鼓」逐漸浮現出興趣，於是老師在裝扮區中加入許多不同類型的鼓讓孩子探索，進而參觀鼓坊，擴充主題為「聲音」，樂器也由鼓類，再加入其他敲擊樂器，如手搖鈴、高低木魚等樂器。隨著課程的進行，老師觀察幼兒的興趣、評估教學資源取得的難易度，並考量主題延伸的範圍，適時地調整主題，讓孩子不脫離原先對鼓的探索，豐富對聲音探索的廣度。

「好吃的太陽餅」、「果醬餅乾」這兩個課程的源起有點相似，一個是希望讓孩子探索自己的鄉土文化，認識「台中名產」；另一個是源起孩子常在角落時間進行烘烤餅乾的扮演遊戲。基於孩子既有烹飪的經驗與園所設備，透過實作，不斷地解決問題，培養孩子科學知識、過程技能與科學態度。

透過上述的分析，不論是任何主題，我們都可以發現，這些課程都不是一開始老師就把內容規劃好，而是沿著孩子的興趣、能力逐步發展而來的，沒有單向純粹式的知識灌輸，有的是在老師專業的帶領下，真實地提供幼兒建構、應用科學知識的機會，讓孩子徜徉在學習的樂園中。

二、幼兒既有經驗與能力之分析和潛力發展區之評估

知識成長不僅是「量」的增長，亦是「質」的改變，個體所建構的新知識

已和原來不一樣。每次的建構歷程都是一次知識的創造或發明，而被認為有用的知識乃是有助於解決所面臨的問題。因此，教學的目標在於協助學習者參與知識的創造與發明，以及解決問題能力的培養，而不單是知識的複製與記憶而已，若要確保上述的機制能成功，分析和掌握幼兒對所要學習事物的前置概念是基礎工作。

在瞭解孩子所處的每一階段的經驗與能力後，如何協助孩子進階到下個階段，Vygotsky 的「可能發展區」（潛在發展區）是實務工作者需重視的概念，此理念在教學實務上的實踐就是：提供什麼樣的挑戰和刺激，可以使幼兒在成人或同儕的協助下發揮潛力，建構自主的學習？幼兒的學習特質與成人不同，要幫助幼兒，則需要瞭解其發展現況及運思方式。

在可能發展區的評估分析方面，筆者完成了幼兒在此四個課程的經驗與能力序階圖（圖 8-2～8-5）。在這些的經驗與能力序階圖中，可以看到孩子在不同時間點的經驗與能力，隨著每一活動的進展，孩子能力的增長都以既有的能力為基礎，每一階段的成長都是循序而進，不是跳躍式。因此，老師要能評估幼兒的可能發展區範圍，並且依幼兒能力區分出數個可能的階層，依序拾級而上，而非一蹴可幾。

要能完成上述的歷程，吳璧純（2002）建議教師，必須是懂得知識分層拿捏的專業者：知識的發展是漸進的歷程，老師要能對自己所教的知識，進行知識結構的分層分析，逐漸引導幼兒由易到難，而愛彌兒的課程透過序階圖的分析，讓讀者清晰地看到經驗的累積與能力的增長。

三、學習情境的營造

科學是幼兒日常生活經驗的一部分，所以無所不在。孩子天生好奇，喜歡運用各項感官探索周遭環境，所以提供大量直接的經驗，順其好奇心，讓孩子親身去體驗解答，這才是最佳的情境。

建構主義的教學觀認為知識是教師、幼兒和脈絡環境之間的互動關係，而唯有在幼兒主動參與足夠豐富的、複雜的和真實的教學活動中，學習才會發生。那麼要達成上述的狀態，建構主義取向的教學情境該如何營造呢？建構主義教學理念強調「情境學習」（Brown, Collins, & Duguid, 1989），「自由的」、

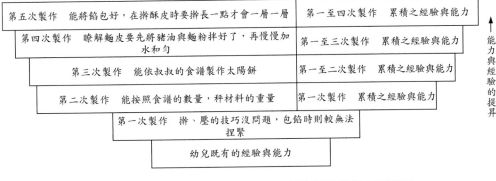

圖 8-2　幼兒在「好吃的太陽餅」課程的經驗與能力序階圖

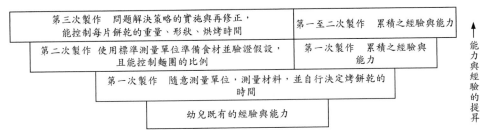

圖 8-3　幼兒在「果醬餅乾」課程的經驗與能力序階圖

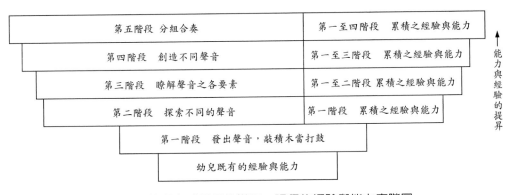

圖 8-4　幼兒在「聲音的世界」課程的經驗與能力序階圖

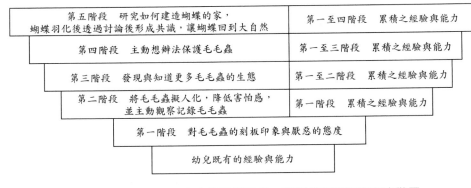

圖 8-5　幼兒在「讓樺斑蝶回家」課程的經驗與能力序階圖

「開放的」、「合作的」，充滿刺激與挑戰、質疑與辯證的學習情境是其特色，也是師生共同建構和維持的。因此多元的、非正式的教學，幼兒的學習空間、地點及學習方式則可以視實際需要，或配合教學資源的取得而靈活調整，以下有數點原則可供參考（陳麗華、林陳涌，2002）。

（一）可促進概念與技能的運用

學習情境的安排要能引導幼兒注意到學科的核心概念或過程技能，並能提供幼兒實際探究、操作和運用這些概念和技能的機會。

在「果醬餅乾」與「好吃的太陽餅」課程中，小朋友已有製作糕餅、點心的經驗，所以在課程初始，老師沒有介入，讓孩子在連串烘烤餅乾的過程中發現問題，透過討論提出解決問題的策略，其中包括餅乾的大小、形狀、顏色、口感、一步一步修改原始餅乾食譜的內容，從隨意測量單位到標準測量單位的探究與運用，從一杯至孩子容易觀察的 200cc，1/2 杯到 100cc，孩子以自己看得懂的方式，重新設計了一份屬於香蕉班餅乾的食譜，只為了要做出更理想的餅乾，亦同時達成科學過程技能的學習與應用。

（二）富含學習資源

安排豐富學習資源和學習工具的情境，讓幼兒在其中自由運用器材或者靈活運用學習資源，以建構學習。這些學習資源包括各種形式的軟體，如社區資源人物、故事繪本、工具書、多媒體、網際網路等。學習的空間也不必侷限於教室，凡可以取得學習資源的校內外機構，如圖書館、實驗室、動物園、文化中心、社區公園、市場、廟宇、教堂等都可以列入，以便結合社會資源，讓幼兒在真實的情境中進行有意義的學習。在愛彌兒的課程中我們可以看到，孩子活動場地遍及「麥當勞」、「太陽堂太陽餅店」、鼓店、火車站等，都是他們生活環境中的事物，生動而豐富且有趣。

（三）多層次多角度的經驗

教學不是表面、直接的教導，而是讓幼兒在情境中建構，因此學習情境除了要足夠豐富複雜外，尚需提供多角度和多層次的經驗，以刺激幼兒不同且多樣的體會，也就是讓不同的幼兒有機會產生多樣化的建構，同一幼兒在不同的

時候也有不同層次的建構。

在科學過程技能部分,「果醬餅乾」與「好吃的太陽餅」課程富含機會讓孩子運用科學過程技能的機會。透過孩子的觀察,從烘烤時間的一樣、但顏色卻不同中,孩子注意到送餅乾烘烤前烤箱溫度的差異,獲得預熱的概念。透過味覺品嚐,發現自製的太陽餅與市售的太陽餅材料與做法都有落差,然後逐次改良後趨於一致。孩子想帶餅乾回家與家人分享,要評估,帶入了數數、計數、倍數、統計及數的運算(加法、乘法及除法)等數概念的理解及算數技能的運用。

在情意部分,愛彌兒課程中富含豐富的人文關懷,在「聲音的世界」課程中,孩子學到同理心、協調溝通與尊重他人。孩子初取得樂器時的第一個表現,即是隨意地敲打,並未考量到教室內他人的感受,但在其他孩子的抗議後,老師與孩子共同約定了解決的辦法:孩子決定要到教室外面練習,在練習的歷程中,孩子學到同理教室內他人對音量大小的感受,並透過團體的激盪、協調,想出如何在不影響他人的狀態下,仍能進行演奏練習。

在「果醬餅乾」、「讓樺斑蝶回家」課程中,延伸出對生命的關懷。孩子想為毛毛蟲蓋一個家的問題,及師生每日為了讓毛毛蟲的食物不虞匱乏,不論從菜圃裡取得新鮮葉子,或是將教室內的馬利筋植栽移至陽台晒太陽等動作,在在都是從生活中的言行,表現出愛護、關照的態度。孩子們就是在這樣的情境下,內化了對生命的關懷與尊重。在全班汲汲於為羽化的樺斑蝶創造一個安全的家時,孩子們能主動提出讓牠回到菜圃的建議,是老師們始料未及的,孩子們在短短的兩、三個月內,由欺負、玩弄毛毛蟲至關心,態度的轉變比任何形式化的說教都有效。而透過果醬餅乾的製作歷程,課程延伸至介紹非洲孩子的生活,再提供孩子親身體驗物資不足的感覺,以引導生活在物資富裕、無憂慮環境中的香蕉班孩子,去發現與同理在世界上某些角落,有許多跟他們一樣年紀的孩子,處在物質匱乏的環境中,每天都在與生命賽跑。進而導引孩子自發地展開義賣餅乾的活動並將所得捐給世界展望會,以協助非洲飢困的孩子們。老師期待藉由後續課程之發展,讓孩子愛物惜物的同時也能萌發滋長其善心善念,用更多的愛與關懷來對待身旁的人事物,甚至延伸善、愛與關懷至整個社會以及全世界。

（四）變通的機制

學習活動的設計，需盡可能考慮到變通的設計，讓教師隨著幼兒學習的進展，方便且快速地調整學習的焦點，例如：教學活動設計除了設計主要教學活動外，尚需考慮幼兒特質、社區特性、學校資源等外在條件，設計各種變通活動，方便教師因應和選擇。此外，加深加廣的活動，也應盡可能考慮周詳，以因應不同幼兒學習進展之需要。

變通的範例在課程中無所不在，在「聲音的世界」課程中，老師怕孩子認為聲音的來源單一化，在娃娃家內加入不同種類的鼓，如手鼓、曼波鼓、鈴鼓等，孩子試著拍鼓，並且隨意敲打出聲音，此外藉由不同的感官經驗，體驗樂器帶來的視、聽、觸覺的感受，因此，教室內也加入了記錄樂器的語文經驗，例如：樂器看起來、摸起來、聽起來的感覺為何？孩子分享了許許多多的感官經驗，並在老師的協助下，將其記錄下來。此外，孩子也發現到物品的拿取方式不同，也會產生不同的聲音，進而分辨出同一物品能表演出多種的打擊方法。「讓樺斑蝶回家」課程中，老師為了方便孩子就近觀察，將馬利筋移植進教室，並且每日將它移至陽台日照。孩子為了建造蝴蝶的家，師生一起到教具室尋找鳥籠、筷子筒、兩個盤子等，嘗試幫蝴蝶準備一個較舒適寬敞的家。「好吃的太陽餅」課程中，為了裝太陽餅，在藝術創作區提供大大小小的盒子，也在益智區放入百力智慧片讓孩子去拼組。經過一段時間，孩子分享可以用百力智慧片的方法做盒子，這次孩子用了六片正方形組成比原來盒子小的正立方體。之後，有孩子將拼好的百力智慧片盒子打開後，一片片描繪在紙上，再剪下來用膠帶黏接成正方形的紙盒子，這些都是教師依課程進行實際的需要而做的調整。

四、認知鷹架的提供

幼兒在生活中所建構的科學知識常不同於正式的科學知識，因此瞭解幼兒的「另有架構」（alternative framework）、「素樸理論」（naive theory）是老師應有的專業能力與必做的任務。Vygotsky（1986）指出，孩子從日常生活經驗與觀察中發展而來的自發性概念，其情境性、實徵性與實用性，代表幼兒現階

段的發展層次，而學校正式科學概念則為未來發展層次，兩者間的差距即所謂「可能發展區」。自發性概念發展至某種程度後，孩子必須把它融入正式科學概念體系中，以自身的經驗來思考科學概念，並且在具體（自發性概念）與抽象（正式科學概念）間來回思索，兩者乃相互影響、緊密交織成長，最後才凝聚發展成一個穩固的概念系統。換言之，幼兒是以生活中的自發性概念為仲介，促其科學概念逐漸邁向成熟與有系統之路發展，教師則必須瞭解幼兒的自發性概念與可能發展區，為其搭構學習的鷹架，以提昇其認知發展層次（周淑惠主編，2002）。Fleer（1993）指出，幼兒的自發概念是教師為幼兒搭建學習鷹架時，所必須考量的重要切入點。由此可知，瞭解幼兒每日生活中的自發性概念，或稱另類思考，對教師的教學及幼兒的學習極為重要。

建構主義取向的教學觀強調以幼兒為本位，尊重幼兒原始自然的想法，鼓勵由幼兒主動地建構知識、創造知識，雖然主張學習者是問題和解決方法的主動者，但這並不表示讓生手絕對自由和漫無目的的探索。建構主義取向的教學會透過教師、同儕或教材中的線索等，提供必要的認知鷹架，協助生手學習建構知識，因此教師的角色由傳統的傳授者、灌輸者轉為問題情境的設計者、在幼兒互動協商過程中的居間協調者，以及協助幼兒知識建構的促進者。

社會建構取向的教育方法的特色之一即是促進每個孩子和其他人的互動關係，包括與其他孩子、老師、家長、幼兒自己的經驗以及社會文化環境等的互動。建構是在社會互動之中逐漸成形的，但在建構的歷程必然會面臨「認知衝突」。在課程中，老師故意製造矛盾與衝突來擴大面對更深入廣泛的問題，對立、協商、認同別人觀點、重新組合新前提，這是在團體中運用了同化及調適的認知過程。

但在孩子的建構學習歷程中不是產生矛盾與衝突就可以了，後續的動作是老師必須對孩子的認知及社會互動過程提供不中斷的最佳支持，但這常面臨兩難的選擇，有時，老師必須協助製造衝突來挑起一位或多位孩子的反應，有時，老師又要幫助喪失興趣的孩子，喚醒其喪失的興趣，因此老師不但是一位敏銳的觀察者，更是一位研究者。在幼兒的建構過程中，老師如能提供鷹架般的以已有的科學知識或方法支持、引導孩子的探究，讓科學知識、符號變成實用的知識，而不再是空洞的符號、名詞、原理原則。

在掌握認知鷹架提供的重要性與準則後，我們可看見在「好吃的太陽餅」課程中，邀請會做麵包的叔叔進班，做技術指導教孩子製作太陽餅，因為製作太陽餅的專業知能老師也不太懂，太陽餅叔叔在知識與製作技巧方面扮演關鍵的角色，材料要用奶油、小麥芽，太陽餅皮的層次感是來自酥皮擀長再多次摺回來而產生，餡包好要轉一下再倒著放麥芽糖才不會跑出來；餅皮不能將水與麵粉、豬油一起加，而是要先將豬油與麵粉拌好了，再慢慢加水和勻，這些知識與技巧，都是藉由麵包叔叔這個角色來鷹架孩子的能力。

　　「讓樺斑蝶回家」課程中，老師為了讓孩子主動多瞭解毛毛蟲與蝴蝶的生態，在語文區中擺進許多昆蟲類相關讀本，老師透過圖畫書為孩子們介紹毛毛蟲及常見昆蟲。在團體討論中，因為有了許多的為什麼，也激起孩子們觀察毛毛蟲生態，尋求答案的動機，師生一同動動腦，由書本、家長、孩子經驗中繼續尋找答案。第一次看到蛹時，老師並沒直接告訴孩子答案，老師鼓勵孩子預測可能的結果，再讓孩子透過每天的觀察或查閱書籍，來證實掛在牆上的蛹是誰的家，讓孩子透過觀察、假設、蒐集資料、驗證等過程，培養科學程序能力、科學態度及科學知識。

　　「聲音的世界」中，老師帶孩子參觀鼓坊，以豐富孩子對樂器的瞭解與經驗，在語文遊戲時，適時讓孩子回憶不同的聲音，又到火車站，去錄各種聲音回來分享，音樂老師提供的 STOMP（破銅爛鐵打擊樂團）的影片，提供孩子模仿拿起生活中的各種物品，盡情盡性地敲擊不同聲音的靈感。

　　「果醬餅乾」中，老師為了使孩子在試驗過程中能夠聚焦於問題解決方法上，於是介入烹飪用標準測量工具——量杯及量匙，在烘烤餅乾的過程中，安全觀念的建立更是需要老師的介入，孩子們知道必須使用隔熱手套才能將烤箱打開，也因為有孩子發生不小心的「小」燙傷，讓孩子們更注意到自己的安全，及學習燒燙傷的處理步驟——沖、脫、泡、蓋、送，有了這些安全概念，才能繼續安心、安全地在裝扮區烤餅乾。

　　透過老師的設計，教師群、外來專業人士、家長、教具、書籍、同儕等在不同的時間適時扮演了鷹架的角色，發揮提昇孩子知識與能力的功能。

五、與教學結合的評量

　　教學評量的意義指的是教師對幼兒學習活動進行價值判斷，意即「測定教育目標在課程與教學方案中究竟被實現多少」（黃炳煌，1984），在課程計畫（教學設計）的活動選擇及組織時，已經根據各原則檢核了學習經驗，但教師還必須針對實際的教學進行來檢核幼兒的學習效果，這必須由評估幼兒在學習活動中的行為表現而得知。一般幼教教師都使用非標準化的評量方法，但每位教師在計畫中所含有之期望卻常由非正式的觀察而進行評估，這些評估幫助教師瞭解活動是否成功以及它應延續多久（Ou, 1988）。

　　評量其目的是為了確認教學的效果，教師必須在幼兒學習過程中不斷地評估幼兒的發展情形，以作為調整教學方向或方式的依據。建構主義取向的教學觀主張知識是創造出來的，因此評量的重點在於知識概念的轉變與心理能力的提昇，因此教學評量的重點在於評估幼兒透過對問題情境的思考、資料蒐集、分析、設計解決方案、討論分享等活動，主動參與學習等創造知識之歷程。因此，建構主義取向的教學評量方式不會類似傳統那種與情境無關的認知測驗，而是需要採更多元化的評量方式才能瞭解幼兒知識的成長，常見的方式是以真實性活動進行，例如：觀察幼兒實作表現、展示成果、問題解決、蒐集和報告、檔案評量等真實性評量方式，透過師生、同儕間對問題討論、溝通等社會協調過程，達到意義分享，建立較客觀的學習成果。此外，建構主義尊重學習者在學習成果上的個別差異，學習的過程重於結果，因此評量的重點由成果導向轉為過程導向。

　　例如：在「好吃的太陽餅」課程中，五次製作太陽餅的過程，針對每次的缺失，透過孩子的口語分享、實際製作，進行分析、討論，都是評量孩子學習的機會，一開始孩子做的太陽餅吃起來有點鹹鹹的，邀請麵包叔叔進班，孩子才知道材料要用奶油、小麥芽而非乳瑪琳、麥芽糖；安排孩子參觀過太陽堂老店，才知要讓太陽餅一層一層的，就要將酥皮擀長一點，再摺回來才會有層次，餡包好要轉一下再倒著放，麥芽糖才不會跑出來，從孩子們的真實表現，一步步引導孩子的學習。

　　在「果醬餅乾」中，孩子經歷了一連串烘烤餅乾的實作過程，記錄老師們

試吃的建議，孩子們從中發現問題，透過觀察、討論提出解決問題的策略，其中包括餅乾的大小、形狀、顏色、口感、一步一步修改原始餅乾食譜的內容，從隨意測量單位到標準測量單位的探究與運用，從一杯至孩子容易觀察的200cc、1/2 杯到 100cc，孩子以自己看得懂的方式，重新設計了一份屬於班上的餅乾食譜，從孩子統整製作餅乾的三次歷程，可看見孩子對麵粉的比例、麵糰的大小與厚度、預熱的影響、加熱的時間，愈來愈清晰。

在「聲音的世界」課程中，孩子的即興創作讓他們發現到物品的拿取方式不同，也會產生不同的聲音，進而分辨出同一物品能表演出多種的打擊方法。到後期孩子想要分組合奏，每一組找自己喜愛的東西來產生聲音，但要一起表演，好像又配合不起來，在多次的討論後，發覺音樂課老師利用樂器或拍手配合兒歌進行合奏的方式給他們很好的參考，因此挑選多首兒歌，進行敲打合奏，發現「小樂隊」的音樂節拍最能和他們的敲擊配合。此課程，則以歷程中孩子敲擊發出的聲音，作為形成性評量的真實材料。

上述孩子所習得的知能，都是孩子透過多元表徵（或口語，或繪畫，或塗寫，或仿寫，或聲音，或肢體，或積木，或多元媒材，或作品等）一步一步解決問題後建構出來的，無法用傳統考試測得。此外，我們也注意到，課程中老師採取多傾聽少說話，能接納孩子科學探究時的懷疑與疑惑，老師知道如何放慢時間，如何給孩子回饋，老師鼓勵孩子主動，提供孩子在小組中遭遇特殊情境的機會，大人（老師或家長）要視自己為孩子的學習資源，並不是提供答案的人，而是幫助孩子發現答案的人。

貳、愛彌兒幼兒園課程之幼兒科學學習機制

透過前述的分析與討論，筆者引用張斯寧、杜凌慧與余素華（2006）所歸納出愛彌兒幼兒園課程中，幼兒科學學習的機制（圖 8-6），在此機制中，幼兒是意義的塑造者而非接受者，教育的目標是分享意義的建構，而分享意義可以由優秀的老師主動介入加以協調。在此機制中包含了幼兒、物理環境與社會環境三個要素，與彼此間的關係。

知識是永遠教不完的，教什麼以及如何教才是核心問題。科學方案課程被視為是一種探究或研究，可以是孩子或成人發起（如「好吃的太陽餅」、「聲

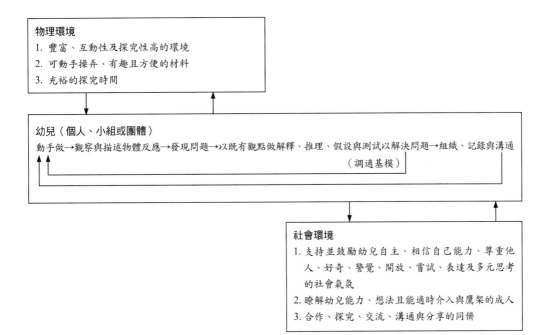

物理環境
1. 豐富、互動性及探究性高的環境
2. 可動手操弄、有趣且方便的材料
3. 充裕的探究時間

幼兒（個人、小組或團體）
動手做→觀察與描述物體反應→發現問題→以既有觀點做解釋、推理、假設與測試以解決問題→組織、記錄與溝通
（調適基模）

社會環境
1. 支持並鼓勵幼兒自主、相信自己能力、尊重他人、好奇、警覺、開放、嘗試、表達及多元思考的社會氣氛
2. 瞭解幼兒能力、想法且能適時介入與鷹架的成人
3. 合作、探究、交流、溝通與分享的同儕

圖 8-6　愛彌兒幼兒園課程之幼兒科學學習機制
資料來源：引自張斯寧等人（2006）

音的世界」），或是由偶發事件或未預料到的事物來引發（如「讓樺斑蝶回家」），因此讓幼兒動手做是探究的起點，實際動手，觀察與描述物體反應，發現某些問題（相對於幼兒自身），孩子以既有觀點做解釋、推理、假設與測試以解決問題，最後組織、記錄與溝通，完成階段性的循環。

在社會環境部分，老師必須忍受某些渾沌不明的狀態，老師需對孩子說了什麼、做了什麼以及還沒說、沒做的有所知覺與掌握，因此一位瞭解幼兒能力、想法且能適時介入與鷹架的老師，他會營造支持並鼓勵幼兒自主、相信自己能力、尊重他人、好奇、警覺、開放、嘗試、表達及多元思考的氛圍，在這樣的氛圍下，合作、探究、交流、溝通與分享的同儕學習才會出現。

在物理環境部分，提供豐富、互動性及探究性高的環境以及可動手操弄、有趣且方便的材料是必要條件；在時間部分，學習是一個發展與累積的歷程，預期有「立竿見影」的成效是不可能的，老師必須讓孩子有足夠時間來思考與行動，讓幼兒在行為習慣與態度理念上都能有一致的表現，這樣教學才算是有效。所以採取建構主義取向教學的老師，應該持有發展的觀點，掌握自己的目

標，時時修改自己的技巧，敏銳地察覺幼兒的反應。唯有上述三個要素能充分配合運作，方能達成幼兒科學的目標。

參、結語：期待看見更多符合建構主義取向的幼兒科學課程與教學

「建構主義取向的教學」是當今的熱門議題，事實上，在「建構主義」這個名詞還沒出現時，許多教師在進行有效教學時，都已經符合建構主義取向之精神。在面對知識的認識論典範的轉移之際，傳統以目標模式為導向的教學，已無法滿足我們對於「人如何認知和學習」的看法，但建構主義是一種教學觀、學習觀，不是一種課程觀，因為知識建構與教學情境息息相關，而情境是無法事先完全掌握規劃的，因此教師需要理解建構主義的精神，才有機會能設計與實踐符合建構主義取向的課程與教學。

建構主義並未直接、明確告訴人們該如何運用這些主張進行教學，因此在建構主義的思潮中，每個學校所「建構」出來的課程也有所不同，各級學校的課程發展呈現多樣的風貌。在這些學校當中，愛彌兒幼兒園的方案課程早就有其自我一貫風格與特色，享譽於華文幼教世界，從《甘蔗有多高？》（林意紅，2001）、《鴿子》（林意紅，2002）、《學校附近的地圖》（高琇嬅主編，2003），以及每年兩期的《探索》期刊，透過這些書籍、期刊中的文本，我們得以一窺符合建構主義取向的精彩課程內容。在學前幼教的現場有關科學的課程不多，能符合建構主義的精神更少，而本文即是透過理論進行系統化的分析，引領讀者欣賞符合建構主義取向的幼兒園科學方案課程。

參考文獻

吳璧純（2002）。建構主義取向的教學：師生交互猜測、互相成長的活動。載於詹志禹（主編），**建構論**（頁 161-167）。台北：正中。

李賢哲、張蘭友（2001）。國小學童「電池」概念之探究：理論與實證。**科學教育學刊，9**（3），253-280。

周淑惠（1997）。**幼兒自然科學經驗：教材教法**。台北：心理。

周淑惠（主編）（2002）。**幼稚園幼兒科學課程資源手冊**。台北：教育部。

幸曼玲（1999）。推薦序：科學教育的迷失。載於陳燕珍（譯），**幼兒物理知識活動**（頁 9-13）。台北：光佑。

林意紅（2001）。**甘蔗有多高？**台北：信誼。

林意紅（2002）。**鴿子**。台北：信誼。

林曉雯（1994）。科學教育學科性的再省思。**科學教育月刊，175**，2-7。

邱志鵬（主編）（2001）。**台灣幼兒教育百科辭典**。台北：五南。

倪用直（2002）。**建立幼兒基本科學能力指標之初探**。朝陽科技大學委託研究計畫（編號：CYUT91-P-006）。（未出版）

高琇嬅（主編）（2003）。**學校附近的地圖**。台北：光佑。

高敬文、黃美瑛、陳靜媛、羅素貞（1989）。**幼兒科學教具與玩具之評估：以認知概念為基礎的模式**。行政院國家科學委員會專題研究報告（編號：NSC-78-0111-S153-02）。（未出版）

張世忠（1997）。建構主義與科學教學。**科學教育月刊，202**，16-23。

張斯寧、杜凌慧、余素華（2006）。幼兒的科學探究：以愛彌兒幼兒園餅乾烘焙課程為例。載於弘光科技大學幼兒保育系所舉辦之「**提昇教師實務能力與有效教學專題研討會（一）**」論文集（頁 1-14），台中。

教育部（2003）。**科學教育白皮書**。台北：作者。

教育部（2017）。**幼兒園教保活動課程大綱**。台北：作者。

陳淑敏（2001）。**幼稚園建構教學：理論與實務**。台北：心理。

陳麗華、林陳涌（2002）。情境模式的教學設計。載於詹志禹（主編），**建構論**

（頁 147-160）。台北：正中。

黃炳煌（1984）。**課程與教學的基本原理**。台北：文景。

黃意舒（2007）。**幼兒自然科學**。台北：華騰。

詹志禹（2002）。認識與知識：建構論 V.S. 接受觀。載於詹志禹（主編），**建構論**（頁 12-27）。台北：正中。

甄曉蘭、曾志華（2002）。建構教學理念的興起與應用。載於詹志禹（主編），**建構論**（頁 116-146）。台北：正中。

臺灣 PISA 國家研究中心（2011）。**臺灣 PISA 2009 結果報告**。台北：心理。

盧美貴（2003）。**我國五歲幼兒發展與基本能力指標建構之研究**。台北：教育部。

賴羿蓉、王為國（主編）（2005）。**幼兒科學課程設計：多元智能與學習環境取向**。台北：高等教育。

賴羿蓉、陳振明（主編）（2007）。**科學百寶袋：一本專為幼兒設計的科學工具書**。台北：群英。

簡淑真、陳淑芳、李田英（2002）。**建構幼兒科學教學模式之建立與驗證研究（2/2）**（更名為建構取向幼兒科學教學之實施研究）。行政院國家科學委員會專題研究報告（編號：NSC-90-2511- S-003-024）。（未出版）

Abruscato, J. (2000). *Teaching children science:A discovery approach* (5th ed.). Boston, MA: Allyn & Bacon.

Bredekamp, S., & Rosegrant, T. (1995). *Reaching potentials: Transforming early childhood curriculum and assessment* (vol. 2). Washington, DC: National Association for the Education of Young Children.

Brown, J. B., Collins, A., & Duguid, P. (1989). Situated cognition and the cultural of learning. *Educational Researcher, 18*(1), 32-42.

Fleer, M. (1993). Science education in childcare. *Science Education, 77*(6), 561-573.

McNairy, M. R. (1985). Sciencing: Science education for early childhood. *School Science and Mathematics, 95*(5), 383-393.

Novak, J. (1998). *Learning, creating and using knowledge: Concept maps as facilitative tools in schools and corporations*. Mahwah, NJ: Lawrence Erlbaum Associates.

Ou, C. H. (1988). *Kindergaten teachers' curriculum planning and implementation.* University of Illinois at Urbana-Champaign, IL.

Von Glasersfeld, E. (1989). *Knowing without metaphysics: Aspects of the radical constructivism position.* (ERIC Document No. 304344)

Vygotsky, L. (1986). *Thought & language.* Boston, MA: The Massachusetts Institute of Technology.

建構主義取向的幼兒課程與教學：以台中市愛彌兒幼兒園探究課程為例

chapter **9**

台中市愛彌兒幼兒園建構主義取向的科學課程實例

第一節　果醬餅乾

文／張斯寧　（整理分析）

杜凌慧　朝陽科技大學幼兒保育系／朝陽科大所長班

余素華　嘉南藥理科技大學嬰幼兒保育系／東海大學所長班

（本課程曾發表於中國南京「二○○七兩岸三地幼稚教育整體觀與幼稚園課程實施學術研討會」）

　　印象中的幼兒園烹飪課程多為食物本身與其營養的介紹（果汁或沙拉的製作）、節慶食物的製作（家長入園帶孩子包粽子、包水餃）與享用（吃火鍋），或是幼兒生活自理能力的培養與訓練（煎蛋或煎蔥油餅）等，似乎較少看到一個烹飪課程能統合孩子在遊戲、數學、科學、語文、社會、藝術及安全各領域學習的同時，也提供給孩子下述的學習機會：在反覆動手操作中發現問題及思考問題解決方法、同儕或師生間的相互交流分享與討論、不斷地假設實驗與修正、為了團體共同目標的達成努力與合作，進而也促進了孩子對某一概念的深入探究、瞭解與運用。

　　但萌發於愛彌兒香蕉班的「果醬餅乾」課程讓我看到了這樣的一個課程——雖然其中尚有可以再令老師在教學上省思與努力的空間，例如：(1)因為孩子對「為什麼先烤六分鐘，再七分鐘的餅乾是成功的，烤十三分鐘的餅乾卻失敗？」所產生疑惑的渴切探討，反倒對原先餅乾碎碎原因的假設及問題解決策略驗證的失焦，老師似可在團討時掌握機會帶孩子做聚焦的統整討論與驗證假

圖 9-1　孩子學習使用量杯，進行材料的測量

設；以及⑵在語文領域，老師能利用小組製作流程圖時，將孩子的口說語言轉換為文字，但若能把握機會將幾個關鍵動作字詞，如放、溶化、攪拌、揉、壓、烤等，或幾個主要材料與工具名詞，如麵粉、蛋、砂糖、奶油、果醬、壓模等，或（測量）單位名詞，如杯、（大、小）匙、個、公克等再做強調與讓孩子辨識，如此孩子在有脈絡可循的社會情境中將實際烹飪經驗與抽象文字相互結合，進而聚焦識字的機會，也將充滿於此一烹飪課程中（圖 9-1）。

壹、孩子想要自己動手做餅乾

這學期香蕉班的裝扮區放置了一些家長提供的烤箱、碗、盤、餅乾的模型，孩子常在角落時間進行烘烤餅乾的扮演遊戲，為了提供孩子真實的烹飪經驗，再評估孩子已有的舊經驗（如先前三明治、蛋黃酥、鳳梨酥的製作）及考量班上現有的烹飪工具（烤箱）後，老師試著在裝扮區中放入烤餅乾的食譜及相關材料，孩子發現後也躍躍欲試地想要自己動手做餅乾。

貳、第一次的餅乾製作（烤餅乾的時間）

由於教室的烤箱上並無中文的火候標示（以日文標註），於是在給孩子的食譜裡，烤餅乾的時間是空白的——老師預設讓孩子以實驗試探時間。於是在溫度相同的情況下，孩子們決定第一盤將烤五分鐘，第二盤烤十五分鐘……不斷實驗，直到餅乾烤得滿意為止。孩子看著食譜海報，準備製作餅乾所需要的器具，從廚房和教室找來鍋子、托盤、湯匙、鋼杯、杓子等，便開始依照食譜上的步驟，加入麵粉、砂糖、蛋、奶油等食材，但是孩子們沒有注意到食譜上量的單位，只單純的以鋼杯的容量為單位，以為一杯就是一個鋼杯的量，1/2 杯的份量也是以目測為主，於是孩子們以自己認為正確的份量進行麵糰的製作（圖 9-2）。

 圖中的文字標示：

先把蛋打破放進鍋子　→　娟瑄：「等奶油溶化。」　→　可以把奶油倒進去了！　→　加半杯的砂糖

把麵粉倒進去，攪一攪…　→　可以用手揉一揉　→　搓圓圓的　→　用大姆哥在中間壓一下！

填上草莓果醬　→　放進烤箱　→　我們先用五分鐘好了！　→　烤餅乾囉！

圖 9-2　第一次烘烤餅乾的流程

一、試吃烘烤五分鐘餅乾的感覺

家茵：「好好吃，軟軟的。」

宥均：「酥酥的。」

品言：「甜甜的。」

冠佑：「我覺得五分鐘甜甜的。」

圖 9-3　烘烤五分鐘的餅乾，不太熟

但孩子發現烤五分鐘的餅乾在外觀上看似未完全熟，且底部還有麵糰的感覺（圖 9-3）。

二、試吃烘烤十分鐘餅乾的感覺

孩子們決定第二次要烤十五分鐘，但在烘烤的過程中，烤箱逐漸冒出濃煙並傳來陣陣燒焦味，為了安全起見，老師約在十分鐘時關掉烤箱，此時的餅乾外觀上已呈現焦黑的狀況（圖 9-4）。

圖 9-4　烘烤十分鐘的餅乾，烤焦了

冠佑：「好像烤焦的味道，有一點苦苦的。」

瑞馨：「外面吃起來有一點脆，有一點甜。」

傳甫：「十分鐘不好吃。」

三、試吃烘烤六分鐘餅乾的感覺

圖9-5　烘烤六分鐘的餅乾，很可口

於是孩子們在五分鐘與十分鐘之間做折衷考量，並決定從六分鐘開始實驗，直到滿意為止（圖9-5）。

允瑞：「我覺得酥酥的。」

筠婷：「我覺得草莓很好吃。」

宗翰：「鬆鬆脆脆的感覺，像廣告在說的。」

宥均：「甜甜的又好好吃。」

煒程：「我覺得六分鐘的比較好吃。」

孩子發現第三次六分鐘烤出來的餅乾，外觀上看起來很可口，於是孩子認為六分鐘的時間是烤餅乾剛剛好的時間。

四、統整並記錄餅乾製作的經驗——材料份量、步驟與流程

圖9-6　孩子畫下製作餅乾的流程

第一組的孩子烤完餅乾後，統整材料與製作流程並畫在紙上（圖9-6、9-7）。

五、餅乾為什麼碎碎的？

試吃的十二位孩子，對三種時間烤出來的餅乾進行討論：大部分的孩子認為五分鐘的餅乾看起來沒熟，六分鐘剛剛好，十分鐘會烤焦，在與全班分享之後，有孩子提問「為什麼餅乾都碎掉了？」

材料

來品言（5歲2個月）

做法

①-④

陸姵瑄（5歲1個月）

⑤

林祁嫻（5歲6個月）

⑥

⑦-⑧

來品言（5歲2個月）

材料：麵粉三杯；砂糖半杯；草莓果醬；蛋一顆；奶油一杯。

做法：

1. 鍋子裡面加水，加熱水。
2. 準備一個杯子，把奶油放進杯子裡，要切一半。
3. 然後再把杯子放進鍋子裡。
4. 把奶油攪一攪，然後它就會有一點溶化。
5. 把糖、蛋、奶油、麵粉放進鍋子裡，攪一攪。
6. 分麵糰、搓圓圓，用大拇哥在中間壓一下，把草莓醬放在凹下有洞洞的地方。
7. 把餅乾放進烤箱。
8. 烤六分鐘就好了。

圖 9-7　第二次烤完餅乾後畫出統整後的食譜

冠誼：「麵粉加得有點太多了。」

家茵：「是因為不小心，因為它本來就黏在盤子，夾太用力了。」

姵瑄：「我們用的麵糰，弄太薄了。」

昀真：「因為它們壓扁扁的。」

孩子們最後認為餅乾碎碎的原因及解決方法：

1. 麵粉太多了；麵粉要少一點。

2. 麵糰太薄了；麵糰厚一點。

為驗證所提出的假設，因而再一次進行餅乾製作。

參、第二次的餅乾製作——使用標準測量單位準備食材並驗證假設（圖 9-8～9-11）

一、先烤六分鐘再繼續烤七分鐘的餅乾最可口

依照孩子們所假設的原因及其解決的方法，第二組的孩子也開始用量杯、量匙進行材料的測量（老師為了減少變因，使孩子能在試驗過程中能夠聚焦於問題解決方法上，於是介入烹飪用標準測量工具——量杯及量匙）。在麵粉的

份量上，比第一組減少半杯（由三杯調整為兩杯半），在製作每片餅乾的麵糰厚度上，也以目測的方式較第一組厚些。烘烤第一盤餅乾的時間，依照第一組的六分鐘進行烘烤，結果第一盤烤六分鐘的餅乾，外觀上呈現較白的顏色，孩子們認為，看起來沒熟。於是決定再烤六分鐘後繼續將烤箱轉到七分鐘的地方，結果第二次烘烤出帶點金黃咖啡色的餅乾，就外觀來說，孩子認為是成功的。進行第三次烘烤時，孩子直接將烤箱時間設定十三分鐘——統合了六分鐘與七分鐘——進行烘烤，結果整盤餅乾呈現黑色木炭的模樣。由於六分鐘及十三分鐘的餅乾，孩子認為都是失敗的餅乾，於是只針對「先六分鐘再七分鐘」的餅乾進行試吃與討論 ，孩子試吃後的感覺（圖9-12）：

圖 9-8　用兩杯麵粉再加一半就好了喔！

致語：「我覺得硬硬酥酥的。」

瑋庭：「口感比較好。」

家茵：「味道很好。」

冠佑：「脆脆的，感覺很好吃。」

傳甫：「很好吃，因為都沒烤焦。」

伯勳：「我聞到香香的味道，好好吃。」

品言：「甜甜的。」

圖 9-9　這次麵粉要用厚一點才行

圖 9-10　在中間加上果醬，好好吃的樣子

二、對「為什麼先烤六分鐘，再七分鐘的餅乾是成功的，烤十三分鐘的餅乾卻失敗？」的探討

在討論「為什麼先六分鐘，再七分鐘的餅乾是成功的，十三分鐘的餅乾卻失敗？」的問題時：

圖 9-11　時間轉到六分鐘，等一下餅乾就烤好囉！

圖 9-12　孩子試吃自己製作的餅乾

致語：「因為六分鐘，再七分鐘不會烤太久，十三分鐘烤太久了。」

老師：「可是兩個時間都是十三分鐘啊！」

宗翰：「因為第三次的時候，沒有分開。」

老師：「什麼東西沒有分開？」

宗翰：「時間吧！」

暐哲：「因為第三次烤更久。」

老師：「先六分鐘再七分鐘，跟十三分鐘的時間是一樣的時間嗎？」

致語：「六分鐘先烤完，讓它休息一下，再烤七分鐘就完成了，因為六分鐘跟七分鐘是分開，不是十三分鐘，是一個六分鐘，再一個七分鐘。」

部分孩子已注意到，時間的連續與非連續，在熱度上是有差異的。

三、再次統整並記錄餅乾製作的經驗——材料份量、步驟與流程

第二組的孩子烤完餅乾，孩子將材料份量、過程步驟畫在紙上（圖9-13）。

陳慧綺（5歲2個月）／　　　王瑞馨（5歲8個月）　　　岳珩（4歲10個月）／　　　陳慧綺（5歲2個月）／
張允瑞（4歲11個月）　　　　　　　　　　　　　　張允瑞（4歲11個月）　　　張允瑞（4歲11個月）

材料：1. 兩杯滿的麵粉和半杯麵粉。
　　　2. 半杯的砂糖。
　　　3. 奶油一杯。
　　　4. 蛋一顆。
做法：1. 把麵粉攪一攪，再加砂糖。
　　　2. 把奶油溶化，下面加熱水。
　　　3. 先把蛋撥開，再放到一個鍋子裡，然後再攪一攪。
　　　4. 鍋子裡有麵粉、砂糖、蛋跟奶油。
　　　5. 把麵糰分開，搓圓圓，從中間壓下去，加草莓醬放在中間。
　　　6. 第一次烤六分鐘，沒有熟。
　　　7. 第二次烤六分鐘後再烤七分鐘，剛剛好。
　　　8. 第三次烤十三分鐘，烤焦了。

圖 9-13　材料份量、步驟圖

肆、歸納老師們試吃餅乾後的感覺，發現問題及討論解決策略

之後，孩子們陸陸續續加入烤餅乾的行列，隨著經驗的累加，孩子在食材的測量上愈益準確（圖 9-14），例如：量杯的使用上愈來愈仔細，從隨意認定一杯的份量，到會將量杯放在桌子上，蹲低自己的身體，讓視線與量杯刻度同高，甚至將量杯敲敲桌子，讓麵粉平均分散，確定一杯量的麵粉是否對齊 200cc 的位置。

圖 9-14 孩子對量杯的使用愈來愈精熟

安全方面，孩子們知道必須使用隔熱手套才能將烤箱打開，也因為有孩子發生不小心的「小」燙傷，讓孩子們更注意到自己的安全，及學習燒燙傷的處理步驟——沖、脫、泡、蓋、送，自此也讓老師更放心地讓孩子在裝扮區烤餅乾。

一天，美嫚老師進到班上，孩子們請美嫚老師試吃餅乾，美嫚老師提出一個疑問：「為什麼有的餅乾大，有的餅乾小？」為了讓孩子重新思考自己所做的餅乾，於是老師建議孩子們再做一次餅乾，請全校老師吃，並記錄歸納每個老師吃後的感覺及建議，再做修正。經討論孩子提出要請教老師的問題：(1)吃起來什麼味道？(2)好不好吃？(3)味道怎麼樣？(4)形狀大小看起來一樣嗎？

請老師們試吃，並將老師的感覺與建議統整，討論解決方法

經過討論分配之後，分成六組，分別到各班進行試吃（圖 9-15），並趕快將老師的話記錄下來（圖 9-16）。隔日，老師再與孩子一起討論他們的紀錄，並做歸納整理，讓孩子們更清楚地知道各班老師提出的問題，孩子也提出對應的解決策略，以便烘培出好吃的餅乾（表 9-1）。

圖 9-15 請老師們試吃

圖9-16　孩子將老師的感覺與建議記錄下來
邱筠婷（5歲7個月）／李瑋庭（5歲7個月）／林綺綿（5歲4個月）

表9-1　老師試吃餅乾後的鼓勵、建議及中香蕉班的解決方法

老師們覺得很棒的地方	老師們覺得需要改進的地方	解決方法
1. 甜甜的。	1. 有吃到糖。	1. 要把麵糰揉好。（傳甫）
2. 酥酥的。	2. 沒有香香的味道。	2. 再加一點糖（慧綺）；可以再加一點奶油。（姵瑄）
3. 好吃。	3. 形狀不一樣，大小不一樣。	3. 壓形狀的用一樣的形狀。（秉叡）
4. 香香甜甜的。	4. 顏色不一樣。	4. 烤六分鐘就全部烤六分鐘，一個人烤六分鐘就全部都要烤六分鐘。（致語）
5. 甜甜的味道。	5. 像蛋糕，太厚了。	
6. 好吃。	6. 吃起來中間軟軟的，不像餅乾脆脆的。	5. 把麵糰壓扁扁，別人就要給麵糰壓扁扁，一點胖就好了。（家茵）
7. 有奶油的味道。	7. 軟軟的再硬一點比較好吃。	6. 要多一點分鐘，餅乾就會硬硬的。（宥均）
	8. 沒有脆脆的，有雞蛋的感覺。	7. 讓餅乾硬硬的，不要烤焦，餅乾就會脆脆。（昀真）
	9. 吃起來粉粉的。	8. 就是讓它硬一點點的。（冠維）
	10. 沒有餅乾ㄎㄠ ㄎㄠ ㄎㄠ的聲音。	
	上述6.7.8.9.10.——→	

伍、第三次的餅乾製作——問題解決策略的實施與再修正

　　這一次，孩子們特別注意揉麵糰的過程，細心地將所有材料搓揉在一起，同時使用了磅秤控制每片餅乾的重量；壓模的時候，使用愛心的模型，以便讓餅乾的大小厚薄一致。為了讓餅乾的顏色都一樣，烘烤時間上，每一盤都控制在六分鐘。結果，孩子發現餅乾顏色竟然呈現明顯的不一樣！

一、為什麼一樣都是六分鐘，結果烤出來的餅乾顏色還是不一樣？

老師：「兩盤的時間都是剛好六分鐘，為什麼顏色會不一樣？」

宗翰：「有一個先烤，有一個沒有先烤。」

老師：「所以第一次送進烤箱烤出來的是白色，烤出來是黑色的是第二次送進烤箱的。」

宗翰：「放進去的時間不一樣。」

為了讓孩子知道烘烤的過程，除了時間的控制，溫度也是影響烤餅乾的重要因素，老師因而引導孩子觀察烤箱溫度的不同。

二、烤箱溫度差異與烘烤餅乾間關係的探究——餅乾烘烤前有無預熱

這天的角落時間，孩子們根據最後修改的食譜，將餅乾壓模完成，在未送進烤箱前，老師請孩子先感覺一下烤箱的溫度（圖9-17），孩子們一致認為烤箱感覺起來冷冷的。於是老師讓孩子依照第一次烤餅乾時，使用烤箱的方法，進行餅乾的烘烤，六分鐘過後，將餅乾取出來，在安全的範圍內，再

圖9-17　感覺一下烤箱的溫度

讓孩子感覺一次烤箱的溫度，孩子們感覺到烤箱熱熱燙燙的，之後將另一盤餅乾放進去，轉六分鐘的時間，再讓孩子對這兩盤餅乾進行比較——老師試圖讓孩子感覺第一次及第二次烤箱溫度的差異，並請孩子回想兩次烤餅乾的步驟及時間。當餅乾烤出來顏色不一樣時，已有孩子發現是因為放進烤箱時的熱度影響了餅乾的顏色。岳珩提到「要先讓烤箱熱熱的，才可以烤餅乾」。於是第三盤餅乾我們先讓烤箱運轉六分鐘，讓烤箱熱熱之後，再將餅乾放進去烤六分鐘，試驗是否顏色一樣，結果餅乾的顏色趨向一致，孩子認為這樣的餅乾才是成功的，為了確認孩子知道烘烤的過程，於是老師再做統整：「要用什麼方法，餅乾的顏色才會一樣？」

岳珩：「要先六分鐘再放餅乾。」

暐哲：「烤箱有一點點熱，再放餅乾。」

宥均：「烤箱轉六分鐘，等它發熱，再放餅乾。」

姵瑄：「先烤六分鐘，等烤箱ㄅㄧㄤ再把餅乾放進去。」

三、第三次統整並記錄餅乾製作的經驗──材料份量、步驟與流程（圖 9-18）

材料

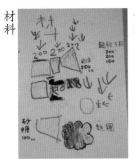

做法

江守一（5 歲 1 個月）　　　江守一（5 歲 1 個月）　　　江守一（5 歲 1 個月）　　　陳家茵（5 歲 1 個月）
陳家茵（5 歲 1 個月）　　　　　　　　　　　　　　　　陳家茵（5 歲 1 個月）

材料：麵粉 550cc；奶油 250cc；砂糖 100cc；蛋一顆。
做法：1. 先將奶油溶化，倒進去鍋子裡。
　　　2. 加麵粉、蛋，還有糖，再攪拌一下，等砂糖不見了，再用手揉一揉，變成麵糰。
　　　3. 用手把麵糰分開壓扁，再蓋心形。
　　　4. 量餅乾的體重，看重量有沒有一樣（磅秤用兩格）。
　　　5. 看烤箱，用岳珩的方法，先給烤箱弄熱六分鐘，然後再放餅乾進去，轉六分鐘，就烤好了。

圖 9-18　材料份量、步驟圖

陸、把餅乾帶回家，給爸爸媽媽吃看看

一、計算總共需要烘烤多少餅乾？

　　孩子們在製作餅乾的過程中，家長們時時聽聞孩子談及，紛紛向孩子表示想嚐嚐孩子親手做的餅乾，因此，不時有孩子想帶餅乾回去與家人分享。為了讓幼兒父母都能品嚐到孩子們所做的餅乾，老師請孩子們用自己的方式，畫下所要帶回家餅乾的數量（圖 9-19），再進行統計及總數的計算（圖 9-20、9-21）。

圖 9-19　畫下所要帶回家餅乾的數量

圖 9-20　孩子將所畫數量的紀錄，從一片餅乾到十片餅乾進行分類統計

圖 9-21　整理成表格，透過分類進行數量的統計

孩子運用自己拿手的計數方式，如一對一點數、兩個一數、五個一數，將每種片數的量做分項計算（圖 9-22、9-23）。

在計算各分項數量時，孩子們透過之前利用十進位棒棒進行點數的經驗，依照統計表上各項餅乾的數量，一一利用十的棒棒表徵出來，以十個一捆的方式，將棒棒集合起來。

餅乾數量	人數	總共要…塊
1片餅乾	0	0
2片餅乾	0	0
3片餅乾	4	12
4片餅乾	5	20
5片餅乾	5	25
6片餅乾	4	24
7片餅乾	0	0
8片餅乾	2	16
9片餅乾	1	9
10片餅乾	1	10

圖 9-22　隆安用五個一數的方式，再算一次，五片餅乾總共需要二十五塊

品　言：「10、20、30、40、50、60、70、
　　　　80、90、100、110……1、2、3、
　　　　4、5、6……」

宗　翰：「10、20、30、40、50、60、70、
　　　　80、90、100、110、120……」

圖 9-23　品言用兩個一數的方式，算出四片餅乾總共需要二十塊

孩子們能輕易地由 10 個一數點數到 100，但超過 100 時，少數孩子能接著 110，但多數孩子會停頓下來，或者到 110 之後的個位數，會接著唱數 120、130……於是在老師的提示：「1 的後面是？」孩子會說出：「是 2。」老師再提示：「所以 111 之後是？」孩子回答：「112。」而陸續點數完成了 113、114、115、116，進而算出總共需要 116 塊餅乾。但是，在烤全班的餅乾前，需知道一次烘烤的份量，可以烤出多少片餅乾？要完成 116 塊餅乾需要烤幾回？於是孩子又透過實際的操作，計算一份材料可烤出幾片餅乾？及總共需要烤幾回？

二、計算一次可烘烤幾片餅乾？需要烘烤多少回？

孩子混合材料後一一用磅秤秤出每一個二十公克的麵糰，再透過兩個一數，算出一次可烤出三十片左右餅乾（因誤差及扣除不成功者），孩子再以分配的方式，計算出總共需要烤四回（圖 9-24、9-25），才夠分給每個小朋友帶回家給爸媽品嚐。

圖 9-24　瑞馨透過兩個一數，算出一次可烤三十塊　　圖 9-25　致語透過五個一數，算出一次可烤三十塊，扣掉髒髒的五塊，兩次加起來總共烤出五十五塊

三、孩子自製餅乾與家人分享的喜悅與回饋

孩子們終於將自己親手揉製烘烤的餅乾帶回家與爸爸媽媽分享，孩子的用心獲得許多家長的肯定，甚至寫下食譜在家與孩子一起烤餅乾，增添親子間的交流與互動。

柒、結語及未來課程的方向

經歷了一連串烘烤餅乾的過程，孩子們從中發現問題，透過討論提出解決問題的策略，其中包括餅乾的大小、形狀、顏色、口感、一步一步修改原始餅乾食譜的內容，從隨意測量單位到標準測量單位的探究與運用，從一杯至孩子容易觀察的 200cc，1/2 杯到 100cc，孩子以自己看得懂的方式，重新設計了一份屬於香蕉班餅乾的食譜，只為了要做出更理想的餅乾。

另外，從烘烤時間的一樣、但顏色卻不同中，孩子注意到送餅乾烘烤前烤箱溫度的差異，獲得預熱的概念。最後，順著孩子想帶餅乾回家分享的心情，帶入了數數、計數、倍數、統計及數的運算（加法、乘法及除法）等數概念的

理解及算數技能的運用。

除了支持孩子邏輯數學的學習，並預計於日後帶入人文關懷，從介紹非洲孩子的生活，提供孩子親身體驗物資不足的感覺，以引導生活在物資富裕、無憂慮環境中的孩子，去發現與同理在世界上某些角落，有許多跟他們一樣年紀的孩子，處在物質匱乏的環境中，每天都在與生命賽跑。進而引導孩子自發地展開義賣

圖 9-26　「義賣餅乾」活動的宣傳海報

餅乾的活動，並將所得捐給世界展望會，以協助非洲飢困的孩子們（圖 9-26）。老師期待藉由後續課程之發展，讓孩子愛物惜物的同時也能萌發滋長其善心善念，用更多的愛與關懷來對待身旁的人事物，甚至延伸善、愛與關懷至整個社會以及全世界。

～上文摘自愛彌兒《探索》期刊 19 期（2006.11 出刊）

第二節　讓樺斑蝶回家

文／唐雪怡　中華醫事科技大學幼兒保育系

賴姿君　弘光科技大學幼兒保育系

（本課程曾發表於二〇〇五年台北「第六屆太平洋地區幼兒教育學會國際學術研討會」）

壹、好多的毛毛蟲——害怕的開始

去年，我們在學校菜圃裡種植多種蔬果、花草的種子及幼苗，馬利筋是其中之一。

半年後，正值開學之初，老師帶著孩子們到菜圃鋤草、鬆土（圖 9-27），討論這次想種的植物時，孩子們發現菜圃裡出現許多毛毛蟲與蝸牛。孩子們既興奮又害怕地大叫：「有好多毛毛蟲。」「有毒喔！」「好噁心喔！」「會咬人喔！」「會吃葉子啦！」「媽媽說不可以

圖 9-27　孩子們在菜圃裡鋤草、鬆土

摸喔！」

在孩子們七嘴八舌的討論中，反映出成人叮嚀的話語及對毛毛蟲有毒、危險的刻板印象。成人們常擔心孩子被毛毛蟲傷害，忘了引導孩子們欣賞生命的奧秘及自然的美妙，因此，老師決定帶孩子經歷一場毛毛蟲生命的蛻變！老師常在課餘時間帶領孩子們到菜圃觀察毛毛蟲，並在教室中加入毛毛蟲的相關書籍、觀察工具……。

貳、自然觀察及繪本欣賞──從害怕毛毛蟲到接受毛毛蟲

語文區中擺進許多昆蟲類相關讀本，老師透過圖畫書為孩子們介紹毛毛蟲及常見昆蟲。其中，孩子對《好餓的毛毛蟲》一書特別喜愛，經常主動拿著《好餓的毛毛蟲》請老師說故事，故事成為孩子們熟悉的文本後，每當老師說到：「星期一，毛毛蟲吃了一顆蘋果，可是……」話沒說完，孩子接著說：「可是，肚子還是好餓喔！」變成常常是孩子和老師一起說這故事。故事書分享的過程中，孩子們模仿作者的擬人化手法，想像、詮釋各類毛毛蟲可能做的事，像是：毛毛蟲會吃水果、毛毛蟲沒吃菜會肚子痛、毛毛蟲玩溜滑梯、毛毛蟲在菜圃玩，天暗暗就回家、毛毛蟲睡覺，起床來愛彌兒讀書等。甚而，改編《好餓的毛毛蟲》一書，例如：有孩子另外幫毛毛蟲規劃了星期一至星期五的菜單：「蛋糕」、「冰淇淋」、「棒棒糖」、「起司」、「西瓜」等。

有孩子創造了毛毛蟲家族：「毛毛蟲開車車，有爸爸、媽媽、大的、中的。」有孩子延伸故事的結局：「毛毛蟲找蝴蝶，飛很快，找蜻蜓，蜻蜓說：我們兩個去找食物。」故事改編過程中，孩子畫毛毛蟲吃了許多的水果或甜食，結局是蝴蝶與蜻蜓成為好朋友，一同去找食物。孩子們對毛毛蟲的關心不再受限於《好餓的毛毛蟲》文本中進食的內容，孩子們也加入自己喜愛的事物，讓故事的內容更為豐富。為了讓故事的閱讀更為便利，孩子們共同完成一本浣熊班改編的《好餓的毛毛蟲》。孩子們天天觀察毛毛蟲，再加上圖書中擬人化及貼近孩子生活經驗的抒寫方式，讓害怕毛毛蟲的孩子們漸能接受，也帶動孩子主動以畫筆記錄毛毛蟲。

參、發現毛毛蟲和蚱蜢的家

生活中，孩子們常聊到毛毛蟲的話題，主動到語文區翻閱相關的讀物。然而，孩子們心裡仍有許多疑問，例如：毛毛蟲是否會咬人呢？如果毛毛蟲不咬人，毛毛蟲吃的是什麼呢？老師仍不間斷地帶著孩子觀察菜圃的變化，從分享過程中，看見孩子的觀察愈來愈細微，孩子發現「啊！葉子破了！」「葉子好少喔！」「毛毛蟲不一樣了。」「毛毛蟲長得好大喔！」

圖9-28　孩子們正觀察掛在牆上的蛹

毛毛蟲在某一個星期日，將馬利筋的葉子啃食剩一根根的莖（孩子稱之為吸管樹），並在假日時化蛹，懸掛在菜圃四周的牆上（圖9-28、9-29）。

圖9-29　很多毛毛蟲的家
（黃司溥，4歲5個月）

假日回來的第一次分享，孩子提出「有毛毛蟲的家、綠色是蚱蜢的家」。

老師：「你們怎麼知道這是毛毛蟲的家、這是蚱蜢的家？」
孩子：「毛毛蟲的家是咖啡色。」
孩子：「綠色是蚱蜢的家。」

老師並沒直接告訴孩子答案，其實不管是咖啡色或是綠色都是毛毛蟲的家，老師鼓勵孩子預測可能的結果，再讓孩子透過每天的觀察或查閱書籍來證實——掛在牆上的蛹是誰的家，讓孩子透過觀察、假設、蒐集資料、驗證等過程，培養科學程序能力、科學態度及科學知識。

肆、毛毛蟲家死了——討論保護毛毛蟲的方法

孩子當起了毛毛蟲的褓母，關心著毛毛蟲的大小事。有一天，孩子生氣地對老師說：「毛毛蟲家死了？」

老師：「毛毛蟲的家為什麼死了？」

孩子：「ㄨㄨ班的小朋友欺負毛毛蟲。」

孩子們看到他們每天觀察的毛毛蟲的家，掉落地面並被踩扁了，因而有些生氣。

孩子：「我們去告訴小朋友不要摸牠。」

老師再次與孩子討論如何保護毛毛蟲的相關議題，孩子們提出他們的想法，並將討論的結果記錄下來。

老師：「我們要怎麼保護毛毛蟲？」

孩子：「不要摸牠、不要抓牠。」

孩子：「不行用葉子弄牠的家……」

伍、想知道更多有關毛毛蟲的事

在每天的觀察中，孩子們由好奇、接納進而喜愛毛毛蟲，甚至因為毛毛蟲數量增加而欣喜。孩子們也累積了許多有關毛毛蟲的問題：

1. 毛毛蟲喜歡玩什麼？

2. 綠色及褐色是誰的家？

3. 是誰吃了吸管樹？

團討中，因為有了許多的為什麼，也激起孩子們觀察毛毛蟲生態，尋求答案的動機。我們和孩子一同動動腦，由書本、家長、孩子經驗中繼續尋找答案。

誰吃了吸管樹？

在孩子們觀察毛毛蟲時也發現馬利筋的葉子全部不見了！

孩子預測：「是毛毛蟲咬的。」「是風吹的。」「下雨，淹水就掉了。」
　　　　　「是小孩弄的。」

孩子：「是蚱蜢把吸管樹的葉子吃掉了！」

孩子：「我看見蝴蝶在吃吸管樹。」

孩子發現科學區的書本裡有毛毛蟲和蝴蝶的照片，就請老師唸：「樺斑蝶——喜好吸食金露花、馬利筋、馬櫻丹等庭園植物的蜜源，而樺斑蝶成蟲的體內，含有牠們自幼蟲期攝取自馬利筋的毒性，因此一般天敵幾乎不敢攻擊牠們……」孩子們除了由平日的觀察，發現毛毛蟲以馬利筋葉子為食物外；也由書籍的閱讀中，獲得證實（圖9-30）。

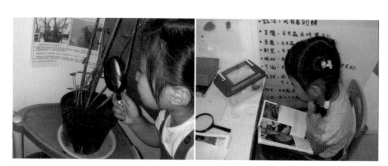

圖 9-30　查閱有關毛毛蟲的資料

陸、驚喜目睹毛毛蟲的化蛹蛻變成蝴蝶

老師為了方便孩子就近觀察，將馬利筋移植進教室，並且每日將它移至陽台日照，有天，樺斑蝶在馬利筋上產卵了！

細心的孩子發現樹葉上有五顆卵。因此，大家開始等待著卵的孵化。每天角落時間，孩子會主動到科學區觀察並記錄。孩子們記錄到蝴蝶產卵、毛毛蟲出現外，也畫下毛毛蟲身體的變化、毛毛蟲的行為等內容。孩子的觀察記錄中，除了使用放大鏡觀察生物，也在記錄過程中靈活運用蠟筆、色鉛筆等工具，並加上一些自己的想像。

長期飼養毛毛蟲的某天早晨，孩子們看著倒吊在飼養箱上方、不停蠕動的毛毛蟲，心急地告知老師：「毛毛蟲好奇怪，一直彎彎的、動來動去、扭來扭去。」慢慢圍觀的孩子愈來愈多，老師也迅速地架上攝影機，一團乳黃色，像泡泡的東西不停地扭動，就在短暫的幾分鐘內，有一個黑色的物體從毛毛蟲的上方掉下來，剎時間，大家恍然大悟，毛毛蟲像褪去彩衣般，把自己的外皮脫掉，那正是一個化蛹的過程（對孩子與老師而言，這真是好美妙的瞬間）。

孩子們除了親眼目睹化蛹過程外，團討時，和孩子們再次觀賞攝影下的畫面，孩子們說出化蛹的過程，並預測毛毛蟲在蛹裡面會做哪些事。

我們邀請孩子持續觀察記錄毛毛蟲。毫無動靜的一個多星期後的早晨，孩子們到校後，突然大叫：「老師有蝴蝶。」原來科學區的蛹，在夜裡，蛻變成蝴蝶（圖 9-31）。這一次，因為馬利筋的移植，讓孩子們陪伴著毛毛蟲成長，親眼目睹到一次蝴蝶產卵→毛毛蟲→化蛹→羽化成蝴蝶，完整蛻變歷程（圖 9-32）。

孩子們欣喜的分享對蝴蝶的喜愛與看法，但有孩子表示蝴蝶的飼養箱太小了，於是老師帶著孩子到教具室尋找鳥籠、筷子筒、兩個盤子等，嘗試幫蝴蝶準備一個較舒適寬敞的家。

圖 9-31　在教室內蛻變出的蝴蝶

> 盤子組孩子：「把蝴蝶放在盤子裡面，要看的時候打開就好了。」
>
> 孩子：「這樣看蝴蝶會飛走。」
>
> 孩子：「我看不到蝴蝶。」
>
> 孩子：「這樣會沒空氣，蝴蝶會死掉。」
>
> 筷子筒組孩子：「蝴蝶住這裡（筷子左邊），從這裡去玩（筷子中間的孔）。」
>
> 孩子：「這個太小了，蝴蝶不能飛。」
>
> 鳥籠組孩子：「蝴蝶在這裡喝水、這裡吃花蜜（飼料盒）、蹲在這裡（樹枝）睡覺。」
>
> 孩子：「籠子可以呼吸。」
>
> 孩子：「籠子可以看到蝴蝶。」

圖 9-32　孩子統整的毛毛蟲變態歷程

孩子由故事分享及圖鑑介紹中，已獲得飼養蝴蝶的方法，所以孩子知道鳥籠符合蝴蝶生存的條件，因此決定以鳥籠飼養蝴蝶。

柒、讓樺斑蝶回家——回到大自然

　　將鳥籠清理乾淨後，孩子們將蝴蝶送入新家，未料幾分鐘後，蝴蝶由縫隙中鑽出來。孩子們本想整修鳥籠，但是有孩子反對把蝴蝶養在籠子裡。孩子們因而討論蝴蝶可以生活的地方。

　　孩子：「放在教室好了。」

　　孩子：「蝴蝶會飛走。」

　　孩子：「要把門鎖起來，蝴蝶在教室玩。」

　　孩子：「小朋友出去就把門鎖起來，蝴蝶在教室玩。」

　　孩子：「放在菜圃，可是蝴蝶就會飛走了。」

　　孩子：「蝴蝶飛走，才可以去找朋友玩」「蝴蝶會去找他的爸媽。」

　　孩子：「蝴蝶會去菜圃玩溜滑梯。」「蝴蝶會去菜圃生蛋……」

　　老師慢慢引導孩子營造一個飼養蝴蝶的環境，想像被關在籠子裡可能會有的感受，有人提出送蝴蝶回家比較好，認為：「蝴蝶想我們，就會來看我們。」經過討論後，孩子們一致認同將蝴蝶放回菜圃才會快樂，想念蝴蝶時再去菜圃看牠就好。於是很捨不得的告別了蝴蝶，送牠回到大自然（圖 9-33）。

　　其實，當時孩子們曾面臨著兩難的情境，他們看著毛毛蟲蛻變為蝴蝶，已把牠當成班上的一分子，想為牠在教室準備一個適當的生存空間，但在老師的逐漸引導下，孩子們慢慢站在蝴蝶的立場思考，主動提出能自由飛翔的空

圖 9-33　我們讓樺斑蝶回家

間才是適合蝴蝶的環境。孩子們透過討論，決定以尊重生命的態度，學習以同理心看待蝴蝶，這是孩子們在課程中另一個很大的收穫！

～上文摘自愛彌兒《探索》期刊 16 期（2005.04 出刊）

捌、結語

文／楊蕙鍈　國立台灣師範大學人類發展與家庭學系幼教組碩士

　　一個課程的進行，有時老師必須巧妙、適時地掌握天時、地利、人和。三月時，孩子們在植樹節種的馬利筋，經過春雨的滋潤、夏日的照護，慢慢地成長；八月，孩子在戶外活動時，發現一棵棵馬利筋植栽上，悄悄地出現色彩艷麗的毛毛蟲，老師們敏銳地觀察吸引孩子們的事物，營造一個可進行的課程，在教學會議中獲得支持，老師本身對軟體生物的接受度很高。「樺斑蝶」的課程，就在這些條件的結合下，美妙地進行。

　　一個明確且能預知其變化的主題，讓老師們很快地掌握課程目標。老師們在課程的歷程中，與孩子們一同認識蝴蝶生態變化，培養尊重、愛護生命的態度。孩子們的學習，從對毛毛蟲的興趣產生一股好奇心，促使他們願意每日觀察毛毛蟲的變化、關心牠的一舉一動，並為其做紀錄；下雨過後，菜圃裡的毛毛蟲幾乎不見了，老師適時移植馬利筋至教室，將飼養時環境的變數降低，且讓孩子隨時可在教室內觀察，再度引燃孩子們即將減退的興致。經常性的觀察、討論，解決想為毛毛蟲蓋一個家的問題，及師生每日為了讓毛毛蟲的食物不虞匱乏，不論從菜圃裡取得新鮮葉子，或是將教室內的馬利筋植栽移至陽台晒太陽等動作，在在都是從生活中的言行，表現出愛護、關照的態度。孩子們就是在這樣的情境下，內化了對生物的關懷與尊重。在全班汲汲於為羽化的樺斑蝶創造一個安全的家時，孩子們能主動提出讓牠回到菜圃的建議，是老師們始料未及的，孩子們在短短的兩、三個月內，由欺負、玩弄毛毛蟲至關心。態度的轉變，是這個主題課程中，最完美的句點。

　　而這個課程的實踐過程中，也呼應了簡淑真、陳淑芳、李田英（2002）於幼兒基本科學能力指標建構之研究中，指出幼兒科學能力，包含觀察、比較、分類、記錄、溝通、預測、實驗、資料蒐集等科學程序能力的學習；與孩子們生活相關、可觀察、操弄之生命科學的認識；懷疑、好奇、求證、堅持、耐心、勇於嘗試等科學態度的養成。另外，近年來教育部極力倡導的生命教育中，在學前幼兒的部分即強調「與生活環境的關係」，我們也看見孩子在老師們營造的校園環境中，連結其與幼兒學習的關係。

第三節　好吃的太陽餅

文／陳雅琪　國立台中教育大學幼兒教育系
（本課程曾發表於香港幼兒教育學院二○○三年香港「幼兒教育週年研討會──兒童的建構學習」）

壹、台中什麼最有名？

老師發現讓孩子探索自己的鄉土文化是非常有趣與有意義的。平時，孩子之間的閒聊經常出現「麥當勞」的話題，然而「麥當勞」是外來的飲食文化，於是，激起老師想要引導孩子認識「台中名產」的想法。

2002.9.11　第一次參觀太陽堂老店

於是我們安排參觀。第一次參觀「太陽堂」時，孩子將師傅如何製作太陽餅的過程記錄下來。從記錄圖中可以看出孩子認為製作流程是從「皮→捏小塊→包油酥→壓扁→在盤子上→用兩百五十度烤八分鐘→吹電風扇」（圖9-34）。

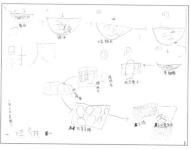

圖 9-34　孩子參觀後，所記錄的參觀流程
（張尉庭，5歲9個月）

貳、製作太陽餅

2002.9.24　第一次製作

為了支持孩子想要製作太陽餅的熱情，老師從教具室找到太陽餅的食譜，進而與幼兒共同製作第一次的太陽餅（圖9-35）。因為之前中秋節孩子們才做過蛋黃酥，因此製作太陽餅時，孩子也覺得跟之前做蛋黃酥好像喔！所以孩子在擀、壓的技巧上都沒問題，包餡時則較無法捏緊（圖9-36）。

2002.10.9　第二次製作

有孩子在娃娃家玩起賣太陽餅的遊戲，並主動要求老師做真的太陽餅來賣，於是我們進入了第二次製作。這回，孩子已能按照食譜的份量，秤材料的重量，也有孩子在分享後提出：「為什麼我們的太陽餅，吃起來有點鹹鹹的。」

圖 9-35　第一次嘗試製作的太陽餅　　圖 9-36　包餡比較困難

2002.10.30　麵包叔叔第一次進班

於是我們邀請會做麵包的叔叔，進班教孩子製作太陽餅（圖 9-37）。叔叔：「太陽餅吃起來有點鹹鹹的，是因為你們用乳瑪琳的關係，應該要用奶油。」孩子發現叔叔用的麥芽是小麥芽，不是一般的麥芽糖。

2002.11.5　第三次製作

之後，孩子們決定用叔叔的食譜製作太陽餅，烤出來後，孩子說：「我們的麥芽糖都跑出來了。」（圖 9-38）「而且不能黑黑的，要白白的才像。」

圖 9-37　邀請麵包叔叔進班來

2002.11.7　高老師買太陽餅請小朋友吃

此時，距離孩子第一次吃太陽餅已經有一段時間，為了拉回孩子對太陽餅的味覺記憶，高老師特地買了一盒太陽餅送給這班的孩子，讓孩子品嚐其中的差異。切的時候，孩子即發現「高老師買來的比較多層，我們的都沒有」。品嚐之後孩子也分享：「他們的麥芽糖

圖 9-38　我們的麥芽糖都跑出來了

溼溼的，我們的好硬、吃得牙齒都快掉了」、「我在吃太陽堂的太陽餅時會掉很多屑屑，很酥」、「太陽堂的有一個洞一個洞，我們沒有」、「太陽堂的比較大，我們的比較小」、「他們的麥芽糖沒有跑出來」等（圖9-39）。

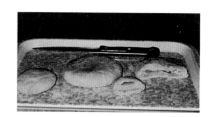

圖9-39　切切看，高老師買的太陽餅有什麼不同？

2002.11.13　第四次製作太陽餅、叔叔進班做技術指導

因為第三次製作時，孩子已經按照叔叔的食譜製作（圖9-40），但還是出現一些問題：「我們的麥芽糖都跑出來了。」「而且不能黑黑的、要白白的才像。」當下孩子決定要再請叔叔來看看為什麼會這樣。叔叔發現我們做皮的方式不對，不能將水與麵粉、豬油一起加，而是要先將豬油與麵粉拌好了，再慢慢加水和勻。此外，叔叔：「餡流出來是因為沒包好。」同時也教孩子怎麼包餡比較不會流出來。烤出來孩子試吃完覺得「我們的太陽餅有一層一層的，麥芽糖沒有跑出來」、「太陽餅很多層，麥芽糖硬硬的會掉一點點屑屑」。

圖9-40　孩子仔細按照食譜製作

2002.11.15　第二次參觀太陽堂老店

我們的太陽餅好不好吃？

孩子拿著他們做的太陽餅，到「太陽堂」去：

孩子：「師傅，我們的太陽餅好不好吃？」

師傅：「您們很厲害喔！但是您們的餡沒有包好流出來了！」

孩子：「那為什麼我們的餡吃起來硬硬的，您們的濕濕的？」

孩子：「您們的太陽餅為什麼會膨起來，還有一層一層的？」

師傅：「餡會流出來是因為沒有包好，沒有包好麥芽糖流出來，再經過烤

箱烤過就硬掉了。來，我包給您們看，要記得包好要轉一下再倒著放。
另外，要讓太陽餅會一層一層的，就要將酥皮擀長一點，再摺回來這樣
就會有層次。」

2002.11.20　第五次製作太陽餅

回來之後，孩子決定依照太陽堂老店師
傅的建議製作。在製作時，孩子會注意到師
傅說的要將餡包好，在擀酥皮時要擀長一點
才會一層一層。烤完之後，孩子興奮地說著：
「有膨起來耶！」品嚐後，孩子覺得已經愈
來愈像太陽堂老店的太陽餅了（圖9-41）。

圖9-41　愈來愈像「太陽餅」！

參、太陽堂老店開張了！

一、做裝「太陽餅」的盒子

因為賣太陽餅需要大量的盒子，孩子陸
續在藝術創作區嘗試做盒子（圖 9-42）。初
期，除了以原來餅盒的展開圖，進行描繪與
組合之外，也有人剪出四邊形，並以膠帶將
剪好的四邊形一面接著一面，黏貼成立方體。

圖9-42　孩子嘗試製作太陽餅的盒子

二、盒子太大了──正立方體的盒子出現！

太陽餅店開張時，藝術老師鄧老師進班來買太陽餅，孩子用之前做的大盒
子裝太陽餅，鄧老師說：「太陽餅這麼小，盒子這麼大，有沒有小一點的盒
子？」在這同時，我們在藝術創作區提供大大小小的盒子，也在益智區放入百
力智慧片讓孩子去拼組。經過一段時間，孩子分享可以用百力智慧片的方法做
盒子，這次孩子用了六片正方形組成比原來盒子小的正立方體。

之後，有孩子將拼好的百力智慧片盒子打開後，一片片描繪在紙上，再剪
下來用膠帶黏接成正方形的紙盒子（圖9-43～9-45）。

圖 9-43　將「百力智慧片」的
盒子打開，描繪

圖 9-44　用膠帶黏接
成正方形盒子

圖 9-45　孩子製作的太陽餅外
帶盒

三、圓形的盒子，才配太陽餅

鄧老師再來買太陽餅時也提出了：「太陽餅是圓的，有沒有圓形的盒子？」於是，孩子開始思考「如何做出圓形的盒子」，孩子以太陽餅為大小畫出兩個圓形，剪一張長條的紙，圍時會注意調整圓周長度，即完成一個圓形的盒子。經過團討時的分享，有孩子利用膠帶紙捲當作圓柱體的面，再利用膠帶捲的圓周畫出兩個底，完成薄薄的圓盒子。

終於，班上自己做的太陽餅，及自製的外帶盒子，均大功告成！

四、外送的訂購

接著，又有家長想買太陽餅，但沒時間到學校來，因此詢問孩子：「能不能外送？」於是孩子設計了外送的訂購單（圖 9-46），也送了兩次的外送。

～上文摘自愛彌兒《探索》期刊 14 期（2004.05 出刊）

肆、結語

文／王桂甚　國立新竹教育大學幼兒教育碩士

孩子在製作「太陽餅」過程中所學習的科學程序性知識，如表 9-2 所示。

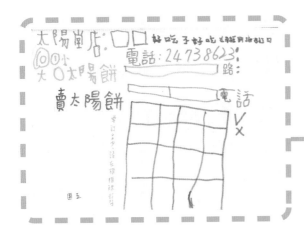

第一次訂購單

有「數量」與「聯絡電話」

第二次訂購單

加上「單價」及「住址」

三、太陽堂老店開張了！ The Opening of The「Tai Yang Cake」
　訂購單2

> 愛彌兒永春分校
> 紅蘿蔔班太陽堂老店
> 賣太陽餅，中的太陽餅五元
> 要訂多少請在 框框 裡打勾
> 電話 24738623
> 路（請寫上您們家的住址）

✓	✓	✓	✓
✓	✓	✓	

> 愛彌兒永春分校
> 紅蘿蔔班太陽堂老店
> 賣太陽餅，太陽餅五元
> 要訂多少請在 框框 裡打勾
> 交回訂購單的時間每週一、二
> 愛彌兒的電話 24738623
> （請寫上您們家的住址）
> 住址：台中市文心南大路312号4F之1.
> 電話：297 512 40
> 手機：0922 13 58 13
> 送餅去的時間每週四、五
> （請選一天）
> 姓名：昱成
> 下面的格子是買一個勾一個

✓			✓
✓	✓	✓	✓

> 最少 10 個才送

第三次訂購單

詳細加上「可訂購、可外送的時間」，及可隨時聯絡的對方「手機號碼」

圖 9-46　訂購單

🐟 表 9-2　孩子在製作「太陽餅」過程中所學習的科學程序性知識

活動 (activities)	孩子的觀察 (observation)	學習的介入 (scaffolding)	孩子的解決策略 (problem-solving)	孩子的學習 (learning)	科學程序能力的培養 (process skills)	
源起		老師：太陽餅的品嚐 食譜的提供 參觀太陽餅老店			觀察 實驗 比較	分析 推論 溝通
第一次製作太陽餅 (2002/9/24)	跟做蛋黃酥很像				觀察 實驗 比較	分析 推論 溝通
第二次製作太陽餅 (2002/10/9)	麵包叔叔：示範如何做太陽餅 * 太陽餅還有一條一條（一層一層）的？ * 太陽餅吃起來鹹鹹的？ * 叔叔用的是酥油 * 叔叔用的麥芽是透明的（水麥芽） * 叔叔的太陽餅會膨起來		訪問麵包叔叔 1. 一層一層是油酥的關係 2. 鹹鹹的，是因為用乳馬琳的關係	太陽餅是有層次的 訪問專家 太陽餅製作的正確材料	觀察 實驗 比較	分析 推論 溝通
第三次製作太陽餅 (2002/11/5)	高老師請吃太陽堂的太陽餅 * 太陽堂的太陽餅有一個一個洞（很多層） * 有很多屑屑，很酥 * 麥芽糖濕濕的，沒有流出來		1. 乳瑪琳到酥油 2. 麥芽到水麥芽 3. 改用叔叔的食譜，再次請教麵包叔叔	太陽餅特酥口感（酥皮、內餡） 訪問專家	觀察 實驗 比較	分析 推論 溝通
第四次製作太陽餅 (2002/11/13)	* 比較像了，可是一層一層的還不夠多 * 麥芽還是會流出來，而且吃起來還是硬硬的	麵包叔叔進班在旁指導 1. 酥皮要包好，麥芽才不會跑出來 2. 麵粉和油要和在一起，水再慢慢加入，酥皮才會光滑 訪問太陽堂師傅，請師傅吃吃我們的太陽餅 1. 要有一層一層的，就要將酥皮擀長，再摺回來 2. 餡吃來硬硬的，是因為沒有包好，包餡時要轉一下，再倒著放		問題解決的能力 太陽餅製作的「包」與「擀」的技巧 訪問專家	觀察 實驗 比較 觀察 實驗 比較	分析 推論 溝通 分析 推論 溝通
			使用太陽堂師傅教授的「包」、「擀」技巧	問題解決的能力		
第五次製作太陽餅 (2002/11/20)	* 太陽餅真的膨起來了，而且還有一層一層的 * 餡吃起來軟軟的				觀察 實驗 比較	分析 推論 溝通

🌳 第四節 聲音的世界

文／劉曉晴 弘光科技大學幼兒保育系／靜宜大學幼教學程

蕭玉卿 弘光科技大學幼兒保育科

壹、敲積木——當作打鼓

學期初，孩子在積木區玩，有人拿著圓柱體積木撞擊其他積木，老師問：「你們為什麼一直敲積木？」孩子說：「我們在打鼓啊！」角落分享時，與孩子討論「如何讓人知道我們在打鼓？」於是，孩子在積木區開始搭蓋起許多鼓的造型。老師也在娃娃家內加入不同種類的鼓，如手鼓、曼波鼓、鈴鼓等，孩子試著拍鼓，並且隨意敲打出聲音（圖9-47）。

圖9-47 孩子正在分享不同樂器看起來、摸起來、聽起來，有什麼不一樣

貳、敲小聲一點、輪流敲

孩子敲鼓時，由於發出的聲音太吵，許多孩子提出抗議「太大聲了、好吵喔！」於是孩子討論了解決方法，包括：敲小聲一點、輪流敲……等。

參、使用感官探索樂器的特徵

我們希望孩子能藉由不同的感官經驗，體驗樂器帶來的視、聽、觸覺的感受，因此，教室內也加入了記錄樂器的語文經驗，例如：樂器看起來、摸起來、聽起來的感覺為何？

佑臻：「手鼓看起來像木頭。」

慧君：「鈴鼓聲音像手搖鈴一樣ㄌㄧㄤ、ㄌㄧㄤ。」

筱薇：「曼波鼓摸起來有軟軟的。」

彥禎：「雞蛋沙鈴頭尖尖的。」

孩子分享了許許多多的感官經驗，並在老師的協助下，將其記錄下來。

肆、參觀鼓坊

探索鼓的過程中，發現多數孩子經驗只侷限於學校的律動屋，於是，我們帶孩子參觀鼓店（圖9-48）。參觀鼓店後，為了更豐富孩子對樂器的瞭解及經驗，我們帶孩子挑選樂器放入教室內，並加入他們即興的表演中。

圖9-48　參觀鼓坊，孩子認識更多不同的鼓類

伍、不同的聲音

老師與孩子玩語文遊戲時，請孩子回憶「有什麼樣子的聲音？」孩子編了一首有許多交通工具聲音的兒歌。

車子聲音叭叭叭

火車聲音ㄑㄧ ㄑㄧㄤˋ、ㄑㄧ ㄑㄧㄤˋ

賽車聲音咻、咻、咻

救護車聲音ㄛㄧ、ㄛㄧ

警車聲音ㄧㄛ、ㄧㄛ

消防車聲音喔、喔、喔

陸、到火車站，尋找聲音

有了這些聲音的語文創作經驗後，孩子逐漸將他們曾經聽過的聲音創作至兒歌中。接著，我們與孩子討論「這些聲音真的像這樣嗎？」為了讓孩子能透過實際的體驗去印證，我們帶孩子到火車站去聽聲音（圖9-49）。孩子帶著錄音機，將聲音錄回來，分享時：

圖9-49　火車的聲音到底是不是ㄑㄧ ㄑㄧㄤˋ、ㄑㄧ ㄑㄧㄤˋ

仁閎：「這是鐵軌的聲音。」

仕翔：「停的時候會ㄙ。」

敬斌：「自強號走很快，會咻。」

紹齊：「以前的火車和現在的火車不同，以前是ㄅㄨㄅㄨ、ㄑㄧㄑㄧㄤˋ、
　　　ㄑㄧㄑㄧㄤˋ；現在是ㄣ──。」

有了真實的體驗，孩子對火車的聲音不再侷限於以往的刻板印象，而會嘗
試以自己的發聲器官，模仿它在各種不同狀態下的發聲，孩子對聲音的敏銳度
及呈現更多元了。

柒、在教室內找聲音──看 STOMP 的影片

　　從火車站回來後，並藉由觀賞音樂老師提供的
STOMP 的影片，孩子對周遭物品敲擊聲音產生更濃郁
的興趣，他們模仿 STOMP 影片中的動作，拿起生活中
的各種物品，盡情盡性地敲擊出不同聲音，例如：

圖 9-50　敲敲廁所的門
會發出什麼聲音

柏翔：「廁所的門會ㄅㄥ的聲音。」（圖 9-50）

雨彤：「垃圾袋放到垃圾桶會發出聲音。」（圖
　　　9-51）

江榕：「掃把拍地有啪啪啪的聲音。」

仁閎：「工作櫃會ㄆㄥ。」

仕翔：「人打櫃子就會有聲音。」

筱葳：「人沖水，要洗手、洗碗、洗湯匙就有聲
　　　音。」

圖 9-51　垃圾袋放到垃
圾桶也有聲音

捌、孩子即興創作生活中的聲音

　　在日常生活的節奏練習後，孩子也利用分組方式進行即興創作，並且發現
到物品的拿取方式不同，也會產生不同的聲音，進而分辨出同一物品能表演出
多種的打擊方法。孩子回顧曾經找尋過可敲出聲的物品，如拖把、掃把、書
等，以三人合奏方式，透過不同拿取物品的姿勢及方法敲出不同的聲音，例如：

＊拖把──孩子利用拖把來回地拖地；將拖把橫躺，用棍子敲彈地板；拖
　　把斜靠書櫃，用棍子敲擊書櫃等，合奏出一段有趣的打擊樂。

＊書本——孩子將書本拿起來拍地板、用翻的、用敲的發出不一樣的聲音，且試著用固定的節奏，如同曼妙的樂曲。

＊掃把——用掃的、拍地板的、掃把倒拿，以棍子撞擊地面，也合奏出撼人心弦的音節（圖9-52）。

圖9-52　掃把不同的方式可以敲出不同的聲音

玖、再到戶外，找更多的聲音

除了在教室內找聲音，孩子藉由拍或敲物品產生聲音；有孩子認為有些是不用外力去敲打，就有自然聲音的，於是孩子躍躍欲試地紛紛到戶外找聲音（圖9-53），他們找到的有：

圖9-53　孩子在「戶外」尋找聲音

慈蓉：「小鳥聲啾啾啾。」

慧君：「我聽到垃圾車經過的聲音。」

尤琪：「摩托車的聲音ㄅㄅ。」

佑臻：「風的聲音咻咻。」

拾、孩子把聲音都錄下來

找聲音過程中，孩子皆使用錄音機將聲音錄下來，後來，孩子發現了一個問題，有時候，事後聽不出錄的是什麼聲音，怎麼辦？

老師：「要怎麼告訴別人，我錄的是什麼聲音？」

孩子：「聲音錄下來，再用紙記第一、二、三……是什麼聲音。」

老師：「可是錄音機只能錄聲音，用紙記，人看不到聲音，讓人一聽到錄音機就知道嗎？還可以再加什麼嗎？」

孩子：「什麼聲音都可以嗎？」

討論後，決定要加錄的是「○○的聲音」，再將找到的聲音錄下來。

拾壹、戶外參觀——為錄更多不同的聲音

當孩子已經習慣於在校園內及馬路旁蒐集聲音後：

老師：「大家錄了好多聲音了，還可以再錄什麼特別的聲音？」

孩子：「消防車、警車、救護車……」

老師：「有什麼辦法，我們可以錄這些聲音？」

孩子：「在外面等。」

孩子：「我們坐娃娃車到這些車子的旁邊等，等它開時就可以錄下來了。」

到戶外錄音後，孩子播放出來與大家分享，孩子還試著模仿：

消防車聲音：ㄛ↗ㄟㄛ↗ㄛ

救護車聲音：喔↗、ㄛ一、ㄛ一

警察車聲音：一ㄨ、一ㄨ、一ㄨ

孩子透過不斷地探索、蒐集、嘗試模仿聲音，他們已能更靈活、精準地使用自己的發聲器官，表現出更貼近實物的聲音。

拾貳、節奏的出現

孩子在探索打擊樂器過程中，音樂老師也在課程中帶入正確的樂器使用方式及口白節奏，協助孩子節奏感及音準的發展。因為孩子進行的大都是單一物品的打擊創作，於是音樂課以遊戲方式讓孩子利用身體部位，及更多物品製作聲音；同時也帶入節奏兒歌，讓孩子熟悉不同的節拍。孩子敲擊的物品愈來愈多樣化，如水龍頭、茶杯櫃、飲水機、書本、掃把、拖把、椅子、牙刷、門等；他們也試著加入不一樣的物品進行創作，如茶杯櫃＋飲水機＋工作櫃。由於有明顯的節奏差異，孩子在表演後發現了：

筱葳：「今天的聲音是分開的，不是一起的。」

慧君：「今天和昨天是不一樣。」

老師：「哪裡不一樣？」

孩子：「前面的人敲兩次，後面的人也敲兩次，再後面的人也敲兩次。」

這次孩子用接續輪流的方式敲出協調感，節奏上能加入數拍子方式並且做不一樣的變化。孩子在一次的即興創作分享中，因為大家敲擊的速度不一，而提出質疑。

拾參、敲得不一樣快？──要有指揮！

孩子：「表演的時候，有的人都敲得不一樣快。」

老師：「要怎麼樣才能大家一樣快？」

孩子：「要做約定。」

因老師曾帶孩子玩過「老師說、查戶口」等遊戲，孩子必須遵守戶長的指令，做出服從的動作。因此，孩子在小組中，也將選戶長的概念帶入即興創作中，孩子事先討論使用的物品種類及要拍出幾下聲音，再由一位孩子指揮大家，因此不整齊的問題也隨即解決！

孩子在即興創作時，物品種類時常變化及組合，每當分享完後，孩子興致高昂，於是老師說：「你們表演得很好聽耶！可以把這些聲音做什麼？」有的孩子想做成書（圖 9-54）、有的孩子想表演出來讓大家聆賞。

圖 9-54　孩子製作聲音書

拾肆、想分組合奏，「生活中的聲音」

我們與孩子討論要選什麼種類的物品發表演出？將孩子按人數分為五個人一組，找尋出五樣物品進行表演（圖 9-55）：

老師：「你們找的東西可以發出什麼不一樣的聲音？」

1.第一組：鋼杯＋牙刷（孩子：「牙刷在鋼杯轉一轉、牙刷敲鋼杯、用手敲鋼

圖 9-55　孩子在互外練習

　杯。」）

2.第二組：椅子（孩子：「用手拍椅子、用棒子敲椅背、椅面、椅腳、椅
　子倒著敲地。」）

3.第三組：奶粉鐵罐（孩子：「用滾的、手拍、用棒子敲。」）

4.第四組：拖鞋（孩子：「拖鞋互拍、拍地。」）

5.第五組：刷子掃把（孩子：「掃地聲、用拍的、倒著敲地。」）

　孩子討論完後：

　老師：「你們要怎麼表演？」

　孩子：「一組一組敲給人家聽聲音。」

　孩子：「用輪流，先第一組後，換第二組……」

　孩子：「用唱歌的大家一起敲。」

　上音樂課時，音樂老師曾帶入分組，利用樂器配合兒歌進行合奏，回教室
後，常會聽孩子嘴裡哼著節奏，雖沒有樂器，但會利用拍手來伴奏；老師說：
「上音樂課時，好像你們有分組敲聲音，只是你們用的是樂器跟著音樂唱歌，
可是，如果沒有樂器怎麼辦？」孩子也突然想
起：「我們用我們找到的東西來敲聲音。」決
定要先將找到物品做介紹，之後再唸兒歌表
演。

　最後，孩子聽了節奏性音樂之後，挑選多
首兒歌，進行敲打合奏，發現「小樂隊」的音
樂節拍最能和他們的敲擊配合，並於過年活動
中呈現他們的精彩演出（圖 9-56）。

圖 9-56　在過年活動中演奏給全校
聽

　　　　　　　～上文摘自愛彌兒《探索》期刊 14 期（2004.05 出刊）

拾伍、結語

文／楊蕙鍈

　　「聲音」這個主題的發展，最初是因老師發現孩子在積木區搭建「鼓」，並對「鼓」逐漸浮現出興趣，於是在裝扮區中加入許多不同類型的鼓讓孩子探索，如手鼓、曼波鼓、鈴鼓等，為了豐富孩子的經驗，帶幼兒去參觀鼓坊，但評估到孩子對鼓的生活經驗有限，決定擴充主題為「聲音」，樂器也由鼓類，再加入其他敲擊樂器，如手搖鈴、高低木魚等樂器。主題進行之初，老師能善用其角色的功能，觀察幼兒的興趣、評估教學資源取得的難易度，並考量主題延伸的範圍，適時地調整主題，讓孩子不脫離原先對鼓的探索，但又能加入範疇更廣的聲音的探索。

　　孩子在取得樂器時的第一個表現，即是隨意地敲打，並未考量到教室內他人的感受，但在其他孩子的抗議後，老師與孩子共同約定了解決的辦法——孩子決定要到教室外面練習，並於練習過後，加入兒歌演奏、唱和，將演奏成果與大家分享。孩子在練習的歷程中，他們學到同理教室內他人對音量大小的感受，並透過團體的激盪、協調，想出如何在不影響他人的狀態下，仍能進行演奏練習。

　　孩子的聲音創作過程中，歷經了許多聲音的尋找及探索。老師與孩子一起回憶聲音，並討論到聲音的真實性，老師與孩子玩兒歌創作時，孩子創作了：車子聲音叭叭叭、火車聲音ㄑㄧㄑㄧㄤˋㄑㄧㄑㄧㄤˋ等，這也引發孩子對兒歌中火車聲音與真實生活中的火車聲音的認知落差。因此老師與孩子一同探究各種車子所發出的聲音，並運用實地參訪的機會將所聽到的聲音錄下來，以做對照。由此，我們見到了孩子在生活中也累積了他們對聲音的刻板印象，而老師為了讓孩子們的感官更靈活地運用，因此和孩子們透過觀察、尋找生活中的各種聲音，進而善用自己的發聲器官將其表現出來。Carlton與Weikart（1994）提出幼兒如何成為一位音樂創作者，其主要的學習經驗應是在探索音樂上，而探索並辨認聲音即為其中之一。

　　老師帶入了STOMP影片的欣賞，在欣賞結束之後與孩子討論影片的內容，

孩子說：「廁所的門關起來有聲音」、「刷牙也有聲音」、「掃地的時候也有聲音」等。找尋聲音的過程中，由找尋室內人為製造出來的聲音轉而到找尋教室外自然發出的聲音。老師教學資源的適時介入，拓展孩子聲音尋找的範圍，孩子也能在生活中尋找出更多樣化的聲音。

　　整個課程進行的過程中，音樂老師的協同教學，讓孩子在聲音的探索過程中，能配合人類音樂發展歷程：節奏→音高→音色，融入三、四歲幼兒對旋律、節奏上的敏感及需求。課程中，欣然地見到孩子們從拿起物品隨意敲打，到會以數數「1、2」的方式代表節拍；以不同的身體擺動方式敲擊出強弱不一的變化；孩子們也會以不同的方式嘗試敲打同一物品，製造出不同的音色。課程的進行中，也曾出現教師原先的教學期望，因孩子音樂能力的發展尚未達到預期的程度，而修正原先的期望，例如：正式表演時取消孩子擔任指揮者的角色。整個課程的進行流程中，孩子、音樂老師和帶班老師就如同織網者，三方在協調、溝通下，不斷地交織穿梭在課程的網狀脈絡內（表 9-3）。

表 9-3　「聲音的世界」課程發展

課程發展階段	事件	老師介入或同儕互動	孩子的表現
1. 初期聲音的探索	孩子對鼓產生興趣	●放入各式鼓類 ●參觀鼓坊 ●音樂協同課程介入（節奏） ●有關聲音的語文活動	●孩子初期演奏表演 ●自編兒歌
2. 尋找聲音	火車聲音是ㄑㄧㄑㄧㄤˋ、ㄑㄧㄑㄧㄤˋ	●參觀火車站 ●欣賞 STOMP 影片 ●音樂課持續進行節奏活動 ●音樂課進行節奏、音高、音色 ●帶入指揮者的概念 ●結合樂曲及物品打擊	●孩子對聲音敏銳度高且多元 ●開始在室內找聲音 ●持續在室內外找聲音，並模仿 STOMP ●模仿 STOMP 創作，出現節拍 ●正式表演

參考文獻

簡淑真、陳淑芳、李田英（2002）。**建構幼兒科學教學模式之建立與驗證研究（2/2）**（更名為建構取向幼兒科學教學之實施研究）。行政院國家科學委員會專案研究成果報告（編號：NSC-90-2511-S-003-024）。（未出版）

Carlton, E. B., & Weikart, P. S. (1994). *Foundation in elementary education: Music.* Ypsilanti, MI: High/Scope Press.

chapter 10

建構主義取向的幼兒科學教育——「讓樺斑蝶回家」的啓示

文／潘世尊

🌳 第一節　前言

　　「讓樺斑蝶回家」這個課程，一來可說富含建構主義取向課程與教學之意涵；再者，參與這個課程的幼兒之科學知識、能力與態度從中得到良好的成長，因此可藉以說明建構主義取向的幼兒科學教育宜如何進行。不過，這並非意謂幼兒教育階段的教育工作者需參照本文之建議，然後刻意以分科或分領域的方式加以實施。筆者的想法是在幼兒生活或課程進行的過程中，若涉及科學教育此一層面，則可參考本文所提出來的課程／教學原則與策略。同時，還可以其為基礎，於課程／教學進行的過程中，再建構其他可行且有價值的原則與策略。若能如此，優質現代公民的培育將能從幼兒教育階段就開始。

🌳 第二節　建構主義取向的課程與教學——一般性的原則與策略

　　建構主義在本質上只是一個包含不同領域理論成員，但卻共享某些主張的理論家族。在眾多建構主義取向中，近年來對課程與教學較具影響力者有三：

1. 前蘇聯學者 Vygotsky 對「高層次心理能力」發展的解釋。
2. Piaget 的建構論與根本建構主義。

3. 情境認知與情境學習理論。

若以上述三者為基礎加以推演，教師的課程與教學宜把握如表 10-1 中的原則和策略。

表 10-1　建構主義取向的課程／教學原則與策略

課程／教學原則與策略	注意事項或可具體進行之活動	理論基礎
1. 瞭解兒童的實際發展水準或概念結構與運思方式，以作為安排進一步課程／教學之依據。 2. 讓兒童先進行操作、思考或問題解決的活動，不要急著告訴兒童答案或問題解決的方式，以免限制其思考，並使其得以發展出較高層次的心理能力。過程之中和之後，亦設法瞭解兒童的概念與運思方式。	1. 從兒童的角度出發思考兒童到底是如何想以及為什麼會這樣想，以使所做的推論或臆測較為接近兒童本身的概念與運思。 2. 不斷與兒童互動，從兒童的回應中逐步修正對兒童所擁有的概念與想法的瞭解。 3. 請兒童透過討論、口頭發表或紙筆記錄等方式呈現其想法，再從中推論和臆測。過程中，可以以「在不疑處起疑」的態度經常問兒童「這是什麼」或「為什麼」之類的問題，以使兒童呈現其想法。 4. 在推論或臆測兒童的想法之後，可說給兒童檢核，看其是否同意自我所做的推論。若結果為否，則可以請兒童重新陳述或加以修改。	根本建構主義與 Piaget 的建構論／Vygotsky 對人類高層次心理能力發展的解釋
3. 若發現兒童的概念或運思有問題： • 不直接指出錯誤的地方，亦不直接告訴兒童應該是什麼或應該怎麼做。 • 透過「認知衝突」的製造，讓兒童感受自我的想法似乎有問題，進而主動加以調整。	1. 透過問題，挑戰兒童想法中的問題之處。 2. 透過情境或具體操作，挑戰兒童想法中的問題之處。 3. 讓兒童說明自我的想法，進而發現本身的問題所在。 4. 透過兒童之間的提問或對話，挑戰彼此想法中的問題之處。	根本建構主義與 Piaget 的建構論
4. 若發現兒童沒有辦法自行想出問題解決的途徑或做出適切的回答，可視需要逐次提供較多且較具體的提示，以協助兒童發展出可能發展出來的最高層能力。	1. 兒童真的需要時才介入引導。 2. 介入時，需把握「由少到多」、「由抽象到具體」的提供提示之原則。 3. 講解與示範乃最多且最具體之提示；然而，若非必要，不需運用此種方式。	Vygotsky 對人類高層次心理能力發展的解釋

（接下頁）

課程／教學原則與策略	注意事項或可具體進行之活動	理論基礎
5. 運用兒童之間的社會互動： • 可利用不同程度兒童間的互動，以引導兒童發展出較高層次的心理能力。 • 可運用兒童間的互動製造彼此的「認知衝突」，進而主動調整自我的概念與運思。	1. 可利用異質分組。 2. 可讓兒童透過互相提問或對話的方式，挑戰彼此想法中的問題之處。	Vygotsky 對人類高層次心理能力發展的解釋／根本建構主義與 Piaget 的建構論
6. 若兒童的運思、操作、解題或回答「能存活」（即可以合理的解決所面臨的問題或解釋所經驗到的現象），則加以認可與接受。	1. 以「能否存活」來評量兒童的回答或所提出的問題解決途徑，而非以自己心中的答案作為評量的唯一標準。 2. 「能存活」的知識，較為精確的意涵為：內部具「邏輯一致性」（即沒有矛盾存在），外部具「經驗效度」（即能合理解釋所經驗到的現象或解決所面對的問題）之知識。	根本建構主義與 Piaget 的建構論
7. 在接受兒童「能存活」的回答或解題之後，若對兒童的概念與運思方式之發展序階有所瞭解，可試著以兒童於下個階段可能發展出來的概念或運思方式為依據安排課程與教學，以推進兒童知識與能力的發展（此一原則與策略，較偏向數學領域的課程與教學）。	1. 可試著瞭解兒童於某一領域（如測量或正整數）的概念與運思方式之發展序階。 2. 可以以兒童於下個階段可能發展出來的概念或運思方式作為引導之依據，以推進兒童知識與能力的發展。	Vygotsky 對人類高層次心理能力發展的解釋
8. 課程與教學之進行，宜與知識所存在之活動或情境相結合。	1. 讓兒童置身於知識所在的情境。 2. 讓兒童從事知識所潛隱之活動。 3. 讓兒童與擁有知識者互動。	情境學習與情境認知理論

資料來源：改編自潘世尊（2006）

　　要注意的是表 10-1 中的原則與策略，需視兒童的表現和回應機動實施，而沒有固定並不變的流程。

🌳 第三節 「讓樺斑蝶回家」的啟示

不同領域（如數學和科學）所蘊含的知識與能力可能有相似的地方；不過，亦有不同之處。因此，若要把表 10-1 所陳述之建構主義取向的課程／教學原則與策略應用到科學教育，需再加以精緻化。透過與「讓樺斑蝶回家」這個課程的對話，可使其更為切合科學領域的課程與教學。

壹、教師，想什麼？做什麼？

課程／教學的發展與實施之歷程	意涵
「讓樺斑蝶回家」此一課程發生於一個中班班級，歷時約兩個半月（二〇〇四年八月初至十月中）。課程的發展，源於幼兒於菜圃鋤草、鬆土的過程中發現毛毛蟲時，表現出害怕、討厭的感受，並認為有毒而不可接近。	透過觀察瞭解幼兒現有的知識、想法與感受。
對此情況，教師們認為成人由於擔心幼兒被毛毛蟲傷害，因而忘了引導孩子欣賞生命的偉大與自然之美妙。因此，擬引導幼兒加以探究，並訂定如下的課程目標： 1. 能對自然好奇，並尋找相關資訊瞭解自然或解釋自然現象 2. 能利用工具進行觀察與記錄 3. 能依觀察與探索之結果形成解釋 4. 能認識毛毛蟲的生長環境與食性 5. 能認識蝴蝶的成長過程 6. 能學會照顧毛毛蟲的方法 7. 能養成愛護生物的態度（楊蕙鍈、唐雪怡、賴姿君，2005） 　　這些目標，可說包含科學知識、方法與態度的學習，以及尊重生命的情懷之培養。	以對幼兒現有發展水平的瞭解為基礎，設定期待幼兒發展出來的知識、能力與態度。
（一）課程初期：引導幼兒接近、觀察與記錄毛毛蟲 　　為達課程目標，教師提供相關的學習資源，包含在語文區擺放與毛毛蟲及蝴蝶有關的圖書繪本，在科學區準備放大鏡、飼養箱、圖鑑等科學觀察所需的工具與資料。此外，還利用課餘時間帶幼兒到菜圃觀察毛毛蟲，並透過圖畫書為幼兒介紹毛毛蟲與常見昆蟲。其中，幼兒甚為喜歡《好餓的毛毛蟲》一書，經常拿著該書請老師說故事，並透過想像、模擬及創造等活動進而改編《好餓的毛毛蟲》一書。而隨著天天觀察及上述活動，幼兒漸漸變得不再害怕毛毛蟲，並主動以畫筆加以記錄。	提供可能的資源、協助與引導，但不直接教導。

（接下頁）

課程／教學的發展與實施之歷程	意涵
然而，幼兒在記錄觀察結果時，常用線條或圓圈代表「一隻毛毛蟲」，或想像毛毛蟲正在做某事（即非真正記錄觀察結果）。	透過與幼兒間的互動與觀察，瞭解幼兒目前的發展水平。
就科學知識的習得而言，觀察與記錄是重要的能力。	設定期待幼兒發展出來的能力。
在理解幼兒目前的發展階段與表現之後，教師利用與幼兒共同改編及創作《好餓的毛毛蟲》一書之機會，增強其思考廣度。同時，亦引導幼兒將每日利用課餘或角落時間觀察到的結果記錄於紙張之上；然後，請幼兒分享觀察與記錄之結果，並由教師及同儕進行提問。而經由此種提問與澄清之歷程，幼兒逐漸能夠透過紙筆具體呈現觀察的結果。此外，在提問與澄清的過程中，一些新的問題可能浮現，並成為幼兒進一步觀察與探索的對象。	引導但不直接教導： ・透過繪本的改編與創作，協助幼兒掌握觀察／記錄的重點或焦點。 ・讓幼兒呈現其想法，並透過問題瞭解其想法，以及引導他透過反思澄清自我的想法。 ・運用幼兒間的社會互動（互相提問）。

（二）課程中期：引導幼兒預測與驗證

隨著觀察的進行，幼兒逐漸發現「葉子破了」、「葉子好少」、「毛毛蟲長得好大」等現象，並提出「毛毛蟲是否會咬人？」「若毛毛蟲不咬人，吃的是什麼？」之類的問題。期間，兒童發現綠色與褐色的蛹，並試著比較其差異。對此現象，教師鼓勵兒童預測。	讓幼兒先思考，不直接告訴幼兒答案。 從幼兒的回應中，掌握他的概念或運思中的問題點（幼兒由於「同
結果兒童提出「毛毛蟲的家是咖啡色」，「綠色是蚱蜢的家」的說法。	化」作用而做出的回答──綠色是蚱蜢的家）。
其實，兩者都是毛毛蟲所化成的蛹。然而，教師讓幼兒試著透過每天的觀察或書籍之查閱來證實掛在牆上的蛹是誰的家，而非直接告訴幼兒答案。	不直接指出幼兒的錯誤，讓幼兒透過主動的探索瞭解自己的問題點
與此類似，幼兒在觀察的過程中發現馬利筋的葉子全部不見了。對此現象，幼兒的預測為：「是毛毛蟲咬的」、「是風吹的」、「下雨，淹水就掉了」、「是小孩弄的」、「是蚱蜢把吸管樹的葉子吃掉了」、「我看見蝴蝶在吃吸管樹」（吸管樹即葉子被吃掉之後的馬利筋）。過程中，幼兒發現科學區書本裡有毛毛蟲和蝴蝶的照片，並請老師唸出相關文字（「樺斑蝶喜好吸食金露花、馬利筋、馬櫻丹等庭園植物的蜜源，而樺斑蝶成蟲的體內，含有他們自幼蟲期攝取自馬利筋的毒性，因此一般天敵幾乎不敢攻擊他們……」）。結果，從此一書籍的閱讀中，幼兒證實平日觀察所得，毛毛蟲以馬利筋的葉子為食物來源之發現。	（即讓幼兒透過主動的探索產生認知上的衝突），進而調整腦海中原有的基模（如蚱蜢是綠色的，綠色的蛹是蚱蜢的家）。

（接下頁）

課程／教學的發展與實施之歷程	意涵
（三）課程後期：讓幼兒經歷蝴蝶完整的生命歷程	
蛹羽化成蝴蝶後，孩子觀察的目標物消失。此一情況，教師擔心會影響幼兒對生物探索的興趣。因此，將馬利筋移植進教室陽台日照可及之處。	讓幼兒置身知識（蝴蝶的生命歷程）所存在之情境。
在持續觀察的過程中，幼兒發現樺斑蝶至馬利筋上產下五顆卵。發現此點之後，教室內再度討論、預測卵會有什麼變化？又將於何時產生變化？每天角落時間，幼兒會主動到科學角觀察並記錄，結果發現毛毛蟲的出現。之後，幼兒持續透過放大鏡、蠟筆或色鉛筆等工具，觀察與記錄毛毛蟲身體的變化及行為。	不直接告訴幼兒答案，引導幼兒試著提出可能的回答，並透過觀察與記錄瞭解自我的想法是否適切。
由於在教室對毛毛蟲進行長期觀察，幼兒接著親身經歷與目睹毛毛蟲化蛹的過程。對此現象，教師利用團討之機會和幼兒再次觀賞所攝影下來的畫面，並引導幼兒預測毛毛蟲在蛹裡面會做哪些事。接著，在一個多星期後的一個早晨，孩子們到校後，於教室發現羽化後的蝴蝶。至此，幼兒親身經歷樺斑蝶產卵、卵孵化出毛毛蟲、毛毛蟲化為蛹、蛹又羽化成蝴蝶之經過，並因而證實在團體討論及分享中所預測毛毛蟲的生命歷程。	
先前，經由每日到菜圃觀察毛毛蟲的變化，幼兒知道毛毛蟲生活在菜圃中的馬利筋上，並靠吃葉子維生。至於毛毛蟲會化蛹，蛹會羽化成蝴蝶這個部分的過程與知識，幼兒雖因書籍的閱讀或成人的告知而有印象；然而，由於未曾親身經歷與目睹，其實並未真正掌握上述過程與知識。	當知識的取得與知識所存在的情境或脈絡脫節時，所得到的可能只是僵化且容易忘記的知識。
因此，有幼兒會認為「蛹是毛毛蟲的家」。而當蛹羽化成蝴蝶並只剩透明的蛹殼時，有幼兒會天真的說「毛毛蟲白天出去玩，晚上才會回來牠的家睡覺」。此種情況顯示幼兒雖然知道毛毛蟲、蛹與蝴蝶三者之間互有關係；不過，並未真正理解此種關係究竟為何。而即使教師透過繪本或圖書加以說明，幼兒也無法建立穩定的認知。	迷思概念／與同化作用有關的回答。 因腦海裡面的相關基模並沒有真正改變。
然而，在課程後期即將結束之際，經由孩子個別的觀察紀錄與全班性統整的毛毛蟲成長圖，發現幼兒已建構出蝴蝶生命歷程之知識。會這樣，與幼兒親身經歷樺斑蝶產卵、卵孵化出毛毛蟲、毛毛蟲化為蛹、蛹又羽化成蝴蝶之全部歷程有密切相關。	經過與實際情境、教師及同儕之間的互動，幼兒建構出與蝴蝶的生命歷程有關之紮實知識。

（接下頁）

課程／教學的發展與實施之歷程	意涵
（四）課程中的情意面：培養幼兒接近與愛護動物的態度 　　幼兒初見毛毛蟲時的反應為「害怕與排斥」或「逗弄與欺負」。	幼兒於情意層面一開始的發展水平。
對此情況，教師以安撫、勸說、轉移兒童的注意或培養其同理心的方式（例如：告訴幼兒：毛毛蟲不會傷害小朋友的、你看牠的身上有好多顏色、如果你是毛毛蟲，你喜歡別人這麼弄你嗎？），試著讓幼兒接受毛毛蟲。不過，這些方式所得到的只是短暫的效果。直到於教室中與幼兒分享《好餓的毛毛蟲》此一有趣的繪本，並與其討論毛毛蟲喜歡吃的食物或喜歡做的事情之後，幼兒對毛毛蟲的態度才有所改變。不僅對毛毛蟲感到好奇、關心毛毛蟲的一舉一動，談論的話題亦常以毛毛蟲為焦點。更有甚者，幼兒還對毛毛蟲產生高度的認同感。	態度的改變不容易透過直接教導的方式達成目的。
因此，某天發現「毛毛蟲的家」（即毛毛蟲所化成的蛹）掉落地面，並殘留被踩過的痕跡時，便興起憤怒之情。在教師的引導下，幼兒討論如何方能保護毛毛蟲（如「不要摸牠、不要抓牠」），並將想法化為行動。結果，益智區內的百力智慧片與積木區裡的單位積木，都成了幼兒行動的工具。同時，幼兒也想到應提醒其他班級的幼兒一起保護毛毛蟲。	引導而不直接教導／運用同儕間的社會互動。
此外，於教室中發現蝴蝶之後，幼兒透過討論試著為蝴蝶尋找一個較舒適寬敞的家，因已把牠當成班上的一分子。最後，決定以鳥籠來飼養蝴蝶。由於從先前之故事分享與圖鑑介紹中，已獲得飼養蝴蝶的資訊。因此，幼兒知道鳥籠符合蝴蝶生存的條件。然而，在將鳥籠清理乾淨，並將蝴蝶送入之後的幾分鐘，蝴蝶卻由縫隙中鑽出來。對此情況，有幼兒認為要整修鳥籠，但亦有幼兒反對把蝴蝶養在籠子裡。因此，幼兒接著討論蝴蝶可以生活的地方。在教師的引導下，幼兒試著想像與體會蝴蝶被關在籠子裡可能有的感受，並提出「送蝴蝶回家比較好」的建議。經過討論後，幼兒一致認同「讓樺斑蝶回家」（即讓牠返回大自然）。此種做法體現尊重生命的態度，可說是課程中另一個很大的收穫。	引導而不直接教導／讓幼兒構思問題解決之道／提供相關資源（鳥籠）／運用幼兒之間的社會互動──團體討論。 透過「提示」引導幼兒解決問題。

貳、啟示

　　在經歷「讓樺斑蝶回家」此一課程後，幼兒在科學知識方面，可能的成長為瞭解樺斑蝶幼蟲與馬利筋的關係，以及蝴蝶的生命歷程。在科學方法方面，可能的轉變為知道能透過觀察、記錄、預測、查閱圖書及驗證等方式進行探

究，並具有初步的經驗與能力。此外，幼兒還從害怕及排斥毛毛蟲變成試圖保護毛毛蟲，最後還表現出尊重生命的態度而「讓樺斑蝶回家」。幼兒能夠得到這些成長，就如本文先前所述，與實施建構主義取向之課程與教學密切相關。

與「讓樺斑蝶回家」此一課程中教師的教學相較，表 10-1 所列建構主義取向的課程／教學原則與策略若要運用於科學教育之領域，至少有如下值得進一步討論之處。

第一，試著對觀察到的現象做出解釋，然後設法驗證所做的解釋，乃科學知識取得的重要途徑。在「讓樺斑蝶回家」中，教師除會引導幼兒學習觀察與記錄的方法，還會引導幼兒針對所觀察到的現象或問題做預測，然後設法透過查閱圖鑑或再持續觀察等方式驗證所做的預測。此點，可說符合科學知識取得之原理，並能協助學生學習科學的方法與科學知識獲得之程序。然而，表 10-1 所列之課程／教學原則與策略，由於並非刻意從科學教育的角度來論述，因而並未揭示此點。

第二，表 10-1 所列第七項原則與策略為：「在接受兒童『能存活』的回答或解題之後，若對兒童的概念與運思方式之發展序階有所瞭解，可試著以兒童於下個階段可能發展出來的概念或運思方式為依據安排課程與教學，以推進兒童知識與能力的發展。」然而，在「讓樺斑蝶回家」此一課程中，卻未看到教師應用此一策略。何以如此？

以數學領域的學習來說，若干研究的確顯示兒童會依序發展出不同層次的概念與運思方式，例如：甯自強（1992，1993）透過對兒童解題過程的觀察及其後的深入晤談，建構出兒童正整數數概念之發展依序為數的前置概念、起始數概念、內嵌數、合成巢狀數以及測量單位數等五個階段。相對於此，兒童將依序透過序列性合成運思、累進性合成運思、部分—全體運思，以及測量運思等方式解決問題。因此，相同的問題（如「操場原來有九個小朋友，跑掉三個之後，還有幾個小朋友？」），兒童在不同的發展階段會透過不同的運思方式正確解題。而若知道兒童下個階段可能發展出來的概念與運思方式，自宜據以引導學生構思更高層次的解題方式，從而推進其數學概念與運思能力之發展。

然而，就科學概念的學習而言，學生概念的進展可能是由「迷思概念」（misconception）〔或「另類概念」（alternative concept）〕轉變為與科學家所

擁有的概念一致，而非如上所述般會依序發展出不同層次，但仍為「能適應」或「能存活」之科學概念與運思方式。周淑惠（2003a，2003b，2003c）對兒童所擁有之科學概念（如電路、齒輪、光、影、生物）加以探究後的結果，可支持此種觀點。兒童之所以會產生另類概念，主要原因可能是（周淑惠，2003a）：⑴受成人世界用語之誤導；⑵受生活直觀經驗所影響；⑶受有限專注力之箝制（即專注於表面現象或突出之特徵）；⑷受有限思考之框限（即運用有瑕疵之推理來合理化認知衝突）。然而無論為何，科學教育的重點應在透過鷹架的提供或認知衝突的製造以促成兒童概念上的轉變。若是如此，「以兒童於下個階段可能發展出來的概念或運思方式為依據安排課程與教學，以推進兒童知識與能力的發展」之主張，或許較適用於數學領域之課程與教學。

　　第三，表 10-1 所列第六項原則與策略為：「若兒童的運思、操作、解題或回答『能存活』，則加以認可與接受」之主張，於科學教育之意涵亦有釐清的必要。

　　就科學教育來說，兒童對現象所做的解釋即使能通過他所經驗到的外在環境之要求（例如：兒童依觀察所得，指出地球為靜止並呈平面狀態，太陽繞著地球轉），亦可能是一種需要突破的迷思概念。當然，科學家所擁有的概念未必就是真理；然而，卻是目前為止，對現象所做之「較佳且較合理」的解釋。因此，「若兒童的運思、操作、解題或回答『能存活』，則加以認可與接受」之主張，需做更明確的界定。從「讓樺斑蝶回家」這個課程裡面可知，就科學概念的學習而言，透過各種可能的方法蒐集與欲解釋之現象有關的資訊或驗證所做的解釋，可說甚為重要。因此，讓學生試著構思可能的方法（例如：構思可驗證自我對所觀察到的現象所做的解釋與預測之方法）以學習科學的技能，應為科學教育的重點之一。若是如此，筆者認為可將「若兒童的運思、操作、解題或回答『能存活』，則加以認可與接受」之主張界定為——只要兒童所構思的方法合理且能適切解決所面對的問題，則為「能存活」而可加以接受。

　　第四，依表 10-1 所列第四項原則，教師宜在兒童無法自行解決問題時介入，然後透過「由少到多」、「由抽象到具體」的提供「提示」的方式，以引導兒童發展出較高層次的問題解決能力。在「讓樺斑蝶回家」此一課程中，教師透過各類型的鷹架引導幼兒發展科學知識與技能，並培養愛護生命的態度

（參表 10-2、表 10-3、表 10-4）（楊蕙鍈等人，2005），結果亦顯示幼兒得到某種程度的成長。因此，教師所提供各種不同類型之鷹架，亦可說是一種有助於協助兒童發展出較高層次的問題解決能力之「提示」。而若依周淑惠（2004）之見，教師可透過「言談鷹架」（提問、解說、暗示、引導或統整）、「環境鷹架」（布置探索性與具提示作用的環境）、「材料鷹架」（準備與提供多元探索的材料）、「參與鷹架」（參與探索與建構之行動）或「同儕鷹架」（運用較有能力同儕的協助）等不同類型鷹架之搭構提昇幼兒的能力。以此觀之，表 10-1 所列建構主義取向的課程／教學原則與策略，亦忽略教師在透過「提示」引導兒童解決問題的過程中，宜視情況提供各種不同類型的鷹架，以協助兒童學習此。

表 10-2　幼兒科學程序能力建構過程及教師鷹架策略的使用

幼兒的轉變	教師使用的鷹架策略	語文心智工具的使用
不懂如何觀察毛毛蟲。 （箭頭向下） 開始研究毛毛蟲（幼兒由教師引導，變成逐漸透過主動觀察、記錄、預測、查閱圖書或驗證等活動學習或解決問題）。	*言談鷹架 陳述毛毛蟲喜歡吃、喜歡做的事；討論蛹與毛毛蟲間的關係；討論如何保護毛毛蟲。 *環境鷹架 語文區內放置昆蟲相關繪本；科學區內提供圖鑑、放大鏡，以及記錄用的紙筆，方便幼兒進行觀察與記錄。 *材料鷹架 提供繪本《好餓的毛毛蟲》與記錄的工具（如紙、蠟筆）。 *參與鷹架 讓幼童至菜園內進行自然觀察與欣賞相關繪本。	・討論毛毛蟲喜歡做的事。 ・改編《好餓的毛毛蟲》。 ・每日的毛毛蟲觀察記錄。 ・預測並查閱書籍，驗證兩種顏色的蛹皆為毛毛蟲的家。

資料來源：改編自楊蕙鍈等人（2005）

表 10-3　幼兒科學知識建構過程及教師鷹架策略的使用

幼兒的轉變	教師使用的鷹架策略	語文心智工具的使用
片段的毛毛蟲成長的概念。 ◎瞭解樺斑蝶幼蟲與馬利筋的關係。 ◎建構毛毛蟲至蝴蝶完整的生命歷程。	*言談鷹架 1. 討論毛毛蟲喜歡的事物。 2. 討論誰吃了吸管樹。 3. 討論其他毛毛蟲與樺斑蝶幼蟲的差異。 *環境鷹架 1. 科學區內放置圖鑑、放大鏡與記錄用的紙筆，方便幼兒進行觀察記錄。 2. 從菜圃內移植馬利筋植栽至教室科學區。 3. 在教室的飼養箱內，飼養老師及家長提供的其他毛毛蟲。 *材料鷹架 1. 藝術創作區內置入油土、牙籤、紙類、顏料，協助幼兒呈現所觀察到的毛毛蟲。 2. 拍攝毛毛蟲化蛹的過程，讓幼兒再次回顧與討論。 *參與鷹架 1.讓幼兒於菜圃及教室內自然觀察。 2.透過肢體律動引導幼兒表現毛毛蟲的行動方式。	• 引導幼兒討論馬利筋的葉子怎麼不見了？ • 引導幼兒查閱書籍，認識毛毛蟲的食性。 • 引導幼兒將每日的毛毛蟲觀察進行記錄（例如：畫下蝴蝶產卵或毛毛蟲的身體變化及其行為）。 • 引導幼兒繪製毛毛蟲成長歷程圖。

資料來源：改編自楊蕙鍈等人（2005）

 表 10-4　幼兒情意態度轉變歷程及教師鷹架策略的使用

幼兒的轉變	教師使用的鷹架策略	語文心智工具的使用
「害怕與排斥」或「逗弄與欺負」毛毛蟲。 讓樺斑蝶返回大自然，展現保護毛毛蟲的心態及對生命的尊重。	*言談鷹架 1.引導幼兒討論並宣導保護毛毛蟲的方法。 2.引導幼兒探究適合蝴蝶的居住空間。 3.引導幼兒辯證蝴蝶去留的兩難問題。 *材料鷹架 1. 提供百力智慧片、單位積木、美勞素材、鳥籠等材料，滿足幼兒製作毛毛蟲的家之需求。 2. 提供《想要飛舞的毛毛蟲》與《小羊和蝴蝶》等繪本，讓孩子體驗蝴蝶自在飛翔的生活需求。 *參與鷹架 引導幼兒觀察校園裡的蝴蝶及毛毛蟲。 *同儕鷹架 在討論的過程中，有幼兒提出放生的想法。	• 引導幼兒討論並宣導保護毛毛蟲的方法。 • 引導幼兒研究適合蝴蝶的居住空間。 • 引導幼兒辯證蝴蝶去留的兩難問題。

資料來源：改編自楊蕙鍈等人（2005）

值得提出的是在表 10-2、表 10-3、表 10-4 中，皆曾提出於「讓樺斑蝶回家」此一課程裡面，教師會透過「語文心智工具」的使用引導兒童學習。從 Vygotsky（1978, 1981）的角度來看，高層次心理能力的發展必須以「符號」為中介（或媒介），而最重要的符號是語言文字。因此，語文乃心智運作與發展之工具。讓兒童從事「口說語文」（例如：陳述自我的觀點、討論或論辯）與「書寫語文」（例如：畫下觀察結果或製作與探究主題有關之小書）等活動，可協助兒童知識與能力之發展（周淑惠，2004）。表 10-1 所提課程／教學原則與策略雖未使用類似用語；然而，「設法瞭解兒童的運思」（例如：請兒童透過討論、口頭發表或紙筆記錄等方式呈現其想法）或「利用不同程度同儕間的互動」等原則與策略，其實應能加以涵蓋。

🌳 第四節 建構主義取向的幼兒科學教育

綜上所述，在課程進行的過程中若涉及與科學有關之內涵，教師可透過如表 10-5 中的原則與策略引導兒童學習。

🔖 表 10-5 建構主義取向的幼兒科學教育

原則與策略	注意事項或可具體進行之活動
1. 瞭解兒童的實際發展水準或概念結構與運思方式，以作為安排進一步課程／教學之依據。	除科學知識與態度，亦需瞭解兒童對科學方法（如觀察、記錄）與程序（例如：先試著對所經驗到現象提出解釋，再設法驗證自我的推測）之掌握。
2. 讓兒童試著對本身所觀察到的現象進行解釋或預測，或透過探索與操作構思問題解決之道，以免限制其思考，並使其得以發展出較高層次的心理能力。過程之中與之後，亦設法瞭解兒童所擁有的概念與想法。	1. 從兒童的角度出發思考兒童到底是如何想以及為什麼會這麼想，以使所做的推論或臆測較為接近兒童本身的概念與運思。 2. 不斷與兒童互動，從兒童的回應中逐步修正對兒童所擁有的概念與想法的瞭解。 3. 請兒童透過討論、口頭發表或紙筆記錄等方式呈現其想法，再從中推論和臆測。過程中，可以以「在不疑處起疑」的態度經常問兒童「這是什麼」或「為什麼」之類的問題，以使兒童呈現其想法。 4. 在推論或臆測兒童的想法之後，可說給兒童檢核，看其是否同意自我所做的推論。若結果為否，則可以請兒童重新陳述或加以修改。

（接下頁）

原則與策略	注意事項或可具體進行之活動
3. 讓兒童構思驗證自我所做的解釋或預測之方法，並協助其實際進行試驗。過程之中與之後，亦設法瞭解兒童所擁有的概念與想法。	
4. 若發現兒童的概念或運思有問題： ・不直接指出錯誤的地方，亦不直接告訴兒童應該是什麼或應該怎麼做。 ・透過「認知衝突」的製造讓兒童感受自我的想法似乎有問題，進而主動加以調整。	1. 透過問題，挑戰兒童想法中的問題之處。 2. 透過情境或具體操作，挑戰兒童想法中的問題之處。 3. 讓兒童說明自我的想法，進而發現本身的問題所在。 4. 透過兒童之間的互相提問或對話，挑戰彼此想法中的問題之處。
5. 若發現兒童沒有辦法自行對現象做出解釋或想出問題解決的途徑，可視需要逐次提供較多且較具體的提示，以協助兒童發展出最近期間可能建構出來的知識，或最近期間可能發展出來之較高層次的問題解決能力。	1. 兒童真的需要時才介入。 2. 介入時，把握「由少到多」、「由抽象到具體」的提供提示之原則。 3. 可視需要提供各種不同類型之提示（即提供各種不同類型的鷹架）。 4. 講解與示範乃最多且最具體之提示；然而若非必要，不需運用此種方式。
6. 運用兒童之間的社會互動： ・可利用不同程度兒童間的互動，以引導兒童發展出較高層次的心理能力。 ・可運用兒童間的互動製造彼此的「認知衝突」，進而主動調整自我的概念與運思。	1. 可利用異質分組。 2. 可讓兒童透過互相提問或對話的方式，挑戰彼此想法中的問題之處。
7. 兒童所構思的方法若合理且能適切解決所面對的問題，則加以接受。	
8. 課程與教學之進行，宜與知識所存在之活動或情境相結合。	1. 讓兒童置身於知識所在的情境。 2. 讓兒童從事知識所潛隱之活動。 3. 讓兒童與擁有知識者互動。

資料來源：改編自潘世尊（2006）

　　要說明的是教師在參酌表 10-5 中的原則與策略時，仍宜視兒童的回應與表現機動實施，而沒有固定不變的流程。要能做到這樣，首先，需對建構主義的內涵及其教學原則與策略有充分的掌握；其次，需在應用的過程中，時時檢視自我的課程與教學，並針對不合宜之處加以調整。若能如此，方可逐漸臻於運用自如之境，進而據以有效地促進兒童的發展和成長。

參考文獻

周淑惠（2003a）。幼兒科學概念之發展概況與其啟示。**國教世紀**，**206**，19-28。

周淑惠（2003b）。幼兒之光、影概念研究。**新竹師院學報**，**16**，133-154。

周淑惠（2003c）。幼兒之電路、齒輪概念研究。**新竹師院學報**，**17**，469-498。

周淑惠（2004）。建構取向之幼兒自然科學教學之歷程性研究。**新竹師院學報**，**19**，61-88。

甯自強（1992）。兒童的「整數詞」意義。發表於國立高雄師範大學舉辦之「第八屆科學教育年會」，高雄。

甯自強（1993）。國小低年級兒童數概念發展研究：「數概念」類型研究。行政院國家科學委員會專題研究報告（編號：NSC-82-0111-023-001）。（未出版）

楊蕙鍈、唐雪怡、賴姿君（2005）。透過建構取向教學引導幼兒科學能力的發展：以愛彌兒課程「讓樺斑蝶回家！」為例。載於弘光科技大學幼兒保育系主辦之「**建構主義取向幼兒教育課程學術研討會（系列二）**」會議論文集（頁102-116），台中。

潘世尊（2006）。建構主義取向的幼兒科學教育：以「讓樺斑蝶回家」之主題為例。載於國立台灣師範大學人類發展與家庭學系主辦之「**幼兒心智與研究趨勢與建構觀點的幼兒教學實踐學術研討會**」會議論文集（頁5-29），台北。

Vygotsky, L. S. (1978). *Mind in society: The development of higher psychological process* (Eds. and Trans. by M. Cole, V. John Steiner, S. Scribner, & E. Souberman). Cambridge, MA: Harvard University Press.

Vygotsky, L. S. (1981). The genesis of higher mental functions. In J. V. Wertsch (Ed.), *The concept of activity in Soveit psychology* (pp. 144-188). NY: M. E. Sharpe.

建構主義取向的幼兒課程與教學：以台中市愛彌兒幼兒園探究課程為例

chapter 11

建構主義取向的數學探究

文／柳嘉玲

第一節 幼兒與數學

壹、什麼是幼兒數學？

「數學」是存在於我們生活裡非常生活化的一種知識，而數學的能力更是人類解決生活問題的能力（周淑惠，1999），數學在應用的本質上具有其實用性、生活性、趣味性和解決問題的特性（張平東，1993）。幼兒數學涵蓋的層面可大致分為邏輯關係、數、量和幾何空間四個方面。邏輯關係主要是推理能力，例如：幼兒能根據物體的顏色、形狀等特點進行分類或比較；數所指的是對數的理解，例如：能數數、計數；量指的則是幼兒對多與少的理解；幾何空間則包括對幾何圖形的認識和空間感，例如：懂得識別圓形、三角形，或辨別上下、前後、內外、左右等。

數學活動是幼兒園教育中不可缺少的一部分，過去的學習大多偏向讓幼兒及早學習知識為目標，數學的教學與學習活動經常以將學科知識化的方式處理，數學知識化雖然在分科教育盛行的體制下也被獨立成為一門學科，然而，不管學科如何地被細分，每一門被切割的知識都與生活息息相關。事實上，現今的孩子是在充滿著數學的環境中長大的，無論是生理身體發展，或是學校裡或家中的科技產物，到處都可以看到有形或無形的數學藏在其中。當孩子在分科教育盛行的制度下所學習的知識或技能往往都是屬於被動的學習而不是主動的參與，倘若學習少了生活化與趣味性，剩下的僅有靠背誦而來的知識，缺少

與實際生活的連結與應用。為了解決這樣的學習現象，數學教育工作者莫不思索著如何幫助孩子將課室所學的數學能與實際生活互相結合，學習生活數學，培養數學能力。

馬祖琳（2000）的研究中發現，台灣學前幼兒的數學教學活動多數以評量教本為教學活動的主要內容，並以背誦、機械式的演算、模仿為教學重點。翁麗芳、周玉秀（1999）的研究結果指出，幼兒教保機構中大多採用市售的結構性的數學教材，此類教材大多為固定的紙筆作業、學習單和黏貼活動。Liu（2006）的研究發現不少家長認同數學的學習對幼兒未來的學習發展具有其重要性，但卻將幼兒的學習重點放在課後學習和才藝活動，家長們認為幼兒在課後學習活動中學得的知能，可使其在幼兒園和國小階段有較佳的學習表現。由此可知，在幼兒階段的數學學習大多是被動的參與且與實際生活經驗分離，這種與幼兒主動建構知識的學習方式相反且講究快速、分數以及結果的教學，受到多數幼兒園老師與家長採用。

綜觀我國的學前教育，過去大多將重心放在兒童的早期數學能力發展，近年來的發展趨勢偏向於綜合學前課程內容。早在八○年代，NAEYC 便出版了 *Developmentally Appropriate Practice in Early Childhood Programs Serving Children from Birth trough Age Eight* 一書（Bredekamp, 1987）作為幼兒教育的指導方針。美國數學教師學會（The National Council of Teachers of Mathematics, NCTM）則在一九九○和一九九一年間提出美國數學課程和評鑑標準的前四項為：解決問題、溝通、推理與連結（王慧敏，2004）。換句話說，適合幼兒的數學教育必須兼具數學內容知識與數學程序能力的培養，以具體的操作經驗為基礎，提昇具體與抽象之間的關係轉換，並具備數學解題能力，還要能進一步應用該能力於各學科領域與生活情境的問題解決。二○○○年，NCTM 參考過去的文獻及相關資料，發行 *Principles and Standards for School Mathematics*，以幼兒園學前（Pre-K）到小學二年級為一個階段，以「理解方式學習重要的數學技巧和思考」（students learn important mathematical skills and processes with understanding）為宗旨進行教材編撰，並善加利用幼兒的好奇心和求知欲，讓孩子能開心地學習並應用數學知識及技巧。*Principles and Standards for School Mathematics* 針對數學教育中所涉及的各個面向提出了一些參考性的原則，包括：

公平（equity）：對幼兒有高度期待，以公平原則鼓勵所有的幼兒。

課程（curriculum）：教學活動的設計應具連貫性，著重基礎數學觀念及各年級課程內容的銜接。

教學（teaching）：有效的數學教學必須先瞭解幼兒已知的以及需學習的內容，再加上鼓勵。

學習（learning）：幼兒以理解的方式透過生活經驗與舊知識經驗的連結來建構學習新知識。

評量（assessment）：評量的價值不在評定幼兒能力的優劣，而是記錄幼兒的學習過程。透過評量可幫助老師瞭解幼兒的學習成效，並可以確認往後教學活動上的個別需求，作為教師未來教學活動及內容設計時的參考。

科技（technology）：科技提供了大量的學習工具，而科技的運用影響了數學教學的品質也能加強數學的學習（NCTM, 2000）。

上述美國新增數學教育的原則和標準反映了近年來在幼兒教育發展研究的結果，甚至廣泛認同幼兒階段是奠定他們數學能力發展基礎的重要時期。NAEYC 和 NCTM 在二○○二年四月聯合發表了 "Early Childhood Mathematics: Promoting Good Beginnings" 這份有關幼兒數學教育的聲明，指出「為三至六歲兒童提供高品質、具挑戰性、以及可行的數學教育是未來兒童學習數學非常重要的基礎」（NAEYC, 2002）。

近年來隨著幼兒教育和數學學習觀念的改變，我國幼兒園數學教育的目標、內容和方法也經過了不少調整，除了改變過去對幼兒傳授數學知識和技能的傳統教學外，更重視培養幼兒數學和問題的解決能力，並強調幼兒數學學習的興趣性，幼兒的日常生活經驗與數學學習的聯結以及如何利用日常生活的過程進行數學教育，在數學學習中注重於解決問題和推理能力的培養，以及將所學的數學知識做一個具有連貫性和順序性的統整。

貳、幼兒的數學基本能力

幼兒數學涵蓋的內容分為四個向度：邏輯關係、數、量和幾何空間。數學的學習應著重於「解題的過程」，而非答案；具備主動思考、與人溝通、推理、判斷以及新舊經驗的連結能力是在幼兒時期需培養的能力。直覺式數學知

識是幼兒數學學習的根本，此一知識透過具體操作的經驗以及反思過程，而得到認識與理解，倘若幼兒在其學習歷程中得到成人或較有能力的同儕合作解決問題，則更有益其學習達到「可能發展區」的潛在發展程度（王慧敏，2004）。幼兒的發展是階段性逐步成長的，在每個階段裡，幼兒對其世界的觀察與解釋方式都以他的生活為基礎。從出生起幼兒就置身於充滿形狀、大小、數量、時空位置等等關係的數學世界裡，在這樣環境的成長過程中，他們憑藉著經驗建構自己的認知，因此在學齡前階段，家長或老師可利用與生活相關內容的題材就幼兒的認知發展能力，給予適當的引導和啟發，讓孩子接近數學、喜歡數學，養成主動思考的習慣。

參、幼兒展現的數學概念與能力

多數人對於教導幼兒數學大多都傾向於數數，然而，根據NCTM提出的教學標準、Charlsworth（陳英娥、陳彥廷、柳嘉玲譯，2006）、教育部（2007），幼兒展現這些數學概念及能力的大約年齡層如表 11-1，至於學齡前幼兒已具備與展現的各項數學概念及能力如表 11-2（陳英娥等人譯，2006）。

表 11-1　幼兒數學概念與能力的發展

階段	基本概念與技能	基本概念與技能的運用	符號與高階學習活動	低年級的數學概念與運算
感覺動作期（出生至兩歲）	・觀察 ・解題 ・一對一對應 ・數字 ・形狀 ・空間概念			
前運思期（二至七歲）	・分組分類 ・比較 ・計數 ・部分與整體 ・語言	・排序、序列與樣式 ・非正式測量：重量、長度、溫度、體積、時間、數列	・數字表徵 ・配對與表徵	

（接下頁）

階段	基本概念與技能	基本概念與技能的運用	符號與 高階學習活動	低年級的 數學概念與運算
轉換期 （五至七歲）	・運用圖表解釋資料	・具體加減運算		
具體運思期 （七至十一歲）				・整數運算 ・分數 ・位值 ・幾何 ・標準單位測量

表 11-2　學齡前幼兒的數學概念與能力

向度	數學概念／能力	說明
邏輯關係	一對一對應	・能將兩組物品中的組成要素做一一配對，進而知道兩組物品是否等量。
	比較	・能根據屬性（如長、寬、高、速度、數、量等），在兩組物品間發現彼此間的關係。
	分類	・在一堆物品當中，找出相同或不同的特性，然後依特性將物品分門別類，並說得出其中的道理。
	部分／全部	・瞭解一個（組）物品可以分割成許多較小的部分，或部分可以組成整體，或全體包含部分。
	組合	・數量方面：幼兒是否可以做簡單數量的合成與分解？ ・形狀方面：幼兒能否將兩個三角形組合成一個正方形或平行四邊形。若是一個不規則的圖案，幼兒可不可以用許多不同形狀或相同形狀的積木，將圖案組合起來？
	序列	・在將兩組事物做比較之後，以一定（遞增或遞減）的次序做排列。
	形式／關係	・依據至少一種屬性將物品加以整理、分類、排出序列，並描述彼此間的關係。 ・發現一系列事物重複的形式，並嘗試複製、預測及創新。
數	數字和運算	・瞭解數的音、量、形。 ・認識數字的意義、數字表述的方式、數字間的關係和數字系統。 ・瞭解計數的實際意義，且能算出數量。

（接下頁）

向度	數學概念／能力	說明
量	測量	・使用標準與非標準測量單位，將物品依同一屬性（長度、重量、容量、體積、溫度、時間）相互比較，並發展出預估的能力。
幾何空間	幾何與空間	・觀察、建構、描述、連結、分析並畫下實物、平面形狀與立體物品。 ・以語詞描述物體的位置、方向和距離，並開始建立他們自己所處環境的心智和身體地圖。
資料分析		・能於日常生活中依據問題屬性蒐集、組織、呈現及分析資料以回答問題。 ・根據物品特性，進行分類整理，並組織物品相關的資料。 ・用具體的物品、圖案和圖表來表述資料。
問題解決能力		・從問題解決中學習新的數學知識。 ・解決在多種情境下的數學問題。 ・選用多種適合的解題策略。 ・觀察思考解題的過程。
推理證明		・提出數學推測，並加以驗證。 ・發展推理證明能力，且懂得進行修正。
連結		・知道數學概念的連結性，並加以利用。 ・瞭解數學概念如何相互連結和連貫。 ・把數學應用到其他數學以外的情境。
溝通		・清楚有條理地表達自己的數學思考。 ・在溝通過程中，重新組織強化數學思考。
表徵		・使用表徵方式來組織、記錄、傳達數學概念。 ・選用、轉換表徵方式來解決數學問題。 ・用表徵方式模式化自然、社會、數學現象，並予以說明。

　　教育部在一九九七年調查中小學學生對課程喜好程度的結果指出，近34%的小學生與46%的國中生不喜歡數學，而且不喜歡數學的程度比例隨著年齡增加而愈來愈高（陳淑美，1998）；吳清基（1997）的研究報告也指出：許多國家都視數學教育為中小學教育課程的要項，且為授課時數僅次於本國語文的科目。學習數學雖然是一種認知過程，但研究顯示數學態度對其未來是否繼續研讀數學，或從事與數學有關的行業等，有相當的關聯性，而具備較為樂觀數學態度的學生亦相對地會有較高的學習成就（譚寧君，1992；Liu, 2001; McConeghy, 1985）。日常的遊戲經驗讓幼兒開始接觸許多數學概念，而這些數學概念的先

備經驗在意義上來說，比在學校所學的數學知識還更重要。近來更有許多學者提倡在教學中融入遊戲方法，因為對學習者而言，遊戲遠比傳統課程更具吸引力，也更能令學習者全心全力投入學習；具勝負的遊戲（如對奕性遊戲），更能提高參與者解決難題之能力，以及運用不同策略之能力（黃毅英，1993；饒見維，1996）。

認知能力雖是從遊戲中學習的關鍵，但是學習者在情意、感官、社群等各領域的學習能力亦是重要指標，例如：從情意的層面來看，讓孩子喜歡數學而不再討厭數學是數學教育很重要的關鍵點，老師可以利用幼兒喜愛遊戲的天性，以遊戲來增加學習的能力，利用遊戲的競爭性來加強記憶，帶動學習氣氛（饒見維，1996）。

第二節　建構主義在幼兒數學教育中的實踐

數學的學習理論是數學教育的依據，Baroody（1987）將學習理論分成兩派：一是吸收論（absorption theory），另一則是認知論（cognitive theory）。吸收論屬於行為主義觀（behaviorist theories），以 Thorndike、Skinner 和新行為學派的 Gagne 為代表人物。「吸收論」認為人的學習是如同海綿一般的不斷吸收熟記外界訊息並累積，不斷背誦與練習，被動吸收知識。Gagne（1975）指出，授課計畫的重點便是安排教學順序。學習模式中，幼兒的學習動機是受外在所控制，學習必須靠不斷的記誦和練習，「理解」不被視為必要，只要練習與記誦愈多，技能與概念就愈純熟穩固，累積的連結實體也愈多。教師傳授知識必須有組織、有順序地呈現給幼兒，並運用外在的增強方式來控制學習進度與行為。

認知論則屬於建構主義觀，以 Piaget、Kamii 與 Bruner 為代表。認知論主張學習是一種內化過程，學習者接收到外界訊息後要以自己的方式消化吸收。建構教學重視知識傳遞的過程，認知論學者認為知識是一個有組織、有意義的整體，訊息之間都相互有其關聯性，新的訊息必須結合已知的知識，才容易被理解、被記住。當教師要教導一個新的概念時，新的概念必須建立在學生已知的概念上，才容易被接受。根據許多學者（胡志偉、蔣建智、陳美靜，2002；

Baroody, 1987; Gagne, 1975; Mikusa & Lewellen, 1999）對吸收論與認知論不同觀點與主張的陳述，表 11-3 是綜合後所做的歸納與比較。

表 11-3　吸收論與認知論觀點及主張的比較

	吸收論	認知論
理論依據	行為主義觀	建構主義觀
代表人物	Thorndike、Skinner 和 Gagne	Piaget、Kamii 和 Bruner
主張	·人的學習是不斷熟記外界訊息並累積而成，只要不斷背誦練習，必能反應迅速，熟能生巧。 ·學習數學只要練習與記誦愈多，技能與概念就愈純熟穩固，累積的連結實體也愈多。 ·強調將數學知識透過工作分析，有組織、有順序地傳授給幼兒，並運用外在的增強方式來控制學習進度與行為。 ·課程之設計需遵行清晰的行為目標。 ·安排先決必要順序是授課計畫的重點工作。 ·學習者通常被視為一個空白的接收器皿，被動吸收或抄襲知識。	·學習是一種內化過程，學習者接收到外界訊息後要以自己的方式消化吸收。而將知識儲存的方式也不是將個別的訊息背起來而已。 ·知識是一個有組織、有意義的整體，訊息與訊息間都有其關聯性，新的訊息需結合已知的訊息，也才容易被記住。
學習者的角色	·被動學習。	·主動學習。
學習目標	·對教材內容的記憶與對各種技術精熟演練。	·瞭解教材內容的意義，並達到應用的目的。
教師的角色	·教師是知識的傳授者。	·一方面將知識傳達給學生，另一方面也向學生學習。
教師的態度	·忠實的傳授知識。	·有效的建構環境能促進學生的學習成效。
教育的目標	·培養知識豐富的學生。	·培養能夠獨立學習的個人。
教學方法	·根據學科知識的結構，嚴謹地安排課程。 ·安排先決必要順序是授課計畫的重點工作。	·安排接近學生生活的環境，讓學生在環境獨自或和人合作一起探索知識。 ·學生獲得知識並不是直接經由教師的傳授，但可以藉助於教師的幫助而獲得知識。

過去的數學教育重視知識技能的學習，而情感態度的培養則較不被重視；重視課堂學習，而較少與幼兒實際的生活相關。如今數學課程偏向引導幼兒對周圍環境中的數、量、形、時間和空間等現象產生興趣，建構初步的數概念，並學習用簡單的數學方法解決生活和遊戲中某些簡單問題。幼兒數學教育不再只重視數學知識技能和演算，更重要的是強調在生活中進行數學教育。因此，以生活周遭環境來協助幼兒建構數學經驗是我們引導幼兒在生活中學習，在學習中生活的主要方法。

在愛彌兒教學方案中，幼兒在探索周遭環境的同時，能主動地建構出知識並且發現之間的新連結。Mikusa 與 Lewellen（1999）指出，學生獲得知識並不是直接經由教師的傳授，但可以藉助於教師的幫助而獲得知識。幼兒的學習活動若是在熟悉且富情境布置的環境中進行，他們可用理解的方式來學習。老師所扮演的角色便是以幼兒已知的為基礎，鼓勵他們深入的學習。以幼兒為主且能自由選擇和行動的學習稱為自發式學習（naturalistic learning）；當老師在課程中需做某些程度的介入時，便是非正式學習（informal learning）；結構式學習（structured learning）指的是幼兒在特定的時間上透過預先設計好的課程和活動來做學習。自發式學習是幼兒在日常生活中自發性的學習，是感覺動作期幼兒最主要的學習模式，老師與家長的任務就是為幼兒營造出一個有趣又豐富的環境（陳英娥等人譯，2006）。幼兒的非正式學習必須由生活教育開始，經由遊戲的引導以及透過活動引導學習（邱志鵬，2004）；非正式學習是幼兒在自發式學習時，借助老師或家長所引導出的學習類型，非正式學習的類型並非事先預定（陳英娥等人譯，2006）。自發式學習較吻合 Piaget 的理論，而非正式和結構式學習則較符合 Vygotsky 的論點，幼兒在愛彌兒教學方案中的學習大多屬於非正式學習。以下將藉由幾則愛彌兒教學方案來闡釋建構主義在幼兒數學教育中的實踐。

壹、主動探索學習

過去的幼兒數學教育模式中，老師習慣直接講解和演示，幼兒習慣於被動的觀摩與接受再模仿操作，幼兒的操作不過是對老師所教內容的一種練習，這樣做雖然顧慮了幼兒學習與思考模式的方向，但卻忽略了幼兒學習的主動性。

雖然老師直接講解和演示能在一定程度上幫助幼兒的學習，但是被動、勉強的學習卻不能引起幼兒持續學習的興趣。很多人在聽了愛彌兒教學方案中老師提供給孩子種種的想法或是看了孩子的成果表現後，常常會有幾個想法：孩子都照他們想做的活動進行，老師們是在陪伴孩子，而不是真的教學活動；或者，那些成品一定是老師幫孩子做的，孩子怎麼有辦法自己製作出月曆，或用積木搭蓋出台中新光三越百貨大樓的模型？在「星期日的位置在哪裡？我們用版畫做二〇〇四年的月曆」（請見本書第十二章第六節）中我們看見了一個由探索活動延伸出來的課程，幼兒在探索過程中發現了紙有許多不同的性質，但他們還未具備紙張有厚與薄的概念，於是透過「拓印活動」來體驗紙的厚薄。孩子利用珍珠版畫刻印後，老師便透過分享與討論，引導幼兒將影印機複印的概念，與版畫的運用產生連結，加上孩子對日曆的概念逐步的形成，一個空間概念與藝術創作課程巧妙的結合了。在版畫的創作過程中，孩子面臨到物品本身及物品位置相反的難題，必須調整對數字本身的空間知覺，才能順利地將「Ɛ」變為「3」就是。雖然孩子在修正後發現數字印刷正確，但位置仍是顛倒的，因此孩子須再次調整對數字位置的空間知覺，將數字位置的順序做正確的排列，才能完成日曆的製版。孩子因先前日曆的製作經驗而對數字及位置的刻印與排列熟悉進而製作月曆，雖然月曆的內容是對照二〇〇四年的年曆排列，但幼兒仍需具備正確的數序概念及空間對應能力，才能將數字排列在版面的正確位置上。

貳、數學活動與日常生活的連結

數學活動是幼兒日常生活中的一種學習活動，且由日常生活學習而來的數學概念是自然學習的而非刻意安排的課程。許多數學問題往往和生活現象有異曲同工之處，在愛彌兒的課程活動中巧妙地將生活現象與抽象數學間的本質結合，使幼兒感受到數學與現實生活的密切聯繫。在實踐中讓幼兒親近生活，積累生活的經驗和題材。「從『家人人數統計表』到『爸媽家務統計圖』」（請見本書第十二章第五節）中，孩子由家庭成員出發，起初的想法只是想讓班上幼兒能認識彼此的家人，在分享家庭成員畫時，孩子們的話題常圍繞在家人人數，老師便利用這個契機，問了：「有什麼方法可以知道我們中柳丁班誰家的

人最多？誰家的人最少？」於是接下來的角落時間，有興趣為大家做這樣記錄工作的孩子，替大家將團討時所討論出的方法：按照座號的順序、畫格線、蓋上名字的印章、寫下家人人數而完成「家人人數統計表」。

　　數學教育的主要目標和價值取向是使兒童體會數學與大自然及人類社會的密切聯繫；體會數學的價值，增進幼兒對數學的理解和應用數學的信心。社會是個大教室，包含著許多知識等待著幼兒思索和探索。然而統計表的課程並未在討論出「家人人數統計表」的方法後，很傳統的「全班」一起製作「家人人數統計表」後便結束，接續而來的是一連串的活動與討論，因為完成之後孩子們發現所做的圖表上格線歪七扭八的，進而利用了一個新文具：「尺」來畫表，之後又因為製作出來的統計表呈現方式不容易看懂等原因，又接著做了多次修改，從以畫出的人型代表一個人的符號到以圓點貼紙來表示，幼兒們在此階段已具備了轉換期的「運用圖表解釋資料」的能力。「資料的蒐集是為了要回答問題」（NCTM, 2000, p. 109），而NCTM對於幼兒學習分析資料的期望著重在根據物體的屬性做分類與整理，以及描述展示的資料。根據 Charlesworth（2005）的描述，幼兒製作圖表可分為以下幾個步驟：(1)實物圖形：幼兒利用真實物件製作圖表；(2)圖畫階段：幼兒利用紙片或是畫圖做紀錄；(3)方形紙片階段：由圖片到方形紙片的應用，已不需要再依賴實物；(4)利用方格紙：幼兒利用方格紙著色作為紀錄。當中柳丁班的孩子完成了「家人人數統計表」後，又延續經驗陸續製作了「爸爸家務統計圖」與「媽媽家務統計圖」，在探究過程中，孩子延續統計次數的興趣蒐集資料、完成統計圖，在這些活動中，數學真正扮演了一個工具的角色，而幼兒則通過運用數學的過程，親身體驗和感受數學的用處。

參、互動學習：實際探索，體驗數學

　　互動學習指的是以老師與幼兒之間的「對話」為背景，幫助幼兒培養以特定的、具體的用以促進理解和問題解決策略的教學。這個過程中，老師需要幫助幼兒更清楚地表述自己的思想、形成一定的判斷。老師常常採用暗示的語言、動作和表情、反問和質疑，以及對幼兒具有思維挑戰性的提問來促進「對話」的發展，以幫助幼兒依特定的、具體的問題建構更深入理解策略。在「誰

是全校最高的老師？」（請見本書第十二章第三節）中，老師在發現幼兒對連環扣的興趣後便與孩子討論連環扣的用途，進而拋出「班上誰最高」的問題，讓孩子從操作連環扣的過程，也經驗了點數、測量、比較、統計等數學經驗。透過討論與實際測量，幼兒經歷了特別的經驗——預估，同時也發現到與其他幼兒合作的必要性，孩子們在測量時必須一個人看測量起點、一個人看測量終點，或是一個人點數、一個人記錄等。老師根據孩子們的經驗，預期他們在使用測量工具上可能會遭遇到的問題，適時給予孩子探索的空間及時間，引導孩子透過問題的解決，發展他們的測量概念及培養他們問題解決的能力。

世界上一切事物都包含著一定的數量關係，都以一定的形體存在於空間，幼兒生活的現實環境是幼兒獲得數學啟蒙知識的源泉，因此，幼兒數學學習應該從幼兒的生活與經驗紮根。Osborn（1963）以及 Parnes（1967）的研究指出，解決問題的能力是透過開放式的不同思考，並不是收斂式的只注重獲得一個正確的答案。在製作「爸媽家務統計圖」中，幼兒學習用簡單的數學方法解決生活和遊戲中某些簡單的問題，這樣的數學經驗讓幼兒在未來面臨數學難題時能具備正向的想法。

肆、合作學習

合作學習是在數學活動中，不同群體的幼兒在面對具體的數學任務和問題時，自發性地展開對問題的集體討論與分析，並嘗試分工、交流和一起活動以解決問題的共同學習，幼兒彼此間的合作成為寶貴的學習資源。合作學習幫助了幼兒的較高層次思維和學習活動，透過合作關係所獲得的成功，提高幼兒的自我成就感，也增強不同學習能力的幼兒的平等意識。幼兒之間的不同想法與爭議有助於幼兒建構新的、更高層次的理解。幼兒數學的學習不單純僅在數學技能的增加，也可以在活動中藉由彼此的討論與輪流進行，尊重他人的表達及聆聽意見，合作完成問題的解答，以達到社會化中重要的人際互動。

「積木遊戲」是學齡前幼兒最喜歡的益智玩具之一，積木在幼兒的學習歷程中能提供許多機會與其他主題結合，如科學、數學、語文、閱讀等，孩子不僅可以根據自己的能力、想像與喜好自由發揮創作，更可以從遊戲操作中清楚與實際地瞭解物體的形、體與比例等概念，所以當幼兒忙著探索積木的奧妙

時，也正在統整他已知的概念。對於不同年齡層的幼兒，老師們應根據他們視覺與知覺能力，慢慢地引導，並且經由手部精細動作能力的發展狀況，安排造型堆疊的難易。在「戰鬥陀螺比賽」（請見本書第十二章第四節）中，幼兒由班級與班級之間的學習交流出發，為了比賽協調兩班參與比賽的人選，共同訂定的比賽規則，而比賽的場地更讓孩子們展開了一連串的討論與搭建，有了參賽者當然也有觀賽者，而觀眾席的各種座位便在許許多多的討論與搭蓋中完成了：有椅背的個人座、有椅背和扶手個人座、連結的個人座和腳踏墊、腳可平放的個人座、兩倍長個人座、高腳個人座、高腳扶手個人座、上下層座等，每一項都是幼兒個人的創意及想法和合作性的創作討論而來。

伍、解決問題的學習

　　幼兒在種種活動中不僅建構了數學經驗，也學會了解決問題的態度，還養成了善於動腦、持之以恒、與他人合作等各種良好的學習品質。

　　依據 Charlesworth（2005）的看法，數學學習著重於解題的能力，解題活動可促進幼兒數學概念的發展，教師在規劃學習活動之前需回答下列幾個問題：評估幼兒的程度、設定學習目標、如何達到學習目標、教材的選擇、實際教學以及學習成效的評量。Charlesworth 的概念發展可歸納為圖 11-1 所示，此概念發展不僅在愛彌兒教師的教學策略中顯現，在孩子們的非正式學習活動中也不斷地發生。

　　幼兒在積木區搭建台中新光三越大樓（請見本書第十二章第一節）。對於孩子們來說，搭建建築結構由正方體與圓柱體結合的新光三越大樓是個很大的挑戰。一開始，幼兒透過參觀建築後依印象而畫下來的設計圖搭蓋；為了讓幼兒藉由觀察而有新的發現，老師也在積木區陸續加入了從不同角度所拍攝的台中新光三越建築物的圖片。孩子透過圖片與多次的實地觀察，分別以「畫」的方式記錄下他們的觀察與討論，經過一次又一次的探索與討論，讓孩子們對正方體與圓柱體更加熟悉，也更加瞭解正方體與圓柱體的特點和不同的結構基礎（雖然搭蓋的立體建築屬於正方體與圓柱體，但由於幼兒的字彙尚未達到三維立體的階段，幼兒仍以正方形與圓形稱之）。在實際建構過程中，幼兒遇到了很多問題：當他們發現實際的新光三越大樓的底部是正方體，再往上搭蓋圓柱

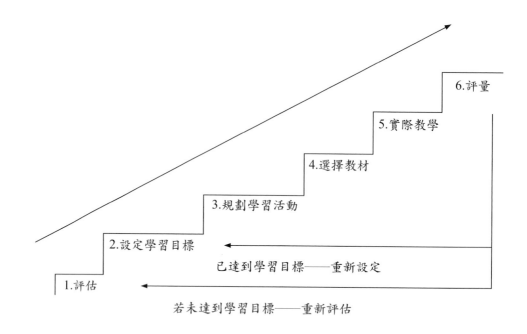

圖 11-1　數學教學活動實施的六個步驟
資料來源：引自陳廣平、劉兆香譯（2003）

體，底層的正方體需牢靠又穩固，才能承受圓柱體底部的面積與重量。起初，因為搭蓋的積木太少而無法堆疊出一個方形的底座，經由討論孩子們瞭解到如果要將積木堆疊得更高，底座的穩固性是非常重要的，所以在選擇材料上運用比較和測量的方式，選擇適宜長短、薄厚、高矮的積木進行搭建，當合適大小的積木不夠時，需想辦法找積木拼接；而在空間上如何將正方體與圓柱體巧妙地結合在一起，也是孩子討論再三的問題，通過不斷調整材料，滿足搭建的需求，幼兒最終瞭解了作品的高矮、所用積木和空間的關係，同時在搭蓋過程中，也學會了估算積木的數量。當要搭蓋的積木不夠時，孩子想辦法解決，而衍生出積木數量不夠時的社會化行為——借。幼兒不僅建構了數學經驗，更學會了解決問題。這種方式的學習對於幼兒來說，顯然比在課堂上教師以現成的教材、教具讓幼兒比較認識量的活動生動有趣得多，幼兒在遊戲中所建構的數學經驗，也得以轉移到其他的遊戲中。

　　在「老師的鞋子，亂放，幫老師的鞋子做個鞋櫃吧！」（請見本書第十二章第二節）中，幼兒園階段孩子的可愛和貼心展露無疑，在幼兒園常常見到幼

兒的室內鞋、室外鞋需整齊放在貼著自己名字的鞋櫃中，但是老師的鞋子可能是因為經常進出教室的緣故，大多是放在教室門口。孩子發現了「老師的鞋子亂亂的和老師的鞋子亂放」的問題，進而想幫老師做一個鞋櫃，讓老師的鞋子也可以很整齊地放在教室外。從發現日常生活的問題到關心如何解決，孩子進而進行了一連串的設計、測量、採買和組裝的活動，儘管孩子已具備做木工的基本技巧和如何使用工具的經驗，但製作鞋櫃除了把實際需求和其他孩子與老師討論之外，還需要把需要的材料尺寸告訴賣場叔叔，取得材料才能開始製作，孩子的表達需求能力也因此而提昇。根據孩子的觀察，鞋櫃不只是平面能放置鞋子就好，需要立體，且每雙鞋子之間需要隔板，這對孩子來說是很大的挑戰。幼兒從生活中發現問題，觀察鞋櫃的樣式和調查鞋櫃製作需求——蒐集生活環境中的數學訊息，依照老師鞋子數量畫老師鞋櫃設計圖——整理生活環境中的數學訊息，到採買材料、完成組裝鞋櫃——與他人合作解決生活環境中的問題，處處都展現孩子在生活環境中對數學的探索與體驗。幼兒在生活中發現問題，學習運用已具備的數學概念去解決生活中的實際問題時，數學就自然地產生了。

　　由遊戲需要產生的教育時機，如果教師能夠適時給予幼兒支援鼓勵，通過有目的地引導讓幼兒不斷運用數學經驗去學習和解決問題，幼兒就會在自然地參與解決問題、滿足自己遊戲需要的活動過程中，習得各種數學經驗，同時感到數學的有趣和重要。

　　從以上的幾則教學方案發現：生活處處皆數學，數學因人類的需要而發展，同時也看見了建構主義取向的數學探究。然而，孩子並非在充滿數學的情境下即會自然而然具備數學素養或者數學意識，Balfanz、Ginsburg 與 Greenes（2003）指出，所有幼兒都具有學習數學的能力，因為在每日的生活中孩子們都在參與非正式數學活動。Balfanz 等人更進一步澄清幼兒不能光只是遊戲，需透過遊戲來學習，但是若只是單獨依賴幼兒自己能力的遊戲便只能發現些許的數學概念。因此，幼兒需要成人適時的引導，才能得到最佳的發展。在NAEYC與NCTM對幼兒數學的聯合聲明中，都抱持相同的論點，然而，此聲明並非意指老師須擔任直接教學的角色，而是老師應提供具刺激和挑戰性的數學學習環境，幫助幼兒發展合宜且有趣的數學學習。

　　數學的學習是讓幼兒應用數學的方法和觀點去學習解決遊戲和生活中的一些簡單問題，以趣味性和日常生活的經驗來連結，培養解決問題和推理能力。就如同 Scieszka 與 Smith（1995）在《數學魔咒》（*Math Curse*）一書中所說的：「生活處處皆數學」，事實上，數學不但不會成為孩子們的魔咒，它可是一把開啟科學寶藏的鑰匙呢！

參考文獻

王慧敏（2004）。幼兒數學領域「連結」概念探討與應用。論文發表於輔英科技大學舉辦之「幼兒數學研討會」，高雄。

吳清基（1997）。國小數學科新課程內涵與教學實施之探討。國民小學新課程教材論述專輯，**8**（1），80-84。

周淑惠（1999）。幼兒數學新論：教材教法。台北：心理。

邱志鵬（2004）。淺談幼兒教育課程。探索，**14**，8-9。

胡志偉、蔣建智、陳美靜（2002）。建構教學的理念、做法與問題。載於教育部（主編），永不停止的對話（頁27-52）。台北：作者。

翁麗芳、周玉秀（1999）。幼兒遊戲性數學概念學習教材之試用與評鑑。行政院國家科學委員會專題研究計畫成果報告（編號：NSC88-2511-S-152-010）。（未出版）

馬祖琳（2000）。幼兒數學教學活動之分析研究。發表於「第十五屆全國技術暨職業教育研討會」。

張平東（1993）。國小數學教材教法新論。台北：五南。

教育部（2007）。學習加油站。取自 http://content.edu.tw/primary/math/ch_dc/small/concept3.htm

陳英娥、陳彥廷、柳嘉玲（譯）（2006）。幼兒數學教材教法。台北：湯姆生國際出版。

陳淑美（1998）。數學焦慮症新解。光華，**23**（7），84-92。

陳廣平、劉兆香（譯）（2003）。兒童的數學與科學（上）（下）（原作者：R. Charlesworth & K. K. Land）。台北：洪葉。

黃毅英（1993）。遊戲與數學教學。數學傳播，**17**（2），52-68。

譚寧君（1992）。兒童數學態度與解題能力之分析探討。台北師院學報，**5**，619-688。

饒見維（1996）。國小數學遊戲教學法。台北：五南。

Balfanz, R., Ginsburg, H. P., & Greenes, C. (2003). The big math for little kids early chil-

dhood mathematics program. *Teaching Children Mathematics, 9*(5), 264-268.

Baroody, A. J. (1987). Children's mathematical thinking: A developmental framework for school, primary, and special education teachers. New York, NY: Teachers College Press.

Bredekamp, S. (1987). *Developmentally appropriate practice in early childhood programs serving children from birth through age 8.* Washington, DC: National Association for the Education of Young Children.

Charlesworth, R. (2005). *Experiences in math for young children* (5th ed.). New York, NY: Delmar Learning.

Gagne, R. M. (1975). *Essentials of learning for instruction.* Hinsdale, IL: Dryden Press.

Liu, J. C. (2001). How parents can help children with their achievement in mathematics. *EduMath, 13,* 11-24. Hong Kong: Hong Kong Association for Mathematics Education.

Liu, J. C. (2006). *Parental behaviour of mathematically competent preschool children in Taiwan.* Unpublished doctoral dissertation, University of Northern Colorado, CO.

McConeghy, J. I. (1985). *Gender differences in mathematics attitudes and achievement.* Paper presented at the Annual Woman Researcher Conference in Kalamazoo, MI.

Mikusa, M. G., & Lewellen, H. (1999). Now here is that authority on mathematics reform, Dr. Constructivist. *Mathematics Teacher, 92,* 158-163.

National Association for the Education of Young Children. [NAEYC] (2002). *Promoting excellence in early childhood education.* Retrieved from http://www.naeyc.org/about/positions/psmath.asp

National Council of Teachers of Mathematics. [NCTM] (2000). *Principles and standards for school mathematics.* Reston, VA: NCTM.

Osborn, A. F. (1963). *Applied imagination* (3rd ed.). New York, NY: Scribners.

Parnes, S. J. (1967). *Creative behavior guide-book.* New York, NY: Scribners.

Scieszka, J., & Smith, L. (1995). *Math curse.* New York, NY: Viking Children's Books.

chapter 12

台中市愛彌兒幼兒園建構主義取向的數學課程實例

文／劉曉晴

（本課程曾發表於香港幼兒教育學院二〇〇六年「幼教課程本位的兒童評估模式工作坊」）

第一節　積木蓋的新光三越

年節過後，孩子紛紛分享遊玩的經驗，並在積木區蓋了各式各樣的建築物，如台中新光三越及台北 101 大樓等，其中台中新光三越最貼近孩子的生活經驗，因此老師與孩子討論台中新光三越的建築外貌，分享後，我們邀請孩子畫下設計圖，並開始動手搭蓋。

壹、搭蓋站立的台中新光三越

孩子依著設計圖，搭蓋完成後的台中新光三越平平躺在地上（圖 12-1），孩子說，台中新光三越要很高很高才像，還要有很多形狀，要有小小的正方形，要像長方形，門很大，而且屋頂要翹起來。在孩子的自我修正下，宇瑄和宜庭嘗試將積木往上疊高，積木卻倒了兩、三次，兩人決定換個方法，他們改變策略，改

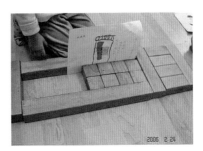

圖 12-1　第一次搭蓋的平面新光三越

用四倍塊積木，把積木一一直立排列整齊，終於蓋出高高的台中新光三越（圖 12-2）。

孩子並不因此滿足，對於高高的台中新光三越，德銘說台中新光三越有幾樓、幾樓；晏伶則說，外面應該要高高，要讓小孩進去等不同的想法。老師在

積木區加入從不同角度所拍攝的台中新光三越圖片，期望孩子有進一步的發現，果然，某天，念祈指著圖片告訴大家，還有半圓形沒蓋！

圖 12-2　第二次搭建，高高的台中新光三越

貳、開窗戶的新光三越

　　孩子馬上合作將原來搭建像長方形的台中新光三越拆掉，並一起討論先排出一個圓形。

　　完成圓形的搭蓋，卻沒有一層一層的，也沒有招牌和彩色電燈。孩子開始用雙倍塊積木及基本塊堆砌樓層，過程中因為積木不夠，排亂了原本的形狀，於是孩子捨棄樓層，決定用簡單的方式架高，加開一個大窗戶，孩子參考新光三越相片蓋出長方形牆壁，完成「開窗戶的台中新光三越」（圖 12-3、12-4）。

圖 12-3　孩子第三次搭建的「台中新光三越」蓋好了

孩子利用四倍塊積木合作排出圖形　　對照台中新光三越的相片　　圖形旁邊也有正方形的牆壁

圖 12-4　台中新光三越

參、看看真正的台中新光三越——孩子實地勘察台中新光三越的外觀

老師明白孩子搭蓋時，只憑藉對台中新光三越的粗淺印象，對較細部的外觀特徵，並不很瞭解，於是老師安排孩子到台中新光三越參觀，請孩子從不同角度畫下自己看到的台中新光三越（圖12-5），並帶著孩子乘坐電梯到最高層十四樓。

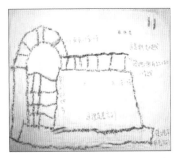

圖 12-5 參觀後，記錄台中新光三越的外觀
（伯奕，5 歲 2 個月）

孩子參觀後，回教室內的積木區：

兆維：「圓形下面有正方形。」（跟先前積木區已蓋好的新光三越不一樣）

念祈：「我們的積木區下面沒有蓋正方形，就只有蓋圓圓的。」

姝嫻：「它有十四樓。」

莫亞：「圓形的上面有欄杆一條一條的。」

晏伶：「我們的新光沒有標誌。」

兆維：「我們蓋的長方形牆壁不高。」

肆、搭蓋台中新光三越一樓的正方形及上方的圓形

戶外教學回來後，孩子發現原來不是一開始就蓋圓形建築，而是下面先有一層正方形，正方形的地方是大門的位置，之後才能往上搭蓋圓形，於是老師與小朋友討論如何搭蓋第一層的正方形。

大鈞：「要怎麼蓋下面的長方形？可能會倒下來。」

程昱：「先把原來的新光三越拆掉。」

兆維：「先把圓形的拆掉。」

大鈞：「蓋高的可以用四倍塊。」

討論後，孩子著手將第三次搭蓋的圓形體拆掉，然後用四倍塊及長方體積木排出如桌面般的大正方形。

對於第四次積木區所搭蓋的台中新光三越：

妹嫻：「很像。」

莫亞：「本來都沒有正方形，結果就有了。」

宇瑄：「台中新光三越已經有正方形和圓形了。」

念祈：「台中新光三越上面不是這樣：要凸出來。」

珍慈：「可以再蓋高一點。」

宇瑄：「一定要有十四層，不夠高。」

老師知道，孩子對於樓層的位置仍不清楚，而且積木疊高容易倒下，為讓孩子蓋出十四層樓高的台中新光三越，老師先藉由繪本《逛街》、《兔子先生去散步》、《爸爸走丟了》等，帶入方位的比較，如上、下、前、後等的位置詞，並且與孩子繼續討論，用哪一種積木當樓層，比較穩固？孩子比較了不同積木疊高到十四層的結果，最後發現用雙倍塊積木比較穩固，決定使用雙倍塊疊高，第四次蓋出十四層樓高的台中新光三越（圖 12-6～12-9）。

圖 12-6　孩子用積木先排出大門的造型

圖 12-7　在第一層上面蓋圓形

圖 12-8　目前利用雙倍塊堆高所完成的樓層

伍、新光三越太小了，要怎麼變大？

雖然任務完成了，但是孩子發現圓形的樓層不圓，而且太小，老師想建議孩子將它變大，挑戰孩子對台中新光三越的積木搭建。

一條一條的欄杆

大門

長方形牆壁

圖 12-9　第四次搭蓋完成的台中新光三越

老師：「有什麼辦法，可以把台中新光三
　　　越加大？」

元亭：「可以把下面的這個正方形，再大
　　　一點。然後上面的圓形，就可以變很
　　　大。」

維靖：「拆掉，再蓋大一點。」

老師：「要怎麼把下面正方形變得再大一
　　　點？」

程昱：「用長一點的積木。」

孩子：「可以用更長的積木圍起來。」

老師：「正方形的地方，不一定只需要積
　　　木，也可以用其他東西蓋。」

老師與孩子試著找尋教室及室外的物品，
意外地發現教室外的長方形大板子。

老師：「我們找到了板子，可是要怎麼加
　　　進去呢？」

念祈：「積木要跟大板子一樣大，板子下
　　　要墊積木，需要兩塊板子，要一樣長。」

芸瑄：「應該會倒下吧。」

宇瑄：「用板子蓋完，那上面還要蓋到十
　　　四層。」

兆維：「拆掉的話，需要花很多時間。」

念祈：「不夠高，不夠大，要先拆掉圖
　　　形。」

老師：「你們覺得呢？」

元亭：「可以試試看。」

接著，孩子第五次動手，做變大的台中新光三越（圖 12-10～12-12）。

圖 12-10　先用雙倍塊排在下面

圖 12-11　上面再加三片大木板，
這樣才整齊（第五次搭建）

圖 12-12　念祈：不對……要先比
比看（先將大木板放在下面）（第
五次搭建）

陸、需要多大的圓？才能蓋十三層的圓形樓層

蓋出底座後，接下來的挑戰是圓形的樓層。

老師：「我們要蓋幾層？」

陳昂：「圓形要蓋十四層。」

維靖：「因為下面已經有一層。」

莫亞：「下面正方形是第一層。」

老師：「那上面的圓形要什麼樣子的？」

德銘：「像這種圓形。」（手指著身旁的圓桌）

芸瑄：「圓桌的圓。」

元元：「那種圓圓的紙，塗上顏色。」（圖 12-13）

維靖：「盤子的圓。」

老師：「要多大的圓，才可以蓋在積木區？」

大鈞：「不行，這些太小了。」

德銘：「圓桌比較大。」

大鈞：「先把它描下來再畫。」（圖 12-14）

柒、蓋十三層，需要多少塊雙倍塊積木？

畫出圓形後，孩子先用雙倍塊圍出一個圓（圖 12-15），再依序架高樓層，搭蓋到第五層樓時，孩子發現雙倍塊積木快用完了，孩子預料積木會不夠。

圖 12-13 孩子找尋教室內的圓形物品

圖 12-14 利用圓桌的圖形找出適合搭蓋的大小

圖 12-15 孩子用了九塊雙倍塊積木圍第二層樓

老師：「雙倍塊積木不夠了，怎麼辦？」

品傑：「不行，要跟人家借積木。」

老師：「可是凱妗說要蓋這麼高，她猜，需要一百塊的雙倍塊耶！」

老師：「我們不知道蓋十三層圓形，需要幾塊雙倍塊，怎麼借？」

孩子：「用計算機算有幾塊。」

宇瑄：「用手算，用手比。」

程昱：「用一張紙畫數字。」

老師：「除了用手算和記錄，還有沒有什麼東西，可以幫助你們算的方法？」

陳昂：「用彩色骨牌來數。」

為了算出所需的積木量，老師帶著孩子將問題統整：台中新光三越有十四層，底部的正方形是一樓，還需要十三層的圓形，蓋一層的圓形要九塊雙倍塊，那麼總共要幾塊呢？

以下孩子用不同的方式點數。

一、先觀察已蓋好每個樓層的積木數量，再推算尚未搭蓋的每一層樓所需數量

程昱先用一張紙畫出蓋好的每層樓，然後數一數有幾塊積木。台中新光三越每一層都是九塊，只有第一層不一樣，是三十五塊。

二、用彩色骨牌幫忙計數

用彩色骨牌協助計算每一個圈圈是九塊。大家透過實際的點數，統計骨牌總共的數量，瑤璇一邊點著骨牌，其餘的孩子一起唱數數量1、2……98、99、100、111、112、113……（圖12-16）。

圖 12-16　用彩色骨牌排成圓圈圈，排好十三個就數一數

妹嫻：「不是啦，是110、120、130……。」

兆維：「怪怪的好像不對，應該是第 101 吧！」

孩子最後與老師確定，應該從 101 開始數，總共為一百一十七塊（圖 12-17）。

圖 12-17　大家一起數十三個圓圈需要的彩色骨牌總數

捌、需要跟其他的班級借多少積木？

班上積木區第五次搭建的台中新光三越，已蓋好五層樓的圓形，已經用掉四十五塊雙倍塊積木，孩子表示要去數積木，才知道還要借的數量？

老師：「我們蓋了五個圓形，那還剩幾個圓形沒有蓋？」

妹嫻：「八個圓圈圈，我是用想的。」

兆維：「那就只剩八個圓圈圈。」

當孩子確定還有八個圓圈需搭蓋時，急著要數出用彩色骨牌排列的八個圓圈圈數量，但孩子發現用手數每次都不一樣，於是想把圓形畫下來，數數看，點數之後，需要再借七十二塊積木。（註：117 減 45，即是 72）

玖、圓形樓層旁的長方體搭建

當孩子數出所需的數量後，開始分兩組到別班借雙倍塊積木，有一組孩子則繼續在班上搭蓋長方形的壁面及樓層。先使用長板繼續隔出樓層（圖 12-18），然後用四倍塊圍出四邊的牆壁（圖 12-19），孩子陸續蓋到第五層圓形時（圖 12-20），發現蓋太高了，可能會倒下來！

圖 12-18　使用長木板隔出樓層（第五次搭建）

圖 12-19　用四倍塊圍出四邊的牆壁（第五次搭建）

圖 12-20　第五次搭建，暫時完成加大的五層樓台中新光三越

拾、改變支撐圓形的高度，從雙倍塊變基本塊

果然，蓋到第九層，發現圓形的建築已經搖搖欲墜，經過討論，孩子發現原本支撐雙倍塊的基本塊太高了，於是改變成平躺的小方塊支撐（圖 12-21），改變使用小方塊後，只持續到第十層，孩子發現台中新光三越正在搖晃（圖 12-22）。

兆維：「有些積木會凸出來。」

大鈞：「我有移出來一點。」

程昱：「積木快倒了。」

瑤璇：「蓋得不穩，就會垮下來。」

兆維：「我怕蓋到第十層，就會倒下來。」

圖 12-21　使用小方塊支撐每一層樓

圖 12-22　準備要蓋第十層，發現在搖晃

拾壹、搭建實驗了五次，第六次終於蓋好十四層樓！

孩子擔心再繼續搭高，積木會垮掉，所以不想繼續搭蓋上去，經過討論，決定要拆掉原來的架高，使用基本塊積木堆疊十四層（圖 12-23），經過前後五次的搭建，最後孩子們攜手完成了台中新光三越（圖 12-24）！

圖 12-23　孩子第六次蓋好的台中新光三越，總共有十四樓！

宜庭：「我們蓋了十四樓，用四倍塊跟基本塊來做成一個圓形，四倍塊直直的是柱子，基本塊是告訴人家幾層。」

兆維：「新光三越有十四層，新光三越上面有一個大圓形，它有十三層，我們數基本塊有一百一十七個，但是基本塊有的是兩個大方塊合起來的。」

（圖 12-25）

圖 12-24　完成十四層樓的台中新光三越

圖 12-25　孩子一一點數每一層樓的數量，共117 塊的積木

〜上文摘自愛彌兒《探索》期刊 19 期（2006.11 出刊）

拾貳、「積木蓋的新光三越」課程中，老師的「後設認知」

文／呂昭慧

　　課程開始，老師期望孩子能搭蓋出有高度（層數）的建築物，並實際經驗方位的學習。孩子本提出想蓋 101 大樓，但因愛彌兒位於台中，老師知道孩子如果沒有親身體驗，不易產生細微深刻的觀察，101 大樓遠在台北，而台中新光三越的建物，不但能讓孩子經驗不同幾何形狀的結合，還可以讓孩子對搭蓋高度、方位有所體會，且它就在台中，是孩子與家人常發生的共同生活經驗。

　　新光三越搭蓋過程中，孩子不斷挑戰嘗試高度，先用平鋪、圍堵的方式不斷堆疊加高，初期失敗，老師加入實景相片，協助孩子發現新光三越的建物特徵後，孩子因此改變搭蓋方式。老師的經驗，讓老師清楚知道如何選擇適當時機，鷹架孩子的能力。

　　當孩子完成第四次的新光三越搭建，教學會議上，老師提出內心的掙扎，雖然孩子已經依照建築物的特徵完成搭蓋，但是在整體呈現稍嫌不足，圓形一點都不圓，且孩子雖然蓋出十四層高的建築物，其手法仍是回到最初的雙倍塊圍堵疊高方式，並沒有達到老師預期「用架高方式搭高」的目標。課程到此，孩子僅僅經驗如何將建築物架高、蓋出層數、觀察新光三越的特徵與方位的認

識，老師期望挑戰孩子更深層的邏輯推理與數學思考能力。此時，愛彌兒教師工作坊的讀書會，恰巧在探討幼兒數概念的發展，激發老師想應證一些觀點與運用文獻中提及的數學教學方法。因此，老師決定與孩子挑戰變大的新光三越，並意圖以材料不足，與孩子玩數量的預估。

Flavell 認為，每個人都會知道自己的能力限制、概念、知識與認知策略，藉此，我們自己因而能適當地指揮與使用自己的知識與策略的能力（鄭昭明，2001）。因此他提出「後設認知」（metacognition）的概念，這樣的概念包含「後設認知知識」（metacognitive knowledge）、「後設認知經驗」（metacognitive experience）與「後設認知技能」（metacognitive skill）。知識是指知人、知事、知術；經驗是指省思自己之失敗經驗；技能是指求新求變的能力，以及為適應未來的預測與設計能力（張春興，1991）。Brown（1985）認為，後設認知是指知道自己瞭解些什麼的認知（knowing about knowing）以及知道如何瞭解（knowing how to know）。綜合 Flavell、Brown 以及許多位學者（Costa, 1984; Mayer, 1986; Wittrock, 1986）的觀點，後設認知意指：個體對事物經驗瞭解，從舊經驗中學習反省，利用背景知識學習新經驗以及有系統地規劃與策劃來幫助工作或學習。

「積木蓋的新光三越」這課程，可看到老師原先的專業知能、帶班經驗，愛彌兒教學會議上的討論分享、愛彌兒老師專業研修課程的不斷累積強化，讓老師預知孩子可能遇到的問題，老師事先鋪陳適當的鷹架策略，甚至於孩子下課後，老師自己嘗試如何搭蓋的實驗精神，催生出新光三越這個課程。這些元素就是後設認知的精神：從舊經驗中學習反省，利用背景知識學習新經驗，以及有系統地規劃與策劃來幫助工作教學，正是這個課程成功的重要因素！

🌳 第二節　老師的鞋子，亂放，幫老師的鞋子做個鞋櫃吧！

文／林嘉惠　弘光科技大學幼兒保育系

升上大班，愛彌兒孩子開始接觸真實木工，初期，老師透過《小布做木工》（邱孟嫻譯，1998）一書，引導孩子認識工具名稱，藉由孩子做木工時運

用的基本技巧，如釘、鋸、拔、敲等（圖 12-26～12-28），讓孩子熟悉工具的使用。

圖 12-26　喬葳（5 歲 9 個月）運用扭轉方式，拔出釘子

圖 12-27　永勛（5 歲 8 個月）使用鋸子，前後鋸木板

圖 12-28　旻蓉（5 歲 6 個月）使用鉗子，拔釘子

壹、設計老師的鞋櫃

某天，健宇和宇婕發現老師的鞋子全都放在教室外地上，顯得「亂亂的」（圖 12-29），提出「我們幫老師做一個鞋櫃」。當天，兩人計算了班上老師的鞋子數量：

圖 12-29　健宇（6 歲 3 個月）和宇婕（6 歲 1 個月）發現老師鞋子亂放

宇婕：「我們教室有三個老師。」（含實習老師）

健宇：「還有 teacher Susan，她每天來我們教室上課。」

老師：「所以，總共是……？」

健宇：「四個老師。」

老師：「需要幾個格子放鞋子？」

宇婕：「老師都有兩雙鞋子，一雙在教室穿的，一雙在外面穿的。」

隨後，兩人一一點數，算出，共需要八個格子。

老師：「八個格子，怎麼放？」

宇婕：「長長的一排。」

老師指著教室門外的空間：「可是，這裡不夠大耶！」

健宇看著教室門口上、下兩層的合成鞋櫃：「老師的鞋櫃可以上面一層、
　　下面一層，這樣，鞋櫃不會太長。」

　　兩人觀察教室外鞋櫃的樣式（圖 12-30），依老師鞋子數量，畫老師鞋櫃
的設計圖（圖 12-31）。

圖 12-30　健宇和宇婕觀察班上孩子鞋櫃樣式

圖 12-31　鞋櫃設計圖——「四個老師，每個老師兩個櫃子，需要八個格子」
（林健宇，6 歲 3 個月）

貳、測量鞋櫃的長度

　　當天，健宇和宇婕併排四雙鞋子，使用連接方塊排出總長度，再依每雙鞋
子的寬度，以連接方塊排列出每雙鞋子的區隔（圖 12-32）。隔天，亦詮延續
製作時，發現每格鞋子的大小不一樣，有的八個連接方塊、有的十一個連接方
塊，表示「這樣不公平」，因此，以「兩個一數」方式重新調整（圖 12-33），
每格皆十個連接方塊，加上分隔處的方塊，全部總共四十五個連接方塊長，並
記錄下來（圖 12-34～12-36）。

圖 12-32　宇婕串連連接方塊，測量每雙鞋的寬度

圖 12-33　亦詮（6歲）以兩個一數方式，點數數量

圖 12-34　亦詮和宇婕將連接方塊描繪在白紙上

圖 12-35　鞋櫃記錄圖——「連接方塊排鞋櫃，這樣，鞋櫃格子一樣大」
（陳宇婕，6歲1個月）

圖 12-36　鞋櫃記錄圖——「我和宇婕用連接方塊拼鞋櫃，每個格子有十個連接方塊」
（陳亦詮，6歲）

孩子依所畫記錄，比對、選擇木板尺寸……

承慨：哇！木板不夠長。
承峰：可以兩塊木板接起來。
承慨：用膠帶黏。
惠瑀：用白膠。
崇軒：這樣不牢固。
以拓：用釘子釘。

於是，承峰和又寧將記錄紙放在木板上，做記號（圖 12-37）。接著，孩子輪流裁切木板（圖 12-38），將兩塊木板合併成一塊長木板，中間接縫處以木條釘合（圖 12-39）。亦敬也於左、右兩側加釘木條，不然會不一樣高（圖 12-40）。孩子記錄了鞋櫃木板的結合過程（圖 12-41～12-43）。

亦詮：「用木條把木板釘起來。」
諺毅：「木板上面放木條。」

圖 12-37　孩子合作將記錄紙置於木板上，做記號

圖 12-38　又寧（5歲8個月）裁切木板

圖 12-39　合力將二木板，接成長木板

圖 12-40　亦敬（6歲）在兩側加釘木條

圖 12-41　接合木板記錄圖 1——「我敲釘子，何承峰也敲釘子，黃色的夾子可拔釘子」（劉又寧，5 歲 8 個月）

圖 12-42　接合木板記錄圖 2——「我們先把下面那塊木板做好，木板下面用長木條釘下面」（陳宇婕，6 歲 1 個月）

圖 12-43　接合木板記錄圖 3——「我們用木板釘好下面，下次要做旁邊，一格一格的地方」（何承峰，6 歲 5 個月）

一、木工材料與工具的討論

孩子運用長、短釘子結合木條與木板時，發現了其功用的不同：

毓宸：「如果很厚的木板，要用長釘子。」

諺毅：「長釘子釘在扁扁的地方，釘子凸出來，很危險。」

亦詮：「把凸出來的釘子敲歪。」

崇軒：「再找一塊木板放上面釘住，就不會刺刺的。」

釘製過程中，也發現木工桌面上的不同工具。

老師：「兩種鎚子，長得不一樣！」（圖12-44）

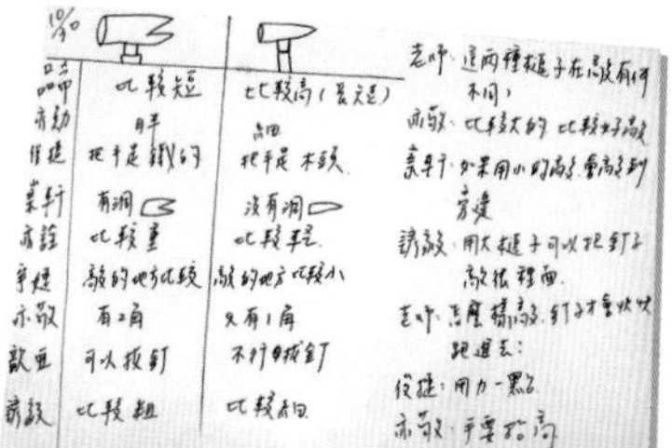

圖 12-44　討論鐵槌與羊角槌的差異

品希：「一個比較短，一個比較高。」

永勛：「一個胖胖的，一個細細的。」

亦敬：「一個有兩個角，一個只有一個角。」

老師：「這是羊角鎚，這是鐵鎚。」（圖
12-45）

羊角鎚

鐵鎚

圖 12-45　鐵鎚與羊角鎚

俊捷：「羊角鎚的把手是鐵的，鐵鎚的把手
是木頭的。」

亦詮：「羊角鎚拿起來比較重，鐵鎚比較輕。」

歆亞：「羊角鎚可以拔釘子，鐵鎚不行。」

亦敬：「比較大的，比較好敲。」

諺毅：「用大鎚子，可以把釘子敲很裡面。」

有天，老師發現孩子拿著螺絲釘當釘子，猛力的敲，卻敲不進去。

老師：「為什麼用螺絲釘，敲不進去？」

永勛：「螺絲釘用轉的，釘子用敲的。」

諺毅：「螺絲釘可以鎖很緊，釘子較容易鬆鬆的。」

亦詮：「螺絲釘如果用錯了，可以轉回來，螺絲釘不會壞掉，但是釘子釘
錯就壞掉，不能再用了。」

亦敬：「螺絲釘要用螺絲起子，釘子要用鐵鎚。」

孩子裁切鞋櫃木板時，忽略畫上每格大小的記號，只有亦詮以十個連結方塊，決定每格鞋櫃大小，因此老師在學習區提供多元的切分教具，如圓形切分板、分數組、慶生切蛋糕等（圖 12-46、12-47），幫助孩子累積相關經驗。

圖 12-46　亦敬發現部分的切分板塊，大小一樣

圖 12-47　淳媗（5歲 10 個月）操作切分教具

幾天後，孩子再度使用連接方塊，模擬組裝鞋櫃的造型。

老師：「木板還是比連接方塊多一點？」

又寧：「對啊！連接方塊排不下。」

老師：「還可以用什麼方式試試？」

歆亞：「可以用連環扣量看看。」（源自於曾在菜圃，測量玉米的經驗）

孩子們合作將連環扣串連進行測量。亦詮提到連環扣要對齊木板；旻蓉認為多出來的連環扣，要拔掉；又寧點數出，木板總共有三十三個連環扣長（圖 12-48）。

老師：「再來呢？」

亦詮：「要找出木板的一半。」

歆亞：「左邊一個、右邊一個，這樣數，就知道中間在哪裡了。」

圖 12-48　測量木板長，有三十三個連環扣

亦詮和旻蓉從左右兩邊同時往內點數，旻蓉找到第十七個是中間（圖 12-49），孩子們再從左右兩邊同時往內點數，亦詮找到第九個是中間（圖 12-50），畫上線條做記號，並以老師鞋子比對鞋櫃格子尺寸，是否能擺進鞋子（圖 12-51）。

圖 12-49　亦詮和旻蓉從左右兩邊，同時往內點數，找到第十七個連環扣是中間

圖 12-50　亦詮指出，木板的一半再一半是第九個連環扣

圖 12-51　宇婕試擺老師鞋子

有些孩子進行測量，有些孩子持續裁切釘製木板及木條。珮璠鋸木板時，亦敬幫忙扶住木板使其不搖晃；亦詮釘釘子時，崇軒一同檢視固定的位置是否恰當。歷經約兩週時間，陸續完成三塊長底板（圖 12-52～12-55）。

二、製作第二、三層的底板

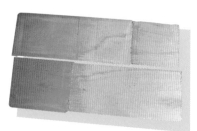

圖 12-52　崇軒製作等長的木條

圖 12-53　珮璠裁切木板　　圖 12-54　亦詮固定木板與木條　　圖 12-55　完成鞋櫃底板製作

參、討論隔板數量、測量隔板尺寸

　　完成老師鞋櫃底板後，老師拿出孩子原先的設計圖：

老師：「再來呢？」

歆亞：「做格子。」

巧楹：「做完格子，可以把鞋子放上去了。」

珮璠：「用木板做格子。」

諺毅：「格子的木板，要比老師的鞋子還高。」

健宇：「小朋友的鞋櫃不是木條，是用木板做的。」

俊捷：「每個木板都要一樣。」

永勛：「是亦詮找來的木板，太短了。」

承愷：「再找一塊接起來，就可以了。」

　　學習區時間，宇婕和旻蓉觀察小朋友鞋櫃如何間隔，並在木工區找到一塊

現成的木板當隔板，亦詮：「木板站起來高高的，鞋子可以放進去。」但因隔板比底板的寬度短一些，於是亦詮在旁邊加一片窄木板，使隔板和底板寬度等長，成功解決底板寬度與隔板不等長的問題（圖12-56～12-58）。

圖 12-56　亦詮用兩塊木板，拼接比對

圖 12-57　併接後，和鞋櫃的深度相同，黏上白膠固定

圖 12-58　加上木板條後，隔板與底板一樣長了

圖 12-59　諺毅將多餘的木板裁切

諺毅協助將窄木板多餘處裁切掉（圖12-59），並以白膠暫時將兩木板固定住，確定好隔板尺寸後：

諺毅：「我們要幾塊木板？」
又寧：「上面五塊，下面也要五塊。」（圖12-60）
諺毅：「五和五是十。」

圖 12-60　又寧手指比，一層要五塊木板

亦敬複製木板，畫下十塊木板的大小，在紙上拼湊出所需的木板面積（圖12-61、12-62）。

圖 12-61　亦敬以木板比對方式，畫下十塊木板大小

圖 12-62　「上面要五塊木板，下面要五塊木板」
（潘俊宇，6 歲 2 個月）

肆、採買木板、裁切隔板、組裝鞋櫃

老師覺得孩子已經驗許多長度測量方法，想進一步瞭解，孩子如何理解長、寬與面積的關係。

老師：「如何跟老闆說，我們要買多大塊的木板？」

孩子：「帶這張白紙去問老闆，就可以了。」（圖 12-63）

老師：「如果沒有帶這張白紙，怎麼告訴老闆，木板多大呢？」

宇婕：「可以量量看。」

崇軒拿起一根長木條比對：「可以拿木條比一比。」（圖 12-64）

亦敬：「這樣，老闆只會給我們這麼長的木條，不是木板。」

老師：「所以，只要知道這邊多長，就好了嗎？」

亦敬：「不行，還要量比較短的那一邊。」
（圖 12-65、12-66）

圖 12-63　十塊隔板所需的大小

圖 12-64　崇軒使用木條，比對較長一邊的長度

圖 12-65　亦敬表示，還要量另外
一邊，不然老闆不知道，另一邊有
多長

圖 12-66　亦敬將木條，對齊短邊
的邊緣

團體分享時，孩子拿出兩根木條：

亦敬：「這是要告訴老闆，我們要買多大塊的木板。」

承峰：「但是，老闆會不會只給我們兩根木條？」

諺毅：「所以，你要比給老闆看，還要告訴老闆，我們要這麼大塊的木板。」

孩子將兩根木條垂直擺設成 L 型，另一手比畫出邊長，圍成長方形（圖 12-67）。

孩子覺察到邊長的重要性，肢體輔助口語清楚說明兩根木條的用途，於是他們帶著兩根木條買木板去囉！

孩子在賣場觀望許久，又寧發現牆角放置一塊大木板，孩子於是拿出兩根木條，擺成 L

圖 12-67　孩子分享兩根木條的功用

狀比對，並與賣場叔叔說：「我們想要這麼大塊的木板。」以手在空中比畫成長方形。又寧：「這邊要這麼長（長）、這邊要這麼長（寬）。」（圖 12-68）賣場叔叔協助裁切後，孩子再度用木條比對，確認兩邊的長度一致（圖 12-69、12-70），

圖 12-68　又寧發現
這一塊木板，夠大
塊

圖 12-69　歆亞用木條比對兩邊的
長度，告訴老闆需要的木板大小

圖 12-70　老闆裁切後，孩子再度用木條比對是否一樣

圖 12-71　諺毅和承峰比對木板，畫下所需十塊木板

高高興興地帶回大木板。

　　木板買回後，孩子畫出十塊木板的大小（圖 12-71），並輪流切割，由於木板很厚實，裁切的過程相當費力，孩子足足花了近三個星期，才將一大塊木板鋸成十塊隔板。老師請孩子畫下辛苦裁切的過程（圖 12-72、12-73）。

孩子記錄：裁切大木板的過程與感受

圖 12-72　「我鋸得很生氣，因為木板很厚，鋸不斷」
（廖俊捷，6 歲 2 個月）

圖 12-73　「鋸木板手很痠，木板很厚、很大塊，亦詮和亦敬幫我加油」
（許歆亞，6 歲 2 個月）

接著，孩子組合底板與隔板，成上、下兩層的鞋櫃（圖 12-74～12-77），但「怎麼合併上、下層鞋櫃？」

圖 12-74　先模擬組合鞋櫃

圖 12-75　宇婕依底板的畫記，比對隔板位置

圖 12-76　亦敬由底板處釘釘子，固定隔板

圖 12-77　惠瑀釘合第二層底板，完成一層鞋櫃

崇軒：「用白膠黏裡面。」

承愷：「用釘子從旁邊，斜斜的釘進去。」

又寧：「這樣，釘子會跑出來。」

歆亞：「把上面的木板和下面的木板固
　　　定。」（固定上、下隔板）

老師：「用釘子，好像很困難。」

歆亞指著邊條：「從上面到下面長長的，
　　　可以用木條把上面和下面的木板釘
　　　住。」（圖 12-78）

圖 12-78　歆亞建議以木條固定上、下層鞋櫃

此話一出，引起孩子共鳴，原來可以運用邊條固定上、下兩層鞋櫃。當天，孩子即著手進行，先複製十根木條（圖 12-79），再將木條釘在側邊，固定上、下兩層鞋櫃，大功告成囉！（圖 12-80、12-81）

圖 12-79　俊捷複製十根邊條

圖 12-80　崇軒以白膠固定內層

圖 12-81　孩子合作組合上、下兩層鞋櫃

伍、製作對應名牌，完成老師的鞋櫃

孩子將鞋櫃做好後，老師們表示「不知自己的鞋子要放哪一格？」孩子想出，寫上老師的名字，「嘉惠老師，嘉是庭嘉的『嘉』、惠是惠瑀的『惠』，可以去看他們的名字卡」，孩子對照小朋友姓名字卡，仿寫老師的名字，製作對應名牌（圖 12-82），分配每位老師的鞋櫃位置，「老師的鞋櫃完成了」（圖 12-83）。

圖 12-82　俊宇和俊捷仿寫老師的名字

圖 12-83　鞋櫃完成了

孩子們製作出老師的鞋櫃，將他們心中的想法，轉化為行動，孩子心中的欣喜，也在他們的記錄中一覽無遺（圖 12-84、12-85）。

圖 12-84 「鞋櫃做好了」
（陳亦敬，6 歲）

圖 12-85 「我們在木工區做鞋櫃，做好了，大家很開心」
（陳宇婕，6 歲 1 個月）

～上文摘自愛彌兒《探索》期刊 33 期（2017.03 出刊）

陸、孩子在木工區方案探究歷程中的數學發現

文／張斯寧

在眾多學習區之中，木工區一直是最受學齡前幼兒喜愛與積極探索的學習區之一。許多研究文獻多強調木工區的功能在於能提供幼兒表徵的機會、對木工工具材料與技法的認識瞭解及熟練應用、師生與幼兒同儕間的相互搭鷹架以利問題的解決；此外，木工區除了可以提供幼兒滿足個人興趣需求之外，在社會能力的發展上，也能在彼此間有共同目標之下，提供幼兒主動協助其他同儕的機會，進一步形成學習的社群，而教師也往往是社群中與幼兒共同學習成長的成員之一（練雅婷，2006）。

從「老師的鞋子，亂放，幫老師做個鞋櫃吧！」課程中不難發現，孩子在木工區裡的探究，除了前段文字中所敘述的身體動作與社會領域及問題解決的學習成長之外，幼兒在方案探索歷程中也有許多數學概念的發現與運用，茲整理如表 12-1 所示。

表 12-1　數學概念的發現與運用

向度	數學概念／能力	孩子的探究發現與運用
邏輯關係	觀察與區辨異同	1. 羊角鎚與鐵鎚哪裡不一樣？ 一個比較短，一個比較高；一個胖胖的，一個細細的；一個有兩個角，一個只有一個角；羊角鎚的把手是鐵的，鐵鎚的把手是木頭的；羊角鎚拿起來比較重，鐵鎚比較輕；羊角鎚可以拔釘子，鐵鎚不行。 2. 螺絲與釘子哪裡不一樣？ 一個用轉的、不能用敲的，一個用敲的、不能轉；一個可以鎖緊，一個較容易鬆鬆的；一個用錯了可以轉回來、不會壞掉，一個釘錯了就壞了、不能再用；一個用螺絲起子轉，一個用鐵鎚敲。
	比較	1. 孩子使用連接方塊模擬組裝鞋櫃的造型。木板還是比連接方塊多一點？又寧：連接方塊排不下。 2. 在做鞋櫃隔板時，因孩子取得的木板與底板的寬度仍有些差距，於是亦詮在旁邊加一片窄木板，使其和底板寬度等長。成功解決底板寬度與隔板不等長的問題。
	配對	1. 孩子運用長、短釘子結合木條與木板時，發現了其功用的不同：如果很厚的木板就要用長釘子，較薄的木板要用短釘子。 2. 螺絲要用螺絲起子，釘子要用鐵鎚。
	一一對應	孩子依字卡仿寫每位老師的名字，製作對應名牌，並分配在每位老師的鞋櫃位置。
	部分／全部	1. 木板買回後，孩子開始畫下十塊木板的大小，並輪流展開切割的工作；而由於木板厚實，讓裁切的過程相當費力，孩子足足花了近三個星期才將一大塊木板切成十塊隔板。 2. 三十三的一半是十七，十七的一半是九。
數	計數	連環扣串聯進行木板測量，又寧點數出木板總共有三十三個連環扣。
	數字的認識與書寫	採買木板時，將十塊木板的大小畫在白紙上，並書寫數字 1～10，讓老闆知道我們需要多大塊的木板。
	數運算（加總的瞭解）	1. 教室有三個老師，再加上 teacher Susan，總共是四個老師。 2. 上面五塊木板下面也要五塊，五和五是十。 3. 每層每個鞋格皆需有十個連接方塊，加上分隔處的方塊，全長總共有四十五個連接方塊。

（接下頁）

向度	數學概念／能力	孩子的探究發現與運用
	數運算（倍數的瞭解）	每雙鞋需要一個格子放置，每位老師都有兩雙鞋子，以點數方式，計算出總共需要八個格子來放置老師的鞋子。
	數運算（分配的瞭解）	八個鞋格子分配到上、下兩層，所以每層鞋櫃需要有四格。
	數線上數字間的關係（中間位置的數）	三十三個連環扣的一半是十七個，十七個的一半是九個，九個的再一半這樣就有四個。
測量	長度	1. 於是，孩子們合作將連環扣串聯進行測量。亦詮提到連環扣要對齊木板；旻蓉認為多出來的連環扣就要拔掉，又寧點數出木板總共有三十三個連環扣。 2. 以老師鞋子比對鞋櫃格子尺寸是否適當。
	面積	孩子將兩根木條以垂直的方式固定，另一手從兩條木條延伸畫出邊長，圍成長方形，讓賣場叔叔知道我們想要這邊要這麼長（長）、這邊要這麼長（寬）的大塊木板。
幾何空間	幾何形狀	孩子拿出兩根木條，擺成 L 狀比對，並與賣場叔叔說：我們想要這麼大塊的木板，以手在空中比畫成長方形。又寧：「這邊要這麼長（長）、這邊要這麼長（寬）。」
	空間運用	1. 老師問到八個鞋格子要怎麼樣放？宇婕：「就長長的一排。」老師指著教室門外的空間：「可是這裡不夠大耶！」健宇看著小朋友上、下兩層的鞋櫃說：「老師的鞋櫃也可以上面一層、下面一層，這樣鞋櫃才不會太長。」 2. 用木板做格子，亦詮：「用木條平平的放，這樣老師的鞋子會放不上去。」諺毅：「格子的木板要比老師的鞋子還要高。」 3. 鞋櫃要如何間隔？孩子在木工區找到一塊現成的木板，亦詮提出「木板站起來高高的，可以讓鞋子放進去」。但因其與底板的寬度仍有些差距，於是亦詮在旁邊加一片窄木板，使其和底板寬度等長。成功解決底板寬度與隔板不等長的問題。

　　從此文也可以發現幼兒間彼此的討論、對話及相互鷹架；教師則在木工區有著多元角色可扮演，例如：給予鼓勵的「支持者」、適時提供幫助的「協助者」、滿足各類需求的「支援者」、時時刻刻的「觀察者」、穿針引線的「催化者」以及選擇時機介入的「引導者」（練雅婷，2006）。可以看到的是整個

木工區幼兒忙碌地手動、心（腦）動與人動，只為了一致且共同的目標：完成老師的鞋櫃，老師的鞋子才可以依照秩序就定位。

依據建構論的觀點，「老師的鞋子，亂放，幫老師做個鞋櫃吧！」此一木工區的方案課程，老師確實讓數學成為幼兒日常生活的一部分，且以孩子能理解的數學用語與孩子互動對話，來幫助孩子建立各向度數學概念與生活周遭所接觸事物之間的關係。當幼兒理解建構這些數學概念的個人意義時，在生活中的不同時刻、面臨類似的問題情境時，他們自然能靈活地遷移應用這些數學概念在問題解決的過程中。

第三節　誰是全校最高的老師？

文／莊雅琚　弘光科技大學幼兒保育系

陳佩婷

當連環扣進入教室內的益智區時，孩子最常將連環扣接得長長的，但大多數孩子對它總是淺嘗即止，於是老師與孩子討論連環扣的用途。

壹、連環扣可以做什麼？

老師：「這個教具叫作連環扣，你們覺得連環扣可以用來做什麼？」

綺庭：「可以做成手環！」

家翎：「我覺得還可以做成項鍊！」（圖 12-86）

勁哲：「還可以量東西！」

老師：「可以量什麼？」

力維：「可以量櫃子！」

勁哲：「也可以量益智區啊！」（圖 12-87）

圖 12-86　連環扣可以拿來當項鍊、手環

多數的女生把連環扣當成裝飾性的物品，欣喜地擺飾在自己的身上；小男生則提出實用的功能，將它當成工具使用。

圖 12-87　連環扣可以量益智區有多大

貳、我們班誰最高？

當孩子們知道連環扣可以測量生活上的物品時，有人提出量教室內的櫃子、益智區有多大，孩子測量的目標物，有大有小，大的可能超越孩子點數的能力或不夠具體、小的又不具挑戰性。因此，老師提出一個問題：「你們知道我們班誰最高嗎？」期望孩子從連環扣的操作過程，經驗點數、測量、比較、統計等數學經驗。

孩子：「林佩柔！」「李翊萱！」「何桀樣！」「蔡承翰！」

老師：「你們說了這麼多人，那要用什麼方法知道，到底誰說的才是對的？」

佩柔：「比比看啊！」

劭哲：「可以用連環扣量量看！」

討論過後，孩子開始利用連環扣測量益智區內孩子的身高，並將結果記錄到紙上。分享時間，老師請益智區孩子分享，並示範自己是如何測量的，當時被測量的孩子是踩著大約三、四個連環扣被測量的。

參、討論測量方式──起點和終點（圖 12-88）

承婕：「不是這樣子量的！」

佩柔：「對啊！不可以這樣量！」

老師：「為什麼不可以這樣量？」

承婕：「不可以踩著連環扣！這樣量不準！」

老師：「那要怎麼量？」

圖 12-88　不行墊腳尖
（張希妍，6 歲 5 個月）

承婕：「要從這裡（指著腳底）開始量！」

老師：「量到哪裡？」

孩子一致認為要量到頭部！

老師：「是因為我們的身高，就是從頭到腳趾頭這麼高，所以才要從頭量到腳嗎？」

孩子：「是！」

肆、誰是全校最高的老師？

測量過幾個班上孩子的身高後，孩子主動提出想要知道哪一個老師是愛彌兒裡面最高的？大家決定先量老師的身高，再量班上小朋友的身高。老師讓孩子先進行預測。

家翎：「我覺得蕭老師最高，因為她的腿看起來比較長！」

奕凱：「應該是佩婷老師，因為我覺得……」

徐驊：「是莊老師！因為你站起來就很高！」

除了讓孩子預測外，老師也與孩子訂下了測量各班老師身高的日期，期望孩子在進行活動前有先做計畫的觀念。

伍、第一次測量：怎麼只有量到眼睛？

由於之前測量孩子身高時，孩子只要將手伸長，就可以和另一位孩子拉著連環扣，幫被測量的孩子從頭量到腳趾頭；但是測量老師時，為將連環扣固定在頭部的部分，孩子改請老師自己拿著，並請老師要站直，孩子只需確認老師腳底那端的連環扣，測量完中天鵝班的老師後，老師提供測量時拍下的照片與孩子分享。

圖 12-89　容蓉老師只把連環扣放在眼前的地方，會量不準

彥祺：「容蓉老師只有把連環扣對齊眼睛，這樣會不準！」（圖 12-89）

鎮宇：「這樣子量起來會變矮！」

孩子們再次發現測量起點的問題，造成測量結果的不精準。

家翎：「因為我們量不到容蓉老師的頭！」

老師：「那要怎麼樣才能量到老師的頭？」

佩柔：「我們是站在椅子上面量的，所以你可以站在椅子上面量老師。」

家翎：「我們站到椅子上面不夠高！所以我們才請容蓉老師自己拿著。」

老師：「那現在怎麼辦？」

希妍：「再去量一次好了！」

老師：「那這一次還是要量到容蓉老師的眼睛嗎？」

家翎：「我們要看到容蓉老師的頭再量！」

希妍：「那我看頭，妳看腳好了！」

佩柔：「我們請容蓉老師站在牆壁前面才量！」

老師：「為什麼一定要站在牆壁前面？」

佩柔：「因為這樣老師才不會彎腰駝背，量起來比較準！」

佩柔：「我們還有請老師脫鞋子，這樣量起來也會比較準！」

老師：「為什麼穿鞋子就不行？」

鎮宇：「因為鞋子有墊子，會讓人家變高！」

老師：「我要怎麼知道，你們說的對不對？你們可以量給我看看嗎？」

剛好徐驊穿矯正鞋，於是孩子幫徐驊量了穿鞋子與沒有穿著鞋子的身高，發現真的不一樣，穿鞋子是三十二個連環扣高，沒有穿鞋子是三十一個連環扣高（圖 12-90）。在第一次的分享中，孩子發現更多測量時應注意的事項，並且在定群的提議下，將注意事項畫成紀錄圖：

圖 12-90　穿鞋是三十二個連環扣高，不穿鞋是三十一個連環扣高

1. 要請老師站好（不可以彎腰還有駝背），再量。
2. 要請老師脫掉鞋子。（圖 12-91）
3. 要從頭量到腳底。（圖 12-92）
4. 一次兩個人去測量，一個看頭、一個看腳。（圖 12-93）

圖 12-91 孩子自製的注意事項紀錄圖
（李翊萱，6 歲 2 個月）

圖 12-92 測量時要從頭量到腳
（張希妍，6 歲 5 個月）

圖 12-93 測量時，要兩人一組，一個看上面，一個看下面
（張希妍，6 歲 5 個月）

陸、第二次測量：老師的頭低低的

第二次測量時，孩子開始兩兩一組測量老師的身高（圖 12-94、12-95）。量完老師身高後，翊萱發現了一個問題。

翊萱：「我在量老師的身高的時候，老師的頭都會看下面。」

老師：「這樣有什麼關係嗎？」

佩柔：「這樣會變矮喔！」

老師：「你們也這麼覺得嗎？」

圖 12-94 廚房阿姨有四十四個連環扣高
（何桀樣，6 歲）

圖 12-95 美惠老師身高是四十五個連環扣長

彥禎：「對啊！如果頭低低的量起來會不
　　　　準，會變矮！」

老師：「那要怎麼知道你們說的是正確
　　　　的？」

希妍：「我們可以量給你看啊！」

圖 12-96　被量的人不行頭低
低，頭要看前面
（張希妍，6歲5個月）

測量過後真的發現，低著頭是二十九個連環
扣高，沒有低著頭是三十一個連環扣，兩者是有
差別的。於是孩子決定除了看老師的連環扣是否
有對準頭部之外，還得看看老師的頭是不是有看
著前面（圖 12-96）。於是孩子又量了第三次。

柒、第三次測量：測量的紀錄，全混在一起了！

第三次，孩子覺得自己把所有老師的身高都測量過了，但是他們將三次的
紀錄全混在一起了。於是老師與孩子討論，要如何知道哪一個老師最高，並希
望孩子用自己的方法解決。

希妍：「貼在海報上看看就知道了！」

於是孩子將所拿到的紀錄圖都貼在一張全開的壁報紙上面（圖 12-97）。

圖 12-97　把老師的身高紀錄圖貼在大海報上，再黏到牆上

捌、海報上面有重複的紀錄，而且有的老師還沒有量到

老師唸了一次海報上的紀錄給孩子聽，問孩子：「那這樣，你們知道誰最高了嗎？還是你們發現什麼？」

劭哲：「為什麼雪怡老師有兩張，容蓉老師也有兩張？」

徐驊：「而且都不一樣（結果），不知道哪一張是正確的。」

鎮宇：「容蓉老師怎麼變矮了？因為原本是四十九變成四十六了！」

巳瑄：「也有兩張雪怡老師的紀錄！」

翊萱：「沒有莊莊老師的紀錄。」（已量過）

家翎：「也沒有佩瑜老師的紀錄。」（已量過）

妍姍：「沒有辦公室老師的。」（已量過）

綺庭與希妍澄清：「因為我們沒有地方可以貼了。」

宇翔：「你們可以再拿一張一樣的紙，用膠帶貼在後面！」

鎮宇：「你們可以把重複的撕掉，再把沒有貼上去的貼上去！」

老師：「剛剛有小朋友說到，有兩張雪怡老師跟容蓉老師的紀錄，還有的老師是沒有被測量到的？為什麼會這樣？」

姝靜：「因為有一次容蓉老師只量到眉毛而已！」

家翎：「因為有一張是新的，一張是舊的。」

老師：「那這樣可以知道，誰是最高的老師嗎？」

孩子：「不行！因為有的老師又沒有量到！」

老師：「那現在要怎麼辦，有兩個老師貼了兩張紀錄？」

佩柔：「可以問問記錄的人，什麼時候記錄的啊！看看有沒有日期可以分辨？」

希妍：「再重量一次！」

承翰：「兩張一樣的先不要撕，再量一次再把錯的撕掉！」

孩子試著將紀錄圖撕掉，發現紙會破掉，於是決定全部重量一次！

老師：「那要怎麼樣才不會像這次一樣，再出現重複貼紀錄的情形？」

彥祺：「可以把老師的名字都寫在紙上，然後如果量過的老師，就在老師名字下面打勾勾，就是量過了。」（圖12-98）

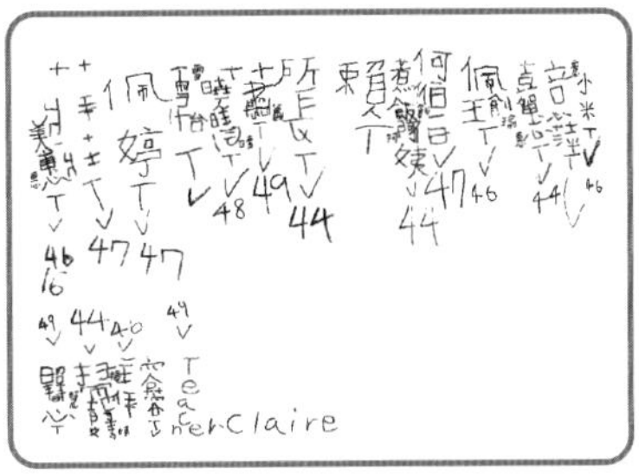

圖 12-98　老師們的測量名單

玖、第四次測量：量完在紙上打勾，但是老師的手，一下子高、一下子低

進行第四次測量時，孩子在測量後都會在紙上做記號，但是量了四個老師後，有孩子發現：

奕凱：「我在量老師的時候，老師的手都會一下子高、一下子低耶！」

當時剛好老師正在用身高器幫孩子測量十月份的身高，孩子提出可以直接用身高器幫老師量身高就好了，老師依照孩子的建議，站到身高器上面。

鎮宇：「可是老師沒有站得直直的。」（因為身高器只能量到一百六十公分）

綺庭：「我會搬不動，因為它很重！」

於是老師與孩子討論到連環扣與身高器的差別，希望可以讓孩子再次解決測量老師身高時的問題（圖12-99）。

巳瑄指著身高器：「這邊有一個鐵，把人的頭壓住，我們的連環扣沒有。」

孟丞：「它（身高器）的旁邊有數字，我們的沒有！」

老師：「你們覺得為什麼身高器會有那一根鐵條？」

孩子：「因為要把人的頭壓住！」

老師：「你們知道為什麼要把人的頭壓住嗎？」

孩子：「因為這樣才可以量啊！」

圖 12-99　比較用身高器和連環扣測量，有何不一樣？

老師：「為什麼鐵條壓著頭才可以量？」

妍姍：「這樣壓著，頭才不會動來動去的。」

彥禎：「壓著頭才不會上下上下的，才會量得準。」

鎮宇：「才能從頭開始量，才會平平的，平平的量才不會移動。」

拾、孩子製作連環扣的身高測量器

討論完，綺庭、希妍拿著色紙告訴老師：「這個可以壓住老師的頭啊！」試完之後，兩人覺得不適合，因為色紙太軟了。這時承婕找來一本書，告訴老師這個比較硬，可以放在頭上了，但是老師提醒孩子書是向圖書室借的，恐怕沒辦法一直使用。於是三個孩子又找到了厚紙板，並將厚紙板放在頭上試試看，覺得厚紙板是適合壓住老師的頭的工具。

老師：「你們說厚紙板可以用來壓住老師的頭，但是要怎麼量老師的身高啊？」

希妍：「可以把連環扣黏到厚紙板上面啊！」

鎮宇試將一個連環扣黏到厚紙板的上方，但是彥禎發現：「這樣會多量出一個連環扣耶！」

鎮宇：「沒關係，這樣再把一個連環扣扣掉就好了！」（是指量完之後的的數量要再扣掉一個）

希妍再次提出將最上方的連環扣頂端黏在厚紙板的下面，最後嘗試的結果，大家都較認同希妍的想法，於是依此方法，做出連環扣測量器（圖 12-100）。

圖 12-100　結合紙板和連環扣，自製身高測量器

拾壹、第五次測量：使用自製的連環扣測量器，量出全校最高的老師！

有了前幾次的經驗，孩子訂定測量的規則：

1. 測量時需要兩個一組，一個人看上面、一個人看下面，並且用自己製作的連環扣測量器測量。

2. 測量老師後，在老師的名字下面打勾做記號。

第五次測量老師身高活動很快完成了，孩子量完所有老師的身高後，將紀錄圖全貼到海報上，請老師分享貼出來的內容。

老師：「曉晴老師是四十六個連環扣，嘉惠老師是四十四個連環扣，美惠老師是四十六個連環扣……蕭老師是四十九個連環扣，小米老師是四十六個連環扣，Claire 是四十九個連環扣，Eunice 是四十九個連環扣。」

孩子：「有兩個四十九耶！蕭老師跟 Teacher Claire 一樣高耶！」

最後，孩子試著比較所有的數字（圖 12-101），發現四十九是最大的，所以蕭老師、Teacher Claire 和 Teacher Eunice 是全校最高的老師（圖 12-102）。

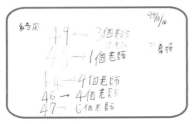

圖 12-101　整合老師們的測量紀錄

圖 12-102　蕭老師是全校最高的老師

～上文摘自愛彌兒《探索》期刊 18 期（2006.4 出刊）

拾貳、師生互動中，孩子測量概念的發展

文／楊蕙鍈

　　連環扣是益智區內常見的教具，年幼或初次接觸的孩子大多將它拼湊成玩具，當成身上的配件；有多次使用連環扣經驗的孩子，有時會將其轉換成為工具使用，測量工具的運用則是一例。學期初，老師設定的學期目標中，期望孩子能接觸測量活動，學習測量的方式，而在益智區內也挑選許多可讓孩子經驗測量的非標準測量單位，如連環扣、數棒等。孩子們也如老師預期的，將連環扣當成測量工具使用。

　　課程內，師生互動的過程，我們看到老師就其經驗，預期孩子在工具的使用上會遭遇到的問題，給予孩子探索的空間及時間，並引導孩子透過問題的解決，發展他們的測量概念及培養他們問題解決的能力。當連環扣成為班上孩子共識的測量工具時，孩子們提出的測量標的物，包括整個益智區的範圍，老師必須就其對孩子數能力發展，評估該問題是否為孩子能力所及？但又得依孩子的期望，讓他們嘗試。因此，老師必須再次評估，要滿足孩子測量益智區的欲望及預期孩子在數量點數時，將因量太大而遭遇挫折之間，老師將給予多少時間進行探索，同時，老師又得開始與孩子再次尋找適當的測量標的物。

　　當孩子們就其測量益智區的挫敗經驗，轉為測量同學間的身高至測量全校老師身高時，老師根據測量的量大小，知道這個時機是他引導孩子們發展測量能力及問題解決能力的時間點了。從猜測誰是全校最高的老師中，老師讓孩子們經驗了測量的初始——預估。孩子從單打獨鬥、到兩兩一組，他們發現到合作的必要性，一個人看測量起點、一個人看測量終點；一個人點數、一個人記錄等。孩子從重複測量一位老師，得到不一樣的答案，發現測量時起點及終點的重要性，進而討論大家共同的測量方式，包括：被測量老師應遵守的規則（不能彎腰、不能穿鞋）、測量者的方法（從腳到頭）、測量輔助工具的使用（測量板）。孩子們從資料整理中，透過數量大小的比較，得出了最後的結果。

　　雖然孩子在「誰是全校最高的老師？」的測量過程中，釐清測量概念所需注意的事項。但在課程過程中，老師可給自己更多的期待與突破，讓孩子就一

開始的預估，或測量出的每位老師的身高，再做進一步的驗證，或許孩子將呈現出更多元的數學思考方式。就大班幼兒而言，使用非標準單位測量工具的成熟度已佳，或許也可再鼓勵孩子使用其他非標準單位測量工具，讓孩子們體會不同非標準單位測量工具所得到的結果，將因單位不同而有不同的結果，而這也是孩子們未來學習標準測量單位所需具備的重要先備概念之一。

第四節　戰鬥陀螺比賽

文／邱美嫚　弘光科技大學幼兒保育系／東海大學所長班
邱郁珺　朝陽科技大學幼兒保育系

壹、孩子們喜歡拼組戰鬥陀螺

拼組戰鬥陀螺是許多孩子所喜愛的，包括我們班（中西瓜班）、愛彌兒中柳丁班也正熱衷進行戰鬥陀螺博物館，我們班孩子參觀後，發現中柳丁班的陀螺除了以百力智慧片拼組，還以一種小立方塊組合！為了一探不同材質戰鬥陀螺的威力，中西瓜班孩子在自己教室玩戰鬥陀螺外，也跨班邀請中柳丁班加入戰鬥陀螺比賽，於是開始了班與班之間的學習交流。

貳、討論比賽規則

一、討論、擬定、修正規則並形成兩個班級的共識

我們與孩子討論如何進行戰鬥陀螺比賽？需要遵守哪些比賽規則？之後也和中柳丁班孩子共同開會討論，進行修正，以協調兩班參與比賽的人，都同意共同訂定的比賽規則（圖 12-103）。

然後和中柳丁班孩子開會討論，進行修正，以協調兩班參與比賽的人，都同意共同訂定的比賽規則（圖 12-104）。兩班共同討論時，對規則三「要有陷阱，……」這條規定有爭議，多數孩子對於比賽場地設計一個洞的陷阱，讓雙方的陀螺在比賽中有機會掉下去因而輸掉的規則，覺得不好玩，因為這樣比賽的陀螺，會常常掉進陷阱中而輸掉。因此，決定將規則三刪除。

287

中西瓜班的討論（94.3.25戰鬥陀螺怎麼比賽？）

1. 一個人在這邊，一個人在這邊，兩個人比，才不會滿（緯勝，5歲）。
2. 要有戰鬥的框框，才不會射出去（威融，4歲8個月）；在裡面才會轉，才不會撞到腳（耀明，4歲8個月）。
3. 要有陷阱，有一個洞，戰鬥陀螺掉下去，那個人就輸了（緯勝，5歲）。
4. 兩個人一起開始（緯勝，5歲）；要「321 go射擊」，不可以拖拖拉拉（弘暘，4歲9個月）。
5. 「321 go射擊」不轉就輸了（其蘋，4歲11個月）。
6. 讓（把）人家倒掉是贏的，轉最久的是贏（緯勝，5歲）。
7. 贏的人和贏的人比，輸的人和輸的人比，輸的人可以再比三次，贏的人可以再繼續比（緯勝，5歲；威融，4歲8個月；泯均，4歲9個月）。
   （老師：最贏的人是什麼？）
8. 最贏的人是冠軍，是第一名（泯均，4歲9個月）。
9. 有第一名、第二名、第三名、第四名、第五名（泯均，4歲9個月；緯勝，5歲）。
   （老師：有很多人比，需要分組嗎？）
10. 一組兩個人比。
11. 比賽的人要準備戰鬥陀螺。
12. 有指揮（安榕，5歲2個月）；是裁判（宜軒，5歲1個月）；是拿棋子的人說輸和贏（靖宜，5歲）。
13. 拿棋子的人有紅色和藍色，藍色是贏的，紅色是輸的（緯勝，5歲）。

圖12-103 「戰鬥陀螺怎麼比賽」的語言經驗圖表

二、第一次試賽後，比賽規則的再修訂

第一次嘗試比賽後，孩子依據班上的討論及中柳丁班的回饋而加訂比賽規則：

1. 各次比賽的冠軍，需要以表格記錄下來。

圖12-104 中西瓜班與中柳丁班一同修訂規則

2. 一次比賽開放六個人參加，共比賽六次，最後一次為總冠軍比賽。

參與戰鬥陀螺比賽的兩班參賽者，都使用過老師協助製作的紀錄表，來做比賽過程的記錄和分享。

三、製作與張貼比賽規則表的海報，以作為比賽時的依據

比賽規則表在孩子的主動與分工下，由老師協助打字、孩子剪下每一規則依序黏貼於海報，並畫上插圖，加以張貼，以作為日後比賽現場、比賽規則的依據（圖12-105～12-107）。

圖 12-105　協助比賽規則的文字拼貼

圖 12-106　協助製作比賽規則的孩子，仿寫自己姓名

圖 12-107　戰鬥陀螺比賽規則

參、比賽工具——戰鬥陀螺的賽前製作

準備參與戰鬥陀螺比賽的孩子，開始為期一週的準備——製作個人專屬的戰鬥陀螺。

一、為個人的戰鬥陀螺命名

由百力智慧片、工程智慧片、小立方塊、鋼珠、鋼棒所製作的戰鬥陀螺，有著不同的樣貌和功能出現，因此，孩子為自己所創作的陀螺取名字（圖 12-108），例如：

劉緯勝——旋風怪	彭威融——怪怪龍	劉宜軒——龍捲風怪
陳樂洋——龍捲風	余展睿——火箭龍	張其蘋——龍捲士
許宸睿——打雷怪	何欣祐——龍騎怪	任佑泰——騎士龍捲風

飛碟陀螺（張景皓，4 歲 7 個月）

怪怪龍陀螺（彭威融，4 歲 8 個月）

圖 12-108　陀螺命名

火箭龍陀螺（余展睿，5 歲 2 個月）

命名活動，引起先前未曾參與孩子的興趣，於是，他們開始在表上填上自己的名字，表示願意參與此活動，依著比賽的進行，可以再陸續填上其他參與者的姓名，老師們提醒孩子：填寫想參加比賽的表格後，必須對參賽負責，比賽當天，必須已準備好陀螺勇敢地參賽，不能臨陣退縮喔！

二、為自己的戰鬥陀螺做命名記錄

老師加入了「挑戰不同戰鬥陀螺」的紀錄表（圖 12-109），請孩子記錄自己陀螺的名字、使用的百力智慧片或工程智慧片、小立方塊、鋼珠、鋼棒有幾種形狀或數量，孩子能具體點數並記載下來，並想出自己陀螺的專屬名字（圖 12-110），還為自己製作的陀螺拍照（圖 12-111）。

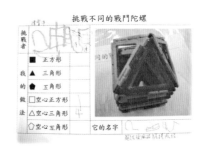

圖 12-109　戰鬥陀螺紀錄表——超級炫風跟龍捲風怪
（陳樂洋，4 歲 11 個月）

圖 12-110　點數自製陀螺的材料數量
（陳樂洋，4 歲 11 個月）

圖 12-111　為自己的陀螺拍照
（黃安榕，5 歲 2 個月）

肆、比賽場地的搭建

一、場地的選擇

在哪裡舉行戰鬥陀螺比賽？哪裡是兩班可以一起觀賞戰鬥陀螺比賽的地方？這兩個問題，經陸續討論後，孩子認為愛彌兒旅順分校樓下遊樂場的積木區，是一個理想的地方。

二、場地的試驗搭蓋

為了讓孩子能事先清楚與具體嘗試、驗證自己想法的可行性，我們請孩子在未著手搭建正式比賽場地前，先試著將自己的想法做具體呈現，以利比賽場地的計畫與搭建。

老師：「看比賽的人，要坐哪邊？」

孩子：「坐在小積木櫃子上。」

部分孩子坐在小積木櫃子上，另一部分的孩子則因櫃子數量有限，只好坐在地上。

老師：「如果坐不下呢？」

有的孩子拿出腳下擺放的小積木，坐在屁股下：「這樣就可以了啊！」

老師：「你們可以再想想，如何讓每個人都有座位？別忘了柳丁班的座位，也要有喔！」

（一）第一次實驗搭蓋與發現

孩子陸陸續續用小積木，搭建出各種不同造型的椅子，約略可分為：

1. 充分展現創意的個人專用座椅。（圖 12-112）

2. 具整體性的兩人友誼座位，或供多人使用的大範圍座椅。（圖 12-113）

一個小積木座椅

兩層小積木座椅

一人座四倍寬小積木座椅

比較高、有椅背的座椅，但是屁股位置太小了，不太好坐耶！

圖 12-112　個人專用座椅

兩人友誼座位

可以很多人坐，大範圍的小座椅

雙人兩層小積木座椅

圖 12-113　雙人或多人座椅

3. 以空心大積木製作更多不同形式的座椅。

　　搭建過程中，老師提醒孩子積木數量不夠，部分孩子看到大積木區的空心大積木，於是他們就搬來試試，因而產生更多不同樣貌的座椅，例如：上下層座椅、腳可平放個人座、高腳扶手個人座、有椅背和扶手個人座（圖 12-114～12-117）。

圖 12-114　上下層座椅

圖 12-115　腳可平放個人座

圖 12-116　高腳扶手個人座

　　中班年齡孩子在主題進行中，不論討論或呈現構想時，總會有許多有趣的、很個人的想法出現，遇到需要合作時，更需要有經驗的孩子或成人給予幫助，逐步澄清他們的想法。在澄清的過程中，也需要一些不是那麼有計畫的實際操作經驗，驗證他們當時的想法，然後再產生不斷修正、操作、再調整、再呈現的精進過程。

圖 12-117　有椅背和扶手個人座

　　孩子們設計各種積木座位後，開始嘗試搭建比賽場地（圖 12-118 所示）。初次搭建後，老師針對場地的整齊度，與孩子討論：

老師：「你們第一次蓋場地很特別，蓋出很多不一樣的椅子。但是，我們剛才坐的時候，有些人不知道要坐在哪裡？三邊的椅子也都蓋得不一樣，有人看過很多人坐的地方嗎？」

大部分孩子：「小劇場。」（指愛彌兒旅順分校的「小劇場」）

老師：「小劇場和我們蓋的場地，有什麼不一樣？」

大部分孩子：「小劇場有一排一排。」

泯均：「像看演戲的地方。」

　　第一次搭建過程中，孩子們的合作性並不高。有些孩子已具有基本的搭建概念；有些孩子則在一旁猶豫著，該怎麼動手；也有孩子將積木搬來移去，不知要幫哪邊好？更有人開始當起場地指揮官。有趣的是，蓋入場門的是一群女生，搭建門時，一直遇到高度不夠的問題，旁邊的一群男生直接幫忙！門卻又頻頻倒下，小男生們雖弄得滿頭是汗，卻沒有成功地搭蓋起來。

　　看到這樣的情況，老師期待孩子能以興趣分工的方式，主動合作參與，並以更有效率的方式解決問題。所以，與全班孩子分享第一次搭建完成的場地，很棒的地方是：有很多自己的創意想法、搭建過程工作認真、有不同的椅子造

初次搭建後的試坐

散場的斜坡走道

也需要有門喔！

這是中間比賽陀螺的地方

這是裁判的位置

圖 12-118　搭建比賽場地

型出現，以及能以空心大積木替代解決積木不夠的問題，但也討論了如何搭建能讓更多人可以坐的整齊椅子，以及有些孩子很忙、有些孩子不清楚自己要做什麼事的狀況。於是，有孩子提到：「要分配誰要蓋椅子，太多人一起蓋了！」於是，老師繼續詢問：「是否有人願意協助蓋比賽場地？」接著，願意參與搭建的孩子就形成一個小組來幫忙。

（二）第二次嘗試分組搭蓋與發現

此次搭蓋，孩子會先將同樣的積木搬在一起、分類放好，並共同討論，畫出想蓋的場地模樣（圖 12-119、12-120）。

圖 12-119　先將同樣的積木搬在一起、分類放好　　圖 12-120　共同討論計畫場地

進行分組，各司其職，分組名單如下：

1. 門：宜軒、家同、樂洋、耀明。
2. 椅子（觀眾席）：昕瑩、安榕、宸睿、泯均、佳霖、展睿、加恩。
3. 裁判位置：家同、安榕、泯均、正雙。
4. 比賽的框框：宸睿。

1.門的搭建（第一組）（圖 12-121～12-123）

圖 12-121　門要高一點才行　　圖 12-122　用積木當高腳墊　　圖 12-123　兩邊要接起來

2.觀眾席座椅的搭建（第二組）

　　這次搭蓋依舊充滿個人的創意及想法，偶有合作性的創作，如階梯式的觀眾座位，但這組孩子對於不同形狀之間的轉換能力十分有限（如兩個正方形可以組合成長方形），即使合作將階梯式的椅子加多，也在搭建過程，搭建出不規則的延長階梯（圖 12-124～12-126）。

　　因此第二次的場地實驗搭建，仍有些問題，但孩子認為，這已是可以比賽的場地，於是，我們嘗試讓孩子先進行一場比賽，試用場地。但當天比賽未開始前，孩子就遇到一些問題，例如：座位要怎麼坐？中柳丁班不知道我們用積木蓋的是椅子，而且中柳丁班也沒座位，以及有一邊的觀眾只能看到比賽人的背部。

老師：「沒有比賽的人，在比賽的地方走來走去，怎麼辦？」

安榕（西瓜班）：「比賽的地方要圍起來。」

柳丁班老師：「我們不知道要坐在哪裡？你們覺得位子有什麼問題？」

正雙（西瓜班）：「這邊坐很多人，這邊坐很少人。」（指觀眾席）

圖 12-124　高椅背、有腳墊的雙人座位區

圖 12-125　階梯式座位區

圖 12-126　不規則座位區

老師：「你們覺得比賽的地方，會是怎樣的座位？」

佑弦（柳丁班）：「像打棒球一樣。」（指觀眾席）

老師：「比賽的人和觀眾是坐在一起嗎？」

柏翰（柳丁班）：「從一個小門進去到另一個地方。」（指比賽者座位）

老師：「觀眾的位子，是隨便挑一個位子坐下來嗎？」

尚毅（柳丁班）：「有名牌。」（指觀眾席座位）

老師：「別人怎麼知道，這是觀眾的位子？」

柏翰（柳丁班）：「錄音講明，這裡是觀眾的位子。」

泯均（西瓜班）：「用說的。」（指來一個觀眾就說一次：這是觀眾的位子）

安榕（西瓜班）：「用畫的。」

老師：「你們去看表演或演戲，為什麼知道自己要坐哪裡？」

樂洋（西瓜班）：「看號碼來坐位子。」

柳丁班老師：「柳丁班都沒有位子可以坐，你們知道，柳丁班有幾個人嗎？」

映姍（柳丁班）：「二十三人加兩個老師是二十五人。」（指柳丁班目前人數）

老師：「我們下次重新蓋場地時，要記得幫柳丁班小朋友和老師蓋位子。」

中柳丁班對場地改進的回饋意見，與西瓜班討論後，獲得的解決方式如下：

1. 比賽的地方用積木圍。

2. 比賽的人和當觀眾的人要分開坐，比賽的人，坐有椅背的椅子（圖 12-127）；觀眾坐階梯的椅子。

3. 觀眾坐的位子，需要標示告知嗎？取名為「觀眾的位子」、「比賽的人的位子」。

4. 兩個班級的位子數目，要集合在一起，並一個一個數。

圖 12-127　有椅背、扶手的比賽者座椅

協助搭建比賽場地的孩子們，依據前述的方法，一一解決。兩班人數的統計先在西瓜班點名，確認人數後加以記錄，再到柳丁班點名，確認人數後也加以記錄，最後點數統計出兩班座位數共需五十一個（圖 12-128～12-130）。

老師們也引導孩子，以月曆訂定搭建工作的進度表（圖 12-131）。

圖 12-128　先在西瓜班點名確認

圖 12-129　再到柳丁班點名確認

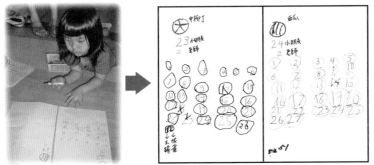

圖 12-130　統計兩班人數，共五十一人　　　　圖 12-131　工作進度表

（三）第三次的分工搭建

孩子達成共識後，分工完成場地設計圖的繪製（圖 12-132）。

孩子分別畫出的部分有進入比賽場地的大門、大門前有裁判的位子、裁判位子前有參賽者的陀螺比賽框框、比賽場地周圍三邊的觀眾席，此張設計圖構想，最後修改時決定大門正對面的觀眾席位子不搭建，因為在第一次比賽時，那一面的觀眾都只看到參賽者的背部，因此，觀眾席修正為剩下左右兩邊觀眾席。

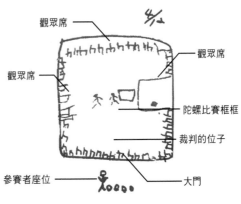

觀眾席
觀眾席
觀眾席
陀螺比賽框框
裁判的位子
參賽者座位
大門

圖 12-132　場地設計圖

孩子依他們所訂定的工作進度表，完成場地各區域的搭建。進行比賽者位置搭建時，孩子已能注意兩班參與比賽人數分別為六個人，因此共需十二個座位，並以相同形狀的正方形大積木，依計畫搭建出有椅背、扶手的個人座椅，連結成雙排各六個人的比賽者位子，如圖 12-133。

圖 12-133　參賽者座位

搭建觀眾座椅時，老師們與孩子協調好，先用長方形積木，不夠時再以正方形積木替代，再不夠時，則以小於正方形的小長方形積木替代，先前孩子在搭建時無法進行形狀間的替換，老師也先帶領孩子去比較形狀與形狀之間的關係，原來不清楚的孩子，開始對形狀間的轉換有了概念，先前搭建出階梯座椅的孩子，也在現場參與指導，在「有經驗孩子的協助」及「使用積木的形狀單純化」之下，孩子完成了觀眾席的搭建，試坐後，一列可坐四個人，有八排，我們協助孩子以此類推，一一點數後，總共三十二個位子（圖 12-134～ 12-136）。

共三十二個位子

圖 12-134　階梯式座椅　　　圖 12-135　共八排　　　圖 12-136　試坐一列可坐四個人

搭建完階梯觀眾席後，積木的數量，已經不夠供應再搭建同樣式的觀眾席，現場討論後，孩子想出以剩餘的小長方形積木和木板搭配，搭建公園式椅子的另一邊觀眾席。兩邊觀眾席，依所試驗的座位數量進行統計，總共搭建出五十三個位置，比先前統計兩班人數加老師座位共五十一個，多了兩個位子，座位量因此足夠了（圖 12-137、12-138）。

圖 12-137　公園式的椅子，一排可坐三個人

圖 12-138　共七排座位

　　接著，孩子又以塑膠積木，搭建「裁判座位」、「陀螺比賽框框」、「選手及觀眾入場門」（圖 12-139～12-141）。在搭建時，因有些孩子在遊樂場，曾有以塑膠積木拼組戰槍的經驗，於是提議小組人員，以堆疊方式，圍成框框，才不易解體。完成整體場地後，孩子以圍線方式，和仿寫「保留牌」（圖 12-142），以保障搭建的比賽場地，不被其他人破壞。孩子最後能完成整個場地的搭建（圖 12-143），是因部分有經驗的孩子，適時提供協助。

圖 12-139　長方形，兩個人的比賽框框

圖 12-140　裁判的椅子

圖 12-141　入口門

　　搭建過程中，孩子在某一部位搭建的開始、遇到形狀轉換的問題、積木數量不夠，以及某一部位完成後，都不斷地停下腳步，相互討論、分享、達成共識後，再去執行，並一同享受完成後的成就感！

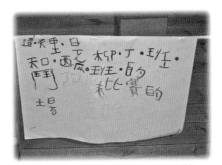

圖 12-142　孩子仿寫的「保留牌」

圖 12-143　完成後的比賽場地

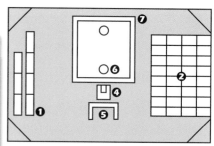

❶ 公園式的椅子（觀眾席）
❷ 樓梯式座椅（觀眾席）
❸ 參賽者座位區
❹ 裁判的椅子
❺ 入門口
❻ 比賽的人的位子
❼ 兩個人的比賽框框

　　最後，討論如何解決座位隨意坐，而造成座位不夠的問題，曾看過比賽或戲劇表演的孩子，都有對號入座的經驗，因此，孩子開始仿寫製作五十三個數字，為每個觀眾席貼上號碼，並製作號碼棒和籤筒，也同時完成了「比賽的人的位子」、「觀眾的位子」等標示牌。

伍、戰鬥陀螺比賽，正式開場

一、比賽場地的首次試賽

　　孩子認為比賽場地，可以使用了，於是老師讓孩子先進行一場「試賽」，孩子決定於當週星期五早上十點半，邀請柳丁班的孩子，舉行第一次戰鬥陀螺比賽。

　　初賽中，多數孩子可以分辨二個人一組的比賽，只要有一方在三回合中贏較多次，即是贏家，孩子對勝負都能表現接納的態度。

二、六次的預賽

　　西瓜班孩子與柳丁班，訂出兩班固定比賽的時間為每週二，總共比賽六次，每次報名比賽者，各為六個人，並設計一張可以看出參賽者及比賽結果的「賽程表」，如表 12-2 所示。

▶ 表 12-2　戰鬥陀螺賽程表

日期	今天比賽的人	今天冠軍
2005.4.15	柳丁班：侑成、映姍、佑弦、柏翰、資茵、驊洋 西瓜班：樂洋、緯勝、威融、佑泰、宸睿、其蘋	許宸睿（西瓜）
2005.4.26	柳丁班：宛昀、益萱、群睿、奕凱、子桐、資茵 西瓜班：泯均、宜軒、展睿、欣祐、安榕、耀明	陳子桐（柳丁）
2005.5.3	柳丁班：珞慈、郁嘉、學旻、玟卉、俐潔、紀為 西瓜班：加恩、采潔、佳霖、昱萱、正雙、威融	劉學旻（柳丁）
2005.5.10	柳丁班：柏凱、玟卉、泳錩、立新、若嬋、珮綺 西瓜班：景皓、佑泰、欣祐、宜軒、泯均、耀明	劉宜軒（西瓜）
2005.5.24	柳丁班：玟卉、映姍、群睿、若嬋、奕凱、佑弦 西瓜班：樂洋、宸睿、展睿、欣祐、其蘋、緯勝	王若嬋（柳丁）
2005.6.8	柳丁班：俐潔、淙皓、柏翰、資茵、紀為、泳錩 西瓜班：景皓、昕瑩、正雙、佳霖、弘暘、加恩	陳泳錩（柳丁）
總比賽	劉宜軒（1 號）、許宸睿（2 號）——劉宜軒（勝） 陳子桐（3 號）、陳泳錩（4 號）——陳泳錩（勝） 劉學旻（5 號）、王若嬋（6 號）——劉學旻（勝）	總冠軍　劉學旻

三、總冠軍賽

比賽時，先介紹兩個班級，共同回顧比賽規則，介紹場地，觀眾席孩子抽籤後，對號入座（圖 12-144～12-149）。選手則依序及依比賽結果出場比賽，激烈的角逐中，柳丁班的劉學旻最後脫穎而出，取得總冠軍，總冠軍也與參賽者及觀眾們，分享他自製的戰鬥陀螺有哪些特色。

圖 12-144　回顧比賽規則　　圖 12-145　介紹人介紹場地 圖 12-146　協助孩子抽座位籤

| 圖 12-147　對號入座 | 圖 12-148　開始比賽 | 圖 12-149　熱情小觀眾 |

～上文摘自愛彌兒《探索》期刊 17 期（2005.10 出刊）

陸、結語

文／張斯寧

　　人類創造知識的目的是為解決生活問題，因此世界各國的教育，不論我國或美國，皆明訂問題解決是孩子所需學習的基本能力與技巧之一。於是，不論數學教育或科學教育，「問題解決的教學活動」儼然成為二十一世紀教育活動的重點及重要的教學目標之一。

　　然而，較為可惜的是，傳統的數學教學所強調的是解題技巧及速度，少有人在意孩子對數學概念的真正理解，並進而應用它於實際生活情境中的問題解決，在此種教學生態之中，試圖建立孩子的思考能力與問題解決能力，無異是緣木求魚。

　　但在愛彌兒的中西瓜班及中柳丁班的「戰鬥陀螺比賽」課程當中，不難看到老師藉著生活中的事件，搭起一個能吸引孩子問題解決的舞台，讓孩子在欲達成自己或團體目標的歷程中屢屢遭逢難題，而老師也能從中運用討論、試驗、操作、小組合作、熟手同儕示範鷹架等教學技巧，來導引孩子建構出新的知識與解決問題的能力，讓孩子達到自己的最大潛能發展區，也藉由孩子不斷主動同化、調適舊有基模，進而建構出屬於自己的知識體系。

　　在此課程中孩子的數學學習經驗，除了能促進孩子相關數學概念的理解與實際應用，諸如：幾何中的形狀（戰鬥陀螺的組構及所運用圖形的點數與記錄、不同類圖形間的關係）與空間（位置、方向、距離、空間安排及運用）、

數概念（唱數、計數、數字、數的運算）、測量概念（長度與時間）、邏輯關係概念（區辨異同、一一對應、分類、集合、整體與部分、序列、形式）等，也期待能為孩子主動思考及解決家中或生活情境中與數學相關問題習慣的養成紮下根基。

　　此外，孩子在「戰鬥陀螺比賽」課程中也整合了自己在數學、語文、社會情緒、自然科學及身體動作等領域的學習，這也是愛彌兒幼教機構所一貫秉持「全人教育」的體現（圖 12-150）。

圖 12-150　戰鬥陀螺比賽場地

第五節　從「家人人數統計表」到「爸媽家務統計圖」 ——看愛彌兒孩子圖表概念的建構與發展

文／張斯寧

江佩憶

陳淑薇　弘光科技大學幼兒保育系／中教學程

（本課程二〇〇五年一月八日講於台灣台中愛彌兒旅順分校「香港幼稚園校長及幼兒中心主管境外培訓」、二〇〇五年九月發表於中國杭州「二〇〇五年國際華人幼兒教育研討會」）

1. 依據 Piaget 的知識發展論，學習是孩子主動運用心智建構意義的過程：幼兒若無法將環境中新的訊息同化於既有基模中，即處於認知失衡的狀

態需經歷基模的調適、同化，幼兒才能達到認知平衡的狀態；因此，知識是孩子經由同化與調適，主動作用於真實世界中所創造出來的。

2. 課程需由孩子的生活經驗出發且是孩子感興趣及關心的。

3. 老師以討論、聆聽、觀察或提問以提供孩子認知產生衝突、心智處在不平衡狀態的機會，並掌握此一「教之時機」（teachable moment），以導引孩子的主動思考與學習。

4. 數學邏輯知識是孩子主動透過與外在環境的互動中，經反省性抽象化歷程（reflective abstraction）所「創造」出事物間的「邏輯關係」，因此，教師需主動與孩子互動，幫助他們反省自己的所做與所想。

5. 依據 Vygotsky 的心智發展論，孩子的學習是先發生在社會階段，再內化至個人內在心理階段，而由外在轉化為內在思想的媒介則為社會文化中的符號系統（即思想與表徵的工具），如語言、文字、數字、圖表、藝術作品等，它是心理與心理之間互動的仲介，也是心智思考的工具。

6. 學習不是反覆背誦一堆知識，而是透過老師與孩子或孩子與孩子間的對話去引發孩子思考、去解釋生活中所見到的現象、去解決生活中所遭逢的問題，進而創造知識的意義。

7. 好的教學應先於發展：老師能先瞭解孩子的「實際發展層次」，再安排由成人引導或與能力較佳同儕的合作之下，孩子的能力提昇到他的「潛在發展層次」，這兩個層次的差異就是「最近發展區」，教師能掌握此區則足以使教育發揮其功能。

8. 教師對孩子學習的引導（鷹架）的方式很多，諸如：提問、提示、演示等。

壹、「家人人數統計表」的製作——二〇〇四年四月

一、從佩憶老師分享賴馬著作《早起的一天》開始

我今天好早好早就起床了。哥哥還在睡覺。爸爸還在睡覺。媽媽也還在睡覺。奶奶呢？奶奶已經起床了。

我今天好早好早就起床了，因為我要幫奶奶的忙。天都還沒亮呢。原來有人這麼早就起來工作了。

啊！爺爺在那兒練氣功。公園裡好多人在做運動。

「這不是小珍珠嗎？妳這麼早要去哪裡呀？」

公車司機是我的叔叔，原來他也起得這麼早。

「早安，叔叔。我今天要幫奶奶的忙。」

太陽起來了，蝴蝶起來了，小鳥也起來了……好像大家都起來了。

市場好熱鬧。看！有我最愛吃的紅豆麵包。

原來姑姑在這兒開花店。好多花，又香又漂亮。

我們買了好多好多東西……

「我回來了。」媽媽已經起床了。爸爸……也起床了。只有哥哥還在賴床。

我今天好忙好忙……還畫了一張卡片呢。

傍晚，爸爸回來了。媽媽回來了。叔叔也來了。「啊！姑姑也來了。」大家都來了。

我和奶奶準備了好多好吃的東西，因為今天是一個特別的日子。

「爺爺，生日快樂！」

我今天好早好早就起床了。所以，我現在好睏好睏……

（本文經和英出版社同意授權使用）

二、孩子於是熱烈地討論起自己的家庭成員

孩子：「老師，小珍珠的家人好多！」

老師：「你們家呢？」

孩子：「我們家只有爸爸、媽媽，還有我。」

孩子：「我們家有爸爸、媽媽，還有我和妹妹，還有阿公、阿嬤，還有印尼的阿姨，我家的人比較多。」

孩子：「我也有阿公、阿嬤，可是他們沒有住在我們家。」

藉此契機，佩憶老師在討論後，請孩子畫下自己的家庭成員與大家分享，

讓大家認識彼此的家人（圖 12-151）。

圖 12-151　孩子所畫的家庭成員

三、分享家庭成員畫時話題常圍繞在家人人數

老師：「有什麼方法可以知道中柳丁班誰家的人最多？誰家的人最少？」

孩子：「寫在紙上嘛！」

孩子：「就是拿一張紙，寫名字，在名字旁邊寫下有幾個人。」

於是接下來的角落時間，有興趣為大家做這樣記錄工作的孩子，依大家於團討時所討論出的方法：按照座號的順序、畫格線、蓋上名字章、寫下家人人數而完成「家人人數統計表」（圖 12-152）。

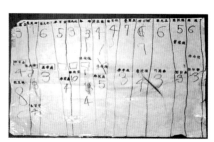

圖 12-152　第一次完成的家人人數統計表

四、第一次的修改：格線歪七扭八，後面的座號因排不下而亂掉了

老師：「什麼工具可以幫助我們不要畫得歪歪的？」

育萱：「我知道是尺！是尺！」

尺拿上來了，育萱將尺拿豎的，尺的左邊與紙的左邊緣切齊，從尺的右邊下筆，順著尺的邊緣畫直線，畫好了再將尺移位。將尺的左邊切齊剛畫好的線，用尺的寬度取間距。育萱邊畫，庭庭邊排印章，育萱還未畫完庭庭就排好了，但庭庭一再的從頭確認順序的正確性。育萱畫完直線了，並數一數共有幾格，庭庭將第一個印章沾了印泥要開始蓋印了。

育萱：「等一下，畫完再蓋，只有十一格不夠，我要在中間畫一條線。變

多格一點才夠。」

育萱：「等一下，好像還是不夠，我數數看。」

育萱從第一格開始數，數到第十一格，又返回第一格數十二，數到二十二又折返至第一格數二十三，一直數到二十八。

育萱：「要再畫一條線間隔，變三格才夠。」

老師：「你是說三列嗎？」

育萱：「對！」

育萱將預備要將線畫中間的尺往上挪一些畫一條橫線，接著在下方的格子，約略取中間位置，又畫一條橫線（圖 12-153）。

圖 12-153　利用尺畫出較整齊的家人人數統計表

育萱：「這樣就夠了。」

五、家人人數統計表第二次修改：所長看不懂這張圖是要做什麼的？

老師：「我們都知道這張是告訴大家：『中柳丁班的人家裡有幾個人』，可是所長不知道啊！不過所長看得懂這張是簽到表喲！」（老師將班上的簽到表拿給孩子們看）

孩子：「所長為什麼知道？」

老師：「仔細看這張簽到表，還有你們的統計表。」

孩子：「我知道了！因為簽到表上有寫『簽到表』，可是我們做的那張沒有寫。」

老師：「所以呢？」

孩子：「所以要把它寫上去，大家就知道這張是在告訴大家『中柳丁班的人家裡有幾個人』。」（圖 12-154）

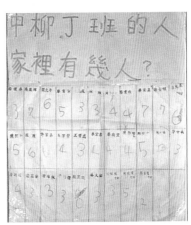

圖 12-154　加上「中柳丁班的人家裡有幾人？」

六、第三次修改：無法一看到這張圖表，就能夠知道誰家的人比較多？誰家的人比較少？

老師：「那你們可以從這張表告訴我，誰家的人最多，誰家的人最少呢？」

孩子在家人人數統計表上搜尋了一下。

孩子：「是游士頡。」

孩子：「不是啦！游士頡家七個，昱璇家有八個，昱璇家比較多啦！」

老師：「那誰家的人最少呢？」

孩子：「是楊謹丞，只有三個！」

孩子：「哪是！許家嘉家只有兩個人比楊謹丞家少啦！」

老師：「我覺得你們花好多時間在找，你們有沒有好辦法，能夠一看到這張表，就能夠知道誰家的人比較多？誰家的人比較少？」

孩子：「……」

老師：「剛才我們做月份統計表時，你們怎麼知道三月比二月多天？」

孩子：「因為三月比二月長。」（圖 12-155）

孩子：「我知道了！我們也可以貼圓點貼紙。」（圖 12-156）

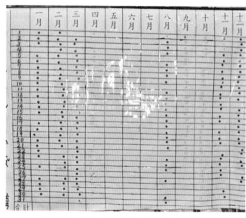

圖 12-155　月份、天數統計表

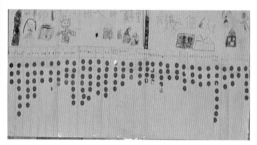

圖 12-156　用圓點貼紙標示人數

七、第四次修改：圓點間距不一致，無法做正確的比較

完成「家人人數統計表」修正後：

老師再次問到：「誰家的人最多呀？」

孩子：「昱璇！」

老師：「你們怎麼知道？」

孩子：「因為昱璇的最長嘛！」

孩子：「我覺得庭庭的和昱璇一樣長耶！」

老師：「那麼庭庭和昱璇，他們家的人是全班最多的，是不是呀？」

孩子：「亂說，庭庭家七個人，昱璇家有八個，當然是昱璇家的人比較多。」

老師：「可是庭庭和昱璇看起來一樣長哦！」

孩子：「不是！你要數數看。昱璇的貼了八張圓點貼紙，庭庭的才七張。」

老師：「我們不是說要做一張一看就知道，誰家的人最多？誰家的人最少的表嗎？」

孩子：「對呀！」

老師：「那為什麼不是像你們說的一樣，貼得最長的，就是最多人呢？」

孩子：「因為……因為……」

老師：「我們再來看看庭庭和寀呈的，看是誰家的人比較多？」

孩子：「庭庭！」

孩子：「不是啦！庭庭和寀呈家的人一樣多啦！」

老師：「一樣多嗎？」

孩子：「他們家都是七個人。」

老師：「可是我看到的也是庭庭的比較長，這是怎麼一回事啊？」

孩子：「一樣多，應該一樣長。」

孩子：「我知道，我知道，是寀呈貼得比較靠近，庭庭貼得比較遠的關係。」

老師：「是因為這樣呀！那我們要怎麼做？」

孩子：「把它貼整齊就好了。」

老師：「怎麼貼整齊。」

孩子：「就是要貼得一樣靠近。」

孩子：「我覺得要就像每個月有幾天的表一樣。」

老師：「像這張一樣嗎？」

孩子：「對！把這裡加上整齊的線，就會像這張一樣有格子了！然後就把圓點貼紙貼在格子裡面。」

孩子：「老師還要寫數字。」

老師：「為什麼要寫數字？」

孩子：「這上面有寫數字。」（指著「月份統計表」）

老師：「那這些數字代表什麼意義呢？」

孩子：「幾天的意思。」

孩子：「如果我們也在這張寫上數字，就可以讓大家知道有幾個人了。」（圖12-157）

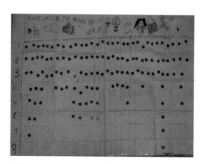

圖 12-157　加上格線及人數座標

老師：「你們是說可以一看就知道，誰家的人最多，誰家的人最少，也可以同時知道有幾人嗎？」

孩子：「對呀！」

八、第五次修改：格子太大，且一個格子內有的貼比較上面，有的貼比較下面

孩子：「可是他們做的這張看起來亂亂的！」

老師：「怎樣亂亂的？」

孩子：「貼紙沒有貼整齊！」

老師：「他們都貼在格子裡面了呀！他們沒有亂貼。」

孩子：「可是貼在格子裡面也要和旁邊格子裡面的貼紙對齊啊！」

老師：「那有什麼辦法呢？」

老師：「如果我們改變格子呢？」

孩子：「怎麼改變？」

老師：「你們說的『亂』，是因為一樣是在『1』這行的每一個格子，有人貼得比較上面，有人貼得比較下面嗎？」

孩子凝視第四次修改製作的「家人人數統計表」，然後說：「對！」

老師：「那我們要怎麼改變格子，圓點貼紙才不會貼得又上又下的呢？」

孩子：「就是和旁邊對齊貼！」

孩子：「把格子變短，不要那麼長。」（意指縮短格子上下的距離）

孩子：「圓點貼紙也沒那麼大，不用那麼大的格子，才不會很浪費紙。」

孩子：「我覺得他們的線也畫得亂七八糟的，沒有好好畫。」

老師：「所以呢？」

孩子：「要好好畫、慢慢畫就會整齊了！」

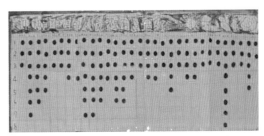

老師：「所以要把格子變小，還要注意要把線畫直、畫整齊。」（圖 12-158）

圖 12-158　家人人數統計表，第五次修改完成了！

九、第六次的修改：名字太小，很難立刻發現要找的人

首先孩子試著寫全班的名字，之後，孩子反應用寫的不整齊，也不好看。

接著，孩子觀察到教室環境中的標示，發現工作櫃及桌子上等有電腦印出的名字標示，既整齊又清楚，且還有座號可以更快的找到要查的人喲！於是孩子向老師要了電腦列出來的字，剪成了一個個名字條，負責畫表格的孩子，會以剪下的名字條，作為格子大小的依據！孩子說：「格子要名字能貼得下。」且還能預先依班上人數及其家人數算出所需的行列格數喲（圖 12-159）！

圖 12-159　名字橫式列印的統計表太長了（第六次修改）

十、第七次的修改：統計表太長了不好看，也很難找到能張貼的好位置

孩子觀察教室中的「每月天數統計表」發現，文字的書寫可以有橫式及直式的，進而有孩子提出他的推想：如果將名字從橫式改為直式的書寫方向，就能讓此家人人數統計表縮短了喲！

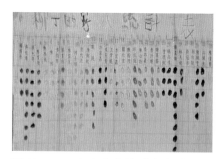

圖 12-160　家人人數統計表完成了！

於是乎，「中柳丁班的家人人數統計表」就在學習角落中大功告成了（圖12-160）。

貳、「爸媽家務統計圖」的製作──二〇〇四年九月

淑薇老師在學期一開始即觀察發現孩子不斷地在談論男女生的不同，進而設計了「男女大不同？」此一主題讓孩子深入探究。從爸爸的喉結開始，孩子一直在討論著男女之間的差異，除了生理上男女有別之外，其他的外表、穿著、興趣、職業也都不一樣嗎？此外，男生做些什麼事？女生做些什麼事？男生喜歡什麼？女生喜歡什麼？孩子們憑著他們自己的經驗探究著男生和女生的異同。在老師的建議之下，孩子回家扮演小偵探柯南偷偷地觀察爸爸媽媽在家中都做些什麼事？到學校之後再將它畫下與大家分享。

一、統計一：從舊經驗著手，但未能如願

團討時間老師將孩子所說的話寫在語言經驗圖表上，讓孩子比較爸爸媽媽在家所扮演角色的異同。這次分享是由老師來協助記錄，後來老師與小朋友討論到，這樣的紀錄寫的是國字，很多人都看不懂怎麼辦呢？

孩子：「用大紙把它畫下來。」

孩子：「把爸爸媽媽的工作畫在紙上。」

孩子：「還要畫格子一格一格的，一樣的畫在一起，比如說媽媽煮飯有很多張就畫很多格。」

　　分組活動時間，孩子向老師要了兩張全開的白色書面紙，開始畫格子，兩張書面紙共畫了 13 欄×8 列的格子，並請老師在一旁唸出同學們在家的觀察紀錄，再由統計組的孩子執筆一張張畫下來以便統計，這樣的工作進行了將近一個小時的時間，孩子終於說話了：

孩子：「老師，格子會不夠，因為爸爸媽媽的工作太多了」。

孩子：「而且一樣的很多，每一個都畫，手會很酸。」

孩子：「奇怪這次的怎麼那麼難，以前的都不會。」（孩子將以前中班時，統計家人人數的經驗與這次的統計做比較）

　　最後，孩子還是決定暫停工作，等待隔日團討時提出，屆時請全班的小朋友一起來協助問題的解決（圖 12-161）。其他同學到底有什麼好辦法呢？

圖 12-161　全班一起討論解決方法

二、統計二：將父母家務工作畫成小張以利貼於大紙張之上

孩子：「再加一張紙啊！」

孩子：「不可以用那麼多紙，因為會沒有紙，別的地方也要用。」

孩子：「不會叫陳老師再去拿。」

老師：「沒有其他好辦法了嗎？」

孩子：「把紙變小張，畫完再貼上去就好了。」

老師：「貼在哪裡？」

孩子：「貼在你的大紙上。」

　　於是，孩子們開始著手畫下小單張的「父母家務圖」（圖 12-162）。

圖 12-162　孩子畫的父母家務圖

三、統計三：先將工作圖依性別分類，再依工作分類，並就自己所在的位置貼於全開書面紙上，且分派予數量

　　孩子以三天的時間，利用小紙片重新畫下爸爸媽媽在家所從事的工作。到了重新統計的日子，因統計組的人員與上次不同，其統計方式是將全班所畫的紙片分成爸爸一組，媽媽一組（圖 12-163），然後再請老師幫他們唸以便分類。

圖 12-163　先將爸爸媽媽的工作分類

　　孩子花了一個上午的時間都在做這份統計表，並依自己所在的方向選擇適當位置，貼下了分類的項目及圖片（圖 12-164），並在一旁寫下了數字代表統計結果，對於他們自己的分類與統計很滿意，也期待與其他同學分享。

四、統計四：各組所貼的方向不同，難以將資料做清楚的組織及呈現

圖 12-164　貼在大海報紙上

　　統計結果出現了，孩子們驕傲地呈現給大家欣賞，當老師要張貼起來時，孩子大喊：「老師你貼錯邊了！」老師換個角度再次張貼，孩子仍說：「錯了！錯了！不是這樣。」老師故意一臉疑惑地看著他們：「我錯在哪裡？」這時統計組的孩子發現了。

圖 12-165　分享時，孩子發現貼的方向不同，讓大家看不懂

　　孩子：「是我們貼錯了，我們每個人站不同邊都貼自己的那一邊，才會變這樣。」（圖 12-165）

五、統計五：以玩積木連結孩子的分類、比較與圖表概念

老師這才發現舊有的統計經驗又再加上分類概念，對孩子來說困難度的確是高了些，若是老師不用些方法來引導孩子更深入思考，只是直接告訴他們解決的方法，那就變成填鴨式的教學模式了，對於孩子的學習並無太大的助益。於是將一桶有各種形狀的積木倒在地板上和小朋友玩積木的分類與比較。

老師：「在這裡哪一種形狀的積木比較多？」

孩子：「三角形最多。」

老師：「為什麼三角形最多？」

孩子：「因為很多三角形在地上。」

孩子：「我認為菱形最多。」

老師：「為什麼你認為菱形最多？」

孩子：「因為很多菱形躲在裡面，被其他積木蓋住了。」

孩子：「正方形最多。」

老師：「為什麼是正方形最多？」

孩子：「我用猜的。」

老師：「我們要怎麼清楚知道，在這裡究竟哪一種形狀的積木比較多？」

幾個孩子走了出來，並將同一形狀的積木或向上疊高一排、疊成數排，或放置在同一平面上。

老師：「可是還是很難看出哪一種形狀的積木最多？」

孩子：「你可以數一數啊！」

老師：「那太麻煩啦！」

於是幾個孩子拿了白板筆將各形狀積木的數量寫在一旁的地面上。

孩子：「你可以直接看到數字就知道有幾個積木，不用再數積木就知道誰多。」

老師：「那還是太麻煩啦！因為有人數字寫這一邊，有人數字寫那一邊，

很難一下就清楚看出哪一種形狀的積木比較多？」

孩子：「我幫你全部都排成一樣的。」

陳瑢於是跑了出來將所有形狀的積木都往上疊高，但積木仍是一堆堆分散在地板各個區域（圖 12-166）。

圖 12-166　孩子將同一形狀的積木，向上疊高

孩子：「這樣還是不容易比，要像比身高一樣，大家靠在一起。」

孩子將積木聚攏之後，發現正方形最高（圖 12-167）。

孩子：「正方形最多，第一名是正方形。」
老師：「那第二名是誰呢？」
孩子：「三角形。」
老師：「為什麼？」
孩子：「因為三角形比較高。」

圖 12-167　比較哪一種積木最多

有的孩子數了三角形及六角形之後聲稱：「但是六角形比較多個。」

孩子：「不對，不對，三角形的積木比較高。」
老師：「有沒有其他方法讓大家知道究竟誰比較多？」
孩子：「就是數嘛！」

孩子還是無法理解量與高度的不一致。老師於是在地板上畫了並排的兩欄八列的格子，並將三角形與六角形做對應的排列（圖 12-168）。

孩子：「真的是六角形多耶！不是三角形多。」

圖 12-168　孩子將三角形與六角形一一對應的排列在格子中比較數量

六、統計六：繪製「爸爸家務統計圖」及「媽媽家務統計圖」

老師：「有什麼方法可以讓我們的統計圖看起來很清楚？」

微華向老師拿了白板筆在白板上畫出許多格子，接著拿出一張小朋友畫過的圖貼在格子上「一樣的要貼在同一排」。

老師：「可是小朋友畫的紙都貼在原來的統計圖上了，怎麼辦？」

孩子：「再畫一次。」

孩子：「那太麻煩了。」

老師：「有什麼方法可以替代嗎？」

孩子：「寫字。」

孩子：「畫圖。」

老師：「我可以用簡單的形狀來代替嗎？」

孩子：「可以，但是形狀裡面要寫字，不然別人會不知道它是什麼意思。」

孩子：「不一定，也可以寫在旁邊。」

孩子：「太麻煩了，寫一個就好。」

孩子：「對，寫在形狀的下面。」

依據討論結果，孩子在學習區展開圖表繪製工作。

孩子：「要記得，數字不可以寫在第一格喔！因為第一格是圖，要從第二格開始寫。」

孩子於是分為爸爸與媽媽兩組，著手進行統計圖表的繪製工作。

他們分別先在白紙上畫出格子，對照原先分散的統計圖，並將原圖中的工作欄轉換至格子圖表的最底格，並將各項工作的次數以不同符號來表徵，一一對應地由該工作圖之上的第二格往上畫在格子之中。

「爸爸家務統計圖」及「媽媽家務統計圖」終於完成，孩子非常滿意自己能將爸爸、媽媽的工作統計圖做清楚的呈現（圖12-169）。

參、結語

　　從前述兩段課程的分享——十分難得的又是同一班的孩子——孩子概念的建構的主動性（認知基模如何從有衝突而導致不平衡的產生、到調適、到隨之而來的同化、及至平衡）及概念如何由簡而繁的變遷，或不同概念間的連結歷程鮮活地呈現在我們眼前。

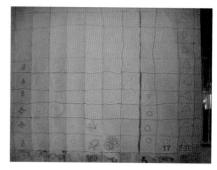

圖 12-169　孩子完成「爸媽家務統計圖」

更可貴的是，整個課程讓我們看到了數學原來是活躍於孩子的生活中，需要讓孩子去主動發現、創造其邏輯關係，進而解決生活中所遭逢的問題，這才是還原幼兒數學學習的本質。至於愛彌兒老師們對幼兒知識建構精神的掌握、各種鷹架技巧的運用，以引導孩子思考的主動以及對符號系統的善用，進而提昇孩子的思考層次，一則歸因於愛彌兒幼教機構在建構理念上的堅持及在行政上對教師教學的全力支持，例如：孩子學習時間與空間及材料的提供、教師教學及課程上的專業自主、研究企劃室的設置、每週的教師研修活動、教學研討、課程分享、教師讀書會等；二則歸因於教師個人對幼兒建構理論的通徹瞭解與堅持、教學技巧的突破創新及累積；在兩者相輔並交織之下不難看到孩子（及其家庭）、教師、機構及社會的四贏。

　　　　　　　～上文摘自愛彌兒《探索》期刊 16 期（2005.04 出刊）

第六節　星期日的位置在哪裡？
——我們用版畫做二○○四年的月曆

文／許香蘭　弘光科技大學幼兒保育科

壹、探索紙的特性

　　學期初，孩子在積木區搭建台中火車站，但積木不夠，有人提議以美勞角的圖畫紙、吸管等素材取代積木製作火車站。過程中，孩子發現紙太軟了，要用硬的紙，像「書的封面的厚紙板」才可以做。這是孩子第一次討論紙的性質，老師陸續在藝術創作區放置各式紙類，孩子透過了手、眼的探索，發現了

軟、硬、捲、縐、吸水等紙的不同性質,並記錄下來(圖 12-170、12-171)。

探索紙的過程中,孩子也開始拿著各式的紙張進行創作,如摺紙、畫圖、做紙盒等,孩子發現「色紙最好摺;雲彩紙、粉彩紙比較硬,不好摺」、「用畫圖的紙,才可以畫,衛生紙會破掉」,孩子再次體驗紙的性質不同,所適用的藝術活動也不盡相同,漸漸地孩子能在適當的藝術創作中,選擇合適的素材。

貳、透過「拓印畫」認識紙的厚與薄

在孩子發現紙有許多不同的性質時,老師也發現了孩子沒有厚、薄的概念,甚至經常以「胖」、「瘦」的字眼形容紙張。於是,與藝術老師討論後,決定藉「拓印活動」,讓孩子體驗紙的厚與薄。過程中:

孩子:「老師,這些紙都印不出葉子來。」

老師:「為什麼?」

孩子:「因為太厚了!」

孩子:「要用薄的紙才可以印出來。」

至此,孩子漸漸能使用更多適當的詞彙,形容不同的紙類。

參、從拓印畫至版畫(圖 12-172～12-175)

有了拓印畫的經驗,孩子對於印出圖案的遊戲很感興趣,藝術老師也再次建議我們帶入版畫的藝術活動。此時,老師也將以版畫創作的繪本,如《一百萬隻貓》,置於圖書區內。

圖 12-170 孩子以觸摸方式探索紙張的特性

圖 12-171 孩子記錄下觀察的結果

圖 12-172 孩子使用不同素材來製版

圖 12-173 孩子運用鐵釘及珍珠版製作凹版

起初，孩子嘗試珍珠版製版時，因圖案刻得不夠深、油墨滾得不夠多，作品的效果不明顯，因此孩子試著修正技巧，刻深一點、油墨的量也增多，作品的呈現果然愈來愈成功。

圖 12-174　以滾輪上墨

當孩子嘗試了幾次珍珠版畫刻印後，老師想瞭解，孩子除了體驗刻版與如何將其轉印到紙張的方法外，是否知道版畫的另一種特色——重複印製，於是，再次與孩子討論：

圖 12-175　以滾輪上墨

老師：「你們製作的版畫真的很棒，愈來愈能看出你們畫的圖案，很成功哦！可是，好可惜，若送給藝術老師看，你們的作品就不能掛在教室了。」

孩子：「再畫一次就好了！」

老師：「可是要一樣的。」

孩子：「可以啊！」

孩子：「用影印機印就好了！」

孩子：「用我們珍珠板畫的那個，用油墨滾一滾，印就可以一樣了！」

老師：「我們可以試試！」

經與孩子們分享與討論後，孩子能將影印機複印的概念，與版畫的運用產生連結。對於版畫的使用，孩子不再只是技巧上的學習，還有重複印製意義的獲得。

當孩子有了珍珠版刻印的經驗後，老師接著也介紹了版畫中實物版的製作方法。

肆、版畫的運用——製作日曆與月曆

一、日期位置的編排

這段期間，某天艾欣在藝術創作區拿了一張紙，畫上數字，分享時間，她

告訴大家「我做的是一張日曆」。但其他孩子以平日對日曆的概念，紛紛對艾欣的作品提出質疑、覺得不像，此時，老師也反問孩子：「要怎麼做才會像呢？」孩子們認為「日曆要有字」、「日曆有好多頁呢！」當孩子們彼此澄清日曆的概念後，又擔心製作時，用寫的，手會酸、會很累，所以再度有人提議「用油墨滾一滾，印出來！」於是，開啟班上以版畫製作日曆的活動。

孩子使用珍珠板刻數字，第一次完成日曆時：

孩子：「老師，這怪怪的。」

老師：「哪裡怪？」

孩子：「這字怎麼不一樣？」

孩子：「9 也跑到這裡來！」

孩子：「字顛倒了，我們的畫（指著版畫）也都是顛倒的！」

老師：「那字怎麼做才不會顛倒？」

孩子：「珍珠板上要割『日3』」。

此時，孩子決定再重新做一次，他們發現到「珍珠板上面要用相反的方式割出字」。

但孩子對於數字本身顛倒、位置左右顛倒的概念，尚未完全理解與兼顧，所以，實驗結果為 3 日、5、29，數字變正了，可是位置仍不正確。第二次，孩子們將數字位置顛倒，再次提出了兩種方式 92.3.5 、 3.2.5 實驗，結果分別為 92.3.5、92.5.3。經由這次的實驗，孩子在空間概念的發展上，知覺到位置變化對於刻印的必要性（圖 12-176）。

圖 12-176　孩子驗證哪一組印出來是「92.5.1」

二、製作日曆

　　孩子陸續至藝術創作區，使用釘子、珍珠板依老師所書寫的數字仿刻92年5月份的日期及星期；而顏色的部分，在孩子回家觀察自己家中日曆、老師對日曆的介紹後，也決定如日曆般，星期一至五使用黑色油墨、星期六用綠色、星期日用紅色，可是當日曆完成時，孩子發現以「珍珠版刻印」製作日曆，文字部分會是無色的，應以「實物版的製作方式」才能印

圖12-177　決定用珍珠板做日曆版模

出有顏色的文字。孩子再次體驗凹版中兩種製版方法的差異性，也能在藝術活動中，選擇適當的製版方法。之後，孩子著手於藝術創作區內，以珍珠版、吸管、毛線等物品嘗試製版，發現吸管、毛線印出的油墨不清楚，而珍珠版印出的油墨適量，文字顯示清楚，因此決定以它來製作日曆的版模（圖12-177）。

三、製作月曆

　　孩子於藝術創作區製作日曆的某一天：

小珈：「為什麼我們不要做像我家一樣有圖案的日曆？」

老師：「那你們家的日曆長什麼樣子？」

孩子：「很大張！有水果。」

老師：「那什麼時候撕日曆下來？」

孩子：「很久撕一次。」

　　此時，老師發現孩子並不能區辦日曆與月曆的差異，因此，老師告訴孩子「那叫月曆，不是日曆」。隔天團討時，小珈提出「為什麼我們不要做月曆？」同時，老師希望孩子有更不一樣的藝術創作經驗，也能趁此機會認識日曆與月曆的不同。

　　因此，當老師提出「做有美美圖案的月曆只要十二張就好，不用做三百六十五張」與孩子討論時，孩子決定選擇做月曆。可是，孩子的問題是——要如

何製作呢？因此，老師先請孩子回家研究月曆，同時也將蒐集的月曆帶至班上分享（圖 12-178）。討論時，孩子將他們的發現與大家分享，如「數字位置不一樣」、「月曆上面有圖案」、「日曆數字大、月曆數字小」、「月曆的數字很多、日曆的數字很少」、「月曆每個月要撕一張，日曆每天都要撕」。

圖 12-178　研究月曆

分享後，孩子對於月曆較有概念了，也對製作月曆所需的內容達成共識後，便再次著手製版。孩子先做星期的版，再以活字版的方式，貼上各月份的日期，滾上油墨（圖 12-179、12-180）。當完成一月月曆時：

孩子：「印好了！」

孩子：「1、2、3～31，數字都有印出來。」

孩子：「可是，星期日的位置不對。」

孩子：「數字也不對。」

老師：「那星期日的位置該在哪裡？」

孩子：「要在這邊。」（手指著一月月曆的左邊）

老師：「那印好的星期日要在左邊，貼的時候該怎麼貼？」

圖 12-179　孩子正在貼數字，貼好數字後，轉印成功

圖 12-180　孩子在日期上塗上油墨

建構主義取向的幼兒課程與教學：以台中市愛彌兒幼兒園探究課程為例

孩子：「貼這邊。」（手指著珍珠板右邊）

老師：「貼右邊。」

孩子：「星期六、星期五、星期二、星期一都不對。」

孩子：「都要換。」

老師：「那數字呢！數字哪裡不對？」

孩子：「要這樣才對，它不對。」（手指著印好的一月月曆，從左邊向右邊指著唸數字）

老師：「那該如何修改？」

孩子：「1貼這邊。」（手指著珍珠板，數字從右邊貼至左邊）

老師：「那我們再試試看，看看可不可以印出正確的一月月曆。」

經修改，孩子終於完成正確的月曆製版，過程中，我們見到了孩子在空間位置的知覺上，仍處於發展尚未完全的狀態，但經由老師和同儕所提供的鷹架，能從自我調整及修正中，漸漸得到訣竅。

各月份的製版完成後，藝術老師帶著孩子以分組的方式，運用孩子已瞭解的製版方法，讓孩子經驗製版、轉印、設色、裱褙等經驗，共同完成了一份二〇〇四年的月曆（圖12-181～12-183）。

圖12-181　修正星期日位置　　圖12-182　用筆刷上油墨　　圖12-183　完成後的月曆

～上文摘自愛彌兒《探索》期刊13期（2003.12出刊）

伍、結語

文／楊蕙鍈

　　版畫是由孩子探索紙的過程延伸出來的一個課程活動。在孩子探索紙的特性時，老師發現孩子對紙的厚與薄的概念缺乏，而介入拓印與版畫的藝術活動。透過拓印，孩子感受到紙的厚、薄特性，並能正確使用厚與薄的詞彙；版畫創作上，老師覺察到孩子偶發的日曆創作是能結合版畫活動的，一方面能讓孩子深入經驗版畫的創作技法，一方面又可見到孩子在版畫創作中，空間概念上的發展與轉變；同時，老師也發現在每日的日曆介紹下，孩子對日曆的概念逐步地形成中。因此，老師決定放慢腳步，並與藝術老師溝通版畫製作方式及技巧後，一步一步地與孩子經驗一趟版畫創作之旅。

　　在藝術創作過程中，孩子有許多選擇的自由，就如同第二屆亞洲美術教育會議中的研究報告指出：幼兒有選擇色彩、形狀、題材、材料、工具，以及脫離指導與妨礙的自由。版畫的創作雖有其固定的方法、步驟，但老師在課程進行時，提供給孩子最基本的創作技法及概念後，孩子可從中選擇並運用適當的創作方式，就像孩子在日曆的製作時，能分辨凹版中珍珠板刻印及實物版製作的差異，進而適當地選擇能印出文字的實物版製作。而不同素材的提供，讓孩子有機會體驗各種素材的特性，選擇最適當的材料，例如：孩子在日曆創作中，發現毛線、吸管印出的油墨不清楚，珍珠板印出的效果最佳。

　　在版畫的創作上，孩子必須面臨到的一個難題，就是物品本身及物品位置的相反。其實孩子經常在自己的作品上蓋上名字，或許有些孩子早已發現印章上的文字和印出來的效果是左右相反的，但以該班的狀況，大部分的孩子都尚未發現此現象，因此，在第一次印出的日曆中，孩子們從錯誤中修正，在發現刻錯之後，他們需調整對數字本身的空間知覺，才能順利地將「3」變為「ε」。但孩子無法同時兼顧兩種屬性的修正，所以在第一次修正後，雖然數字本身改正了，但位置仍是顛倒的，因此，孩子再一次調整對數字位置的空間知覺，將數字位置的順序做正確的排列，才能完成日曆的製版。另外，月曆的製版部份，孩子對數字及位置的刻印與排列已因日曆的經驗讓他們能順利製作，因此

在每個月份的製板上，孩子雖是對照二〇〇四年的年曆排列，但孩子需具備正確的數序概念、空間對照能力，才能將數字排列在版面的正確位置上。

日曆與月曆之間的差異，因教室內的日期介紹都是以月曆板的形式呈現，除非孩子們在家中有掛日曆、撕日曆的經驗，不然孩子很容易將日曆與月曆混為一談。當老師發現孩子對這兩種物品的概念混淆時，老師再次放慢腳步，讓孩子們先試著自己研究、比較、發現兩者間的差異；當孩子們對日曆、月曆有了基本的認識後，也對班上製作的月曆內容達成共識，便可著手進行創作。因此，孩子們的版畫活動，不再只是簡單的藝術創作或是技法的練習，而是在藝術創作的過程中，同時建構對日曆、月曆的相關概念，發展他們空間知的能力！

參考文獻

邱孟嫻（譯）（1998）。小布做木工。台北：企鵝。

張春興（1991）。現代心理學。台北：東華。

鄭昭明（2001）。認知心理學。台北：桂冠。

練雅婷（2006）。幼兒在木工角的探索學習歷程（未出版之碩士論文）。台北市立大學，台北。

Brown, A. L. (1985). *Teaching students to think as they read: Implications for curriculum reform*. Washington, DC: Beranek and Newman.

Costa, A. L. (1984). Mediating the metacognitive. *Educational Leadership, 42*(7), 57-62.

Mayer, R. E. (1987). *Educational psychology: A cognitive approach*. Boston, MA: Little, Brown and Company.

Wittrock, M. C. (1986). *The handbook of research on teaching*. New York, NY: Macmillan.

建構主義取向的幼兒課程與教學：以台中市愛彌兒幼兒園探究課程為例

chapter 13

建構主義取向幼兒園數學教育之實施

文／張斯寧

　　本書第一篇第四章曾敘及愛彌兒幼兒園的課程發展與變革依時間區分為三階段，最近的一階段是自二〇〇四年開始，以「全人發展（目標及內容）‧建構取向（方法及評量）」為核心特色的園本位課程漸次發展完成。因此，本文將從愛彌兒幼兒園旅順分校的一個班級，自中班下學期（二〇〇四年四月）所發展出的數學課程「家人人數統計表」到大班上學期（二〇〇四年九月）所發展的數學課程「爸媽家務統計圖」，來探究愛彌兒幼兒園數學教育的實施與建構主義取向幼兒數學教育實施原則、策略與方法的符應。首先以潘世尊（2005）在詮釋與檢討愛彌兒幼兒園數學課程——「甘蔗有多高」所歸納、揭櫫的建構主義取向幼兒數學教育的實施原則、策略與方法的角度來分析此兩個圖表課程；再以美國 NCTM 對其國內幼兒數學教育中的課程與評量及師生教與學角色所做的建議、幼兒資料訊息分析（圖表概念為其中的一環）此一數學能力的發展與促進，以及故事繪本與幼兒數學課程教學的連結三者所做的歸納，並彼此相互交織再次以較鉅觀的角度分析「家人人數統計表」及「爸媽家務統計圖」兩個課程的實施，作為幼兒園實施建構主義取向數學教育之參考。

🌳 第一節　潘世尊所揭櫫的建構主義取向幼兒數學教育的實施原則、策略與方法之實踐

潘世尊（2005）曾依據根本建構主義、社會建構主義，以及情境認知（或情境學習）理論三種建構主義的角度，針對台中市愛彌兒幼兒園數學課程——「甘蔗有多高」加以詮釋與檢討，並歸納、揭櫫如下的建構主義取向幼兒數學教育的實施原則、策略與方法。

壹、所安排的課程宜與知識所在的活動或情境相結合

若要讓孩子學到真正能遷移（活用）的知識，並非藉由對教材的記憶背誦或「去情境化」的反覆練習數學程序技巧，而是需要讓孩子置身於知識所在的情境、讓孩子從事知識所依附的活動、讓孩子和真正擁有知識者互動，以便讓孩子真正瞭解數學概念知識，及其在生活情境中可以如何運用以解決所面對的問題。

貳、在孩子操作、創作表徵、討論與思考後，設法瞭解孩子的實際發展水準或基模與運思方式，以作為安排進一步課程之依據

依據根本建構主義的觀點：有效教學的第一步是在孩子進行某種操作後，提出問題瞭解他們的基模與運思方式，然後找出其中的問題，以便後續設法讓孩子認知上的失衡，進而主動調整他們的基模與運思方式。但由於基模或運思看不見，因此，潘世尊建議教師可參酌下述方法：(1)放下大人的既有想法，從孩子的角度思考孩子如何想？及為何如此想？所做的推論才會較為接近；(2)不斷與孩子互動，從孩子的回應中漸次修正對他們的基模與運思方式的瞭解；(3)請孩子透過討論、口頭發表或紙筆記錄等方式「呈現」其想法，再從中做推論。在課程進行過程中，於孩子操作或思考後，常問「你是怎麼做的？」「為什麼你會這樣做？」之類的問題；(4)在推論孩子的想法後可提問給予孩子回應的機會，看他們是否同意此一推論。若答案為否，則可以請孩子重新陳述以便加以修改。

參、若發現孩子的運思有問題，則透過認知衝突的製造讓他們感受自我的想法有問題，進而主動加以調整

當發現孩子的操作、思考發生錯誤或有問題時，該如何處理呢？是直接告訴孩子錯誤的地方並加以講解、示範正確的方式，還是有其他可行的方式？從根本建構主義的角度來看，教師透過具體操作、提問或對話的方式讓孩子感受到自我想法或操作可能有問題，進而主動加以調整，可以說是最核心且有效的教學策略。因為當個體感受到自己的知識或運思真的有問題時，才會主動地加以調整。

在課程發展與實施的過程中，當教師瞭解到孩子想法或操作中的問題後，可透過下述策略製造孩子的認知衝突：(1)透過問題挑戰孩子想法中的問題之處；(2)透過情境或具體操作，挑戰孩子想法中的問題之處；(3)讓孩子說明自我的想法，進而發現本身的問題所在；(4)透過同儕間的提問或對話挑戰彼此想法中的問題之處。

肆、若孩子的運思或操作是能存活的，就加以接受

所謂「能存活」（viable）的知識，一是指符合邏輯、沒有矛盾存在的；二是指所建構的知識能合理的解釋孩子所經驗到的現象，或是能適切解決孩子所面臨的問題。因此，所建構的知識是否存活的決定權在孩子自己。當孩子感到他所建構的知識沒有矛盾存在並能符合環境的特性或要求時，對他本身而言就是能存活的知識；相對的，若感到本身所建構的知識存有矛盾之處，並且無法通過外在環境的考驗時，就必須進行調整和修改。

以孩子現有的認知發展為基礎，協助他們建構出能夠適應環境的知識是教學的首要目標，促使他們的建構往老師或學科專家所擁有的知識的方向前進，則為教學最終的目標。由於教師或專家所擁有的是較高層次或較有效率的知識，適應外在環境的程度高於孩子所擁有的知識。因此，教學必須在掌握孩子的實際發展水準之後，設法推進其知識能力的發展。

伍、在接受孩子可存活的運思或操作後，若對兒童於相關概念的發展序階有所瞭解，則可以試著以兒童於下個階段可能發展出來的能力為依據安排課程，以推進他們能力的發展

從可能發展區的角度來看，教師在發展與實施課程時，宜以孩子現有的能力（即實際發展水準）為基礎，設法提昇孩子的知識與能力的層次。然而，孩子下個階段可能發展出來的能力（即孩子的潛在發展水準）為何？教師若不知道，則不容易做出適切的引導。對孩子圖表概念發展序階的瞭解，就可作為教師規劃課程（包含學習的活動與師生互動），來推進孩子的圖表能力與知識（引導孩子發展出下一階段可能發展出來的能力與知識）的依據。

陸、若發現孩子沒有辦法想出問題解決的途徑，可在孩子的可能發展區內，視需要逐次提供較多且較具體的提示，甚至可運用講解或示範的方式以引導孩子問題的解決，進而協助他們發展出潛在、較高層的能力

教師對孩子能力發展的期待不同，課程的內容就會跟著不同，而孩子可能發展出來的能力層次也會連帶著有所差異。若教師僅提供提示或線索來引導孩子解決問題時，則是期待孩子發展出來的能力層次較高，而孩子可能發展出來的能力層次也會比較高。若教師直接採講解及示範的教學方式，孩子可能發展出來的能力層次則會受到較大的限制。因此，若教師不知孩子在某個概念的發展序階，又需協助孩子發展出可能發展出來的較高層能力時，教師可以由少到多、由抽象到具體的提示，以引導孩子發展出較高層次的心理能力，若有必要時再說明與示範。此外，提問也是一種提示的方式，教師可以不斷透過提問以引導孩子思考問題的解決的方法、策略，但教師所提的問題，必須植基於孩子的「實際發展水準」。

柒、可運用不同程度同儕間的互動，以製造彼此的認知衝突，讓孩子主動調整自我的想法，進而引導孩子發展出潛在、較高層的能力

依據Vygotsky的理論，個體的高級心理能力都起源於社會，透過「內化」的歷程，才於個體的內在心理逐漸形成。孩子要發展出高級的心理能力，與擁

有此種能力的成人（如老師）或較有能力之同儕合作解決問題是重要的。課程的發展與實施必須讓不同程度的孩子間有社會互動的機會，例如：參與在真實情境中合作性問題解決活動時，藉由討論的分享或合併觀點，將能成為有效的鷹架，使孩子產生真正的理解，進而刺激認知發展。

因此，本文將由上述的向度逐一對「家人人數統計表」及「爸媽家務統計圖」兩課程加以詮釋與分析（請參考表 13-1）。

表 13-1　「家人人數統計表」及「父母家務統計圖」兩課程對建構主義取向幼兒數學教育實施原則、策略與方法的運用

課程	課程之發展與實施	原則、策略與方法的運用
家人人數統計表	藉由從老師分享賴馬著作《早起的一天》開始，孩子於是熱烈地討論起自己的家庭成員。老師也在團體討論後，請孩子畫下自己的家庭成員與大家分享，讓大家認識彼此的家人。分享家庭成員畫時話題常圍繞在家人人數，老師藉此契機提問：「有什麼方法可以知道我們中柳丁班誰家的人最多？誰家的人最少？」於是啟動孩子製作與不斷修正「家人人數統計表」的動機，以便有效地回答此一問題。	1. 課程與知識所在的活動或情境相結合。 兩個課程皆是在孩子原有的知識基礎之上對其經驗做詮釋，並從所關注的議題出發而深入探究，對孩子而言，不但深富情境性（具體、熟悉、富有意義），而且是感興趣、關注、欲解決之問題，並在老師的協助、挑戰與引導之下，以及與同儕的合作互動中，孩子主動訂定自己的探究目標，並積極地、實地地對圖表概念的不斷探索、操作、表徵、建構、修正與運用，以適應當下環境的要求。
父母家務統計圖	在「男女大不同？」的主題探究中，孩子除了探究男女外觀差異之外，也進一步探究男女喜歡事物的差異，甚至在家庭中所扮演角色的差異。於是，在老師的建議之下，孩子回家觀察爸媽在家中所做的事，並將它畫下與大家分享。在團討時，老師將孩子的分享話語寫在經驗圖表上，但許多孩子都看不懂字？孩子於是從先前製作「家人人數統計表」的舊經驗著手繪製圖表，以便讓大家都能瞭解資料蒐集的結果。但因待解決的問題較先前問題複雜（涉及必須先依據性別、再依工作性質做分類與集合），孩子於是展開一段圖表知識建構的旅程，進而達到對所調查資料的組織與呈現，以便於分析、比較及回答所欲探究的問題。	

（接下頁）

課程	課程之發展與實施	原則、策略與方法的運用
家人人數統計表	在討論後，老師請孩子畫下自己的家庭成員與大家分享，讓大家認識彼此的家人。 老師：「有什麼方法可以知道中柳丁班誰家的人最多？誰家的人最少？」 孩子：「寫在紙上嘛！」 孩子：「就是拿一張紙，寫名字，在名字旁邊寫下有幾個人。」 於是在角落時間，有興趣的孩子，依大家於團討時所討論出的方法完成「家人人數統計表」。	2. 在孩子操作、創作表徵、討論與思考後，設法瞭解孩子的實際發展水準或基模與運思方式，以作為安排進一步課程之依據。 2-1. 二個課程教師都採取提供幼兒具體操作、口語表達的方式，讓孩子呈現其圖表相關的想法及能力。
父母家務統計圖	在蒐集父母家務的資料後，孩子從前一學期家人人數統計表繪製經驗著手。 孩子：「用大紙把它畫下來。」 孩子：「把爸爸媽媽的工作畫在紙上。」 孩子：「還要畫格子一格一格的，一樣的畫在一起，比如說媽媽煮飯有很多張就畫很多格。」 分組活動時間孩子以兩張全開的白色書面紙（一張是爸爸的，另一張是媽媽的），開始畫十三欄乘八列的格子，並請老師在一旁唸出同學們在家的觀察紀錄，再由統計組的孩子執筆一張張畫下來以便統計。 孩子：「老師，格子會不夠，因為爸爸媽媽的工作太多了。」 孩子：「而且一樣的很多，每一個都畫，手會很酸。」 孩子：「奇怪這次的怎麼那麼難，以前的都不會。」	
家人人數統計表	老師：「剛才我們做月份統計表時，你們怎麼知道三月比二月多天？」 孩子：「因為三月比二月長。」	2-2. 二個課程教師都在孩子操作或口語表達之後，以提出較擴散性問題的方式來瞭解孩子的想法（為什麼……？你怎麼知道……？）
父母家務統計圖	老師：「在這裡哪一種形狀的積木比較多？」 孩子：「三角形最多。」 老師：「為什麼三角形最多？」	

（接下頁）

課程	課程之發展與實施	原則、策略與方法的運用
父母家務統計圖	孩子：「因為很多三角形在地上。」 孩子：「我認為菱形最多。」 老師：「為什麼你認為菱形最多？」 孩子：「因為很多菱形躲在裡面，被其他積木蓋住了。」 孩子：「正方形最多。」 老師：「為什麼是正方形最多？」 孩子：「我用猜的。」	
家人人數統計表	老師：「那你們可以從這張表告訴我，誰家的人最多，誰家的人最少呢？」 孩子在家人人數統計表上搜尋了一下。 孩子：「是游士頡。」 孩子：「不是啦！游士頡家七個，昱璇家有八個，昱璇家比較多啦！」 老師：「那誰家的人最少呢？」 孩子：「是楊謹丞，只有三個！」 孩子：「哪是！許家嘉家只有兩個人比楊謹丞家少啦！」 老師：「我覺得你們花好多時間在找，你們有沒有好辦法，能夠一看到這張表，就能夠知道誰家的人比較多？誰家的人比較少？」 孩子：「……」 老師：「我們不是說要做一張一看就知道，誰家的人最多？誰家的人最少的表嗎？」 孩子：「對呀！」 老師：「那為什麼不是像你們說的一樣，貼得最長的，就是最多人呢？」 孩子：「因為……因為……」	3.製造孩子的認知衝突以引導孩子對自身圖表基模的調適與發展。 3-1.二個課程教師都是藉由具體操作、提問或對話的方式讓孩子說明自我的想法，進而感受與發現到自我想法或操作可能有問題，並主動加以調整。
父母家務統計圖	孩子將積木聚攏之後，發現正方形最高。 孩子：「正方形是最多的，第一名是正方形。」 老師：「那第二名是誰呢？」 孩子：「三角形。」 老師：「為什麼？」 孩子：「因為三角形比較高。」 有的孩子數了三角形及六角形之後聲稱：「但是六角形比較多個。」 孩子：「不對，不對，三角形的積木比較高。」	

（接下頁）

課程	課程之發展與實施	原則、策略與方法的運用
家人人數統計表	老師：「那誰家的人最少呢？」 孩子：「是楊謹丞，只有三個！」 孩子：「哪是！許家嘉家只有兩個人比楊謹丞家少啦！」	3-2.二個課程的老師都藉由具體操作後作品分享的團體討論或角落時段小組的合作，促成同儕間的提問或對話以挑戰彼此想法中的問題之處。
父母家務統計圖	陳璿於是跑了出來將所有形狀的積木都往上疊高，但疊高的積木仍是一堆堆分散在地板各個區域。 孩子：「這樣還是不容易比，要像比身高一樣，大家靠在一起。」 孩子於是將積木聚攏之後，發現正方形最高。	
家人人數統計表	1.孩子感到本身所建構的知識存有矛盾之處，且無法透過外在環境的考驗時，就會主動進行調整和修改。 1-1 老師問：「有什麼方法可以知道中柳丁班誰家的人最多？誰家的人最少？」 　　孩子：「寫在紙上嘛！」 　　孩子：「就是拿一張紙，寫名字，在名字旁邊寫下有幾個人。」 　　格線歪七扭八，後面的座號因排不下而亂掉，於是進行第一次的修改。 1-2 因所長看不懂這張圖是要做什麼的？於是進行統計表的第二次修改──加上標題。 1-3 因無法一看到這張圖表，就能夠知道誰家的人比較多？誰家的人比較少？於是進行第三次的修改──將抽象符號的數字轉變為半抽象符號的圓點並將之排列為長條狀。 1-4 因圓點貼紙貼的間距不一致，無法在每一長度間做正確的比較，於是進行第四次的修改──畫上格子讓每個圓點貼紙貼到格子內。 1-5 因所畫格子太大，因此一個格子內有的貼紙貼比較上面，有的貼比較下面，不整齊也不便比較，於是進行第五次修改──將格子縮短與圓點貼紙高度相當。	4.接受能存活的圖表繪製概念的建構。 所建構的知識是否存活、或是否需做調適的決定權是在孩子自己。二個課程教師都能以孩子現有的認知發展為基礎，並逐步協助孩子建構出能夠符合邏輯、能合理的解釋孩子所經驗到的現象，或是能適切解決所面臨的問題，以適應環境的圖表概念知識，但同時也漸次促使孩子的建構往老師或學科專家所擁有的知識的方向前進。

（接下頁）

課程	課程之發展與實施	原則、策略與方法的運用
家人人數統計表	1-6 因名字太小，很難立刻發現要找的人，於是進行第六次的修改——先自己書寫姓名，因不美觀於是以電腦列印名字。 1-7 因橫書的名字使圖表太長，不易張貼及比較，於是又進行修改——名字直書以縮短統計表的長度，再加上座號更容易發現要找的人。	
父母家務統計圖	老師：「有什麼方法可以讓我們的統計圖看起來很清楚？」 微華向老師拿了白板筆在白板上畫出許多格子，接著拿出一張小朋友畫過的圖貼在格子上「一樣的要貼在同一排」。 老師：「可是小朋友畫的紙都貼在原來的統計圖上了怎麼辦？」 孩子：「再畫一次。」 孩子：「那太麻煩了。」 老師：「有什麼方法可以替代嗎？」 孩子：「寫字。」 孩子：「畫圖。」 老師：「我可以用簡單的形狀來代替嗎？」 孩子：「可以，但是形狀裡面要寫字，不然別人會不知道它是什麼意思。」 孩子：「不一定，也可以寫在旁邊。」 孩子：「太麻煩了，寫一個就好。」 孩子：「對，寫在形狀的下面。」 …… 孩子：「要記得，數字不可以寫在第一格喔！因為第一格是圖，要從第二格開始寫。」 孩子於是分為爸爸與媽媽兩組，著手進行統計圖表的繪製工作。 他們分別先在白紙上畫出格子，對照原先分散的統計圖，並將原圖中的工作欄轉換至格子圖表的最底格，將各項工作的次數以不同符號來表徵，並由該工作圖之上的第二格將代表符號往上一一對應地重複畫在格子之中。	

（接下頁）

課程	課程之發展與實施	原則、策略與方法的運用
家人人數統計表	1. 就在孩子熱烈的討論起自己的家庭成員之際，老師藉此契機請孩子畫下自己的家庭成員與大家分享，讓大家認識。但在「家人」的定義上，老師則讓孩子清楚聚焦只畫住在一起的家人。 2. 老師：「我們都知道這張是告訴大家：『中柳丁班的人家裡有幾個人』，可是所長不知道啊！不過所長看得懂這張是簽到表喲！」（老師將班上的簽到表拿給孩子們看） 孩子：「所長為什麼知道？」 老師：「仔細看著簽到表，還有你們的統計表。」 孩子：「我知道了！因為簽到表上有寫『簽到表』，可是我們做的那張沒有寫。」 老師：「所以呢？」 孩子：「所以要把它寫上去，大家就知道這張是在告訴大家『中柳丁班的人家裡有幾個人』。」 3. 孩子：「可是他們做的這張看起來亂亂的！」 老師：「怎樣亂亂的？」 孩子：「貼紙沒有貼整齊！」 老師：「他們都貼在格子裡面了呀！他們沒有亂貼。」 孩子：「可是貼在格子裡面也要和旁邊格子裡面的貼紙對齊啊！」 老師：「那有什麼辦法呢？」 老師：「如果我們改變格子呢？」 孩子：「怎麼改變？」 老師：「你們說的『亂』，是因為一樣是在『1』這行的每一個格子，有人貼得比較上面，有人貼得比較下面嗎？」 孩子凝視第四次修改製作的「家人人數統計表」，然後說：「對！」 老師：「那我們要怎麼改變格子，圓點貼紙才不會貼得又上又下的呢？」 孩子：「就是和旁邊對齊貼！」 孩子：「把格子變短，不要那麼長。」（意指縮短格子上下的距離）	5. 教師對圖表概念發展序階的瞭解，並藉由提示以促進孩子此一圖表概念與能力的發展。 6. 若發現孩子沒有辦法想出問題解決的途徑，可在孩子的可能發展區內，視需要逐次提供較多且較具體的提示，甚至可運用講解或示範的方式以引導孩子問題的解決，進而協助他們發展出潛在、較高層的能力。 例1中教師協助孩子清楚界定所謂的家人為住在一起的人（為孩子最近、且最容易處理的生活經驗），以便利孩子資料訊息的蒐集。 例2中的教師讓孩子瞭解到統計圖需要有標題以顯示其用途。 例3中的教師讓孩子釐清統計圖上的每一尺度級距，距離大小應相同（等），以便做正確的比較，及有效的回答問題。

（接下頁）

課程	課程之發展與實施	原則、策略與方法的運用
父母家務統計圖	4. 統計一：孩子將以前中班統計家人人數的經驗運用於對父母家務調查資料的統計及做比較。 　統計二：將父母家務工作畫成小張以利貼於大紙張之上。 　統計三：先將工作圖依性別分類、再依工作分類，並就自己所在的位子貼於全開書面紙上、且分派予數量。 　統計四：各組所貼的方向不同，難以將資料做清楚的組織及呈現。 老師這才發現舊有的統計經驗又再加上分類概念，對孩子來說困難度的確是高了些，若是老師不用些方法來引導孩子更深入思考，只是直接告訴他們解決的方法，那就變成填鴨式的教學模式了，對於孩子的圖表概念的發展並無太大的助益。於是將一桶有各種形狀的積木倒在地板上和小朋友玩積木的分類與比較。 5. 老師於是在地板上畫了並排的兩欄八列的格子，並將三角形與六角形做一一對應的排列。 　孩子：「真的是六角形多耶！不是三角形多。」	例3、4、5中的教師能以由少到多、由抽象到具體的提示來促進孩子圖表概念的發展。 例5因概念的複雜度，致使孩子不易理解教師的提示，教師直接採示範的教學方式。
家人人數統計表	老師：「那我們要怎麼改變格子，圓點貼紙才不會貼得又上又下的呢？」 孩子：「就是和旁邊對齊貼！」 孩子：「把格子變短，不要那麼長。」（意指縮短格子上下的距離） 孩子：「圓點貼紙也沒那麼大，不用那麼大的格子，才不會很浪費紙。」 孩子：「我覺得他們的線也畫得亂七八糟的，沒有好好畫。」 老師：「所以呢？」 孩子：「要好好畫，慢慢畫就會整齊了！」	7. 提供不同程度孩子彼此間互動的機會。 不論是圖表繪製後的團體討論，或是圖表繪製過程中小組的合作與互動，不同程度孩子間的口語表達都能呈現其想法，彼此影響、型塑出解決策略的共識，再採取問題解決的行動。

（接下頁）

建構主義取向的幼兒課程與教學：以台中市愛彌兒幼兒園探究課程為例

課程	課程之發展與實施	原則、策略與方法的運用
父母家務統計圖	老師：「有什麼方法可以讓我們的統計圖看起來很清楚？」 微華向老師拿了白板筆在白板上畫出許多格子，接著拿出一張小朋友畫過的圖貼在格子上「一樣的要貼在同一排」。 老師：「可是小朋友畫的紙都貼在原來的統計圖上了怎麼辦？」 孩子：「再畫一次。」 孩子：「那太麻煩了。」 老師：「有什麼方法可以替代嗎？」 孩子：「寫字。」 孩子：「畫圖。」 老師：「我可以用簡單的形狀來代替嗎？」 孩子：「可以，但是形狀裡面要寫字，不然別人會不知道它是什麼意思。」 孩子：「不一定，也可以寫在旁邊。」 孩子：「太麻煩了，寫一個就好。」 孩子：「對，寫在形狀的下面。」 依據討論結果，孩子在學習區展開圖表繪製工作。 孩子：「要記得，數字不可以寫在第一格喔！因為第一格是圖，要從第二格開始寫。」	

🌳 第二節　美國NCTM幼兒數學教育原則、幼兒資料訊息分析能力發展與促進，及故事繪本與幼兒數學課程教學連結三者的交織及實踐

壹、美國NCTM對幼兒數學教育課程、評量及師生教與學角色的建議

　　美國NCTM在二〇〇〇年所出版的「學校數學教育之原則及標準」首次將幼兒園數學納入在第一層級（幼兒園到小學二年級）的標準，此舉意涵著對幼兒數學知識及能力的肯定（Charlesworth, 2005），而「資料訊息分析」也成為教學內容標準的一個範疇（Richardson, 2000），這意味著身處現代社會中的成

員實需具備資料訊息分析的能力，以便成為一位嚴謹並富有效能的資料訊息消費者。

　　由前一節對「家人人數統計表」及「父母家務統計圖」兩課程在建構主義取向幼兒數學教育實施原則、策略與方法運用的分析，再對照美國 NCTM 在二○○○年對幼兒園到小學二年級的學校數學課程教學原則中所提之課程、教學及學習原則，可以發現不論在課程、教學上皆有許多的相同之處，因此，建構主義取向幼兒數學教育的內涵與實施是有其共同之處（潘世尊，2004），以作為幼兒園欲實施此一取向數學教育的參考。以下是對美國 NCTM（2006）在幼兒數學教育中的課程與評量角色及師生教與學的角色所做建議的歸納。

一、幼兒數學課程的規劃原則

（一）重要概念的連貫性與發展性

　　課程不是許多活動的集合體，課程必須有其連貫性，除了聚焦在數學的重要概念之上，所謂的重要數學概念是指值得孩子花時間與精神去學習，以為日後在家庭、學校及工作場域中所遇到的各式各樣問題的解決做好準備；不同年級間的數學課程也需要在同一概念的發展序階上（難度的逐漸增加）做好連結。老師在規劃課程時宜先瞭解孩子已理解的概念及在未來有能力學習的概念。

（二）概念間的關聯性及累積性

　　數學課程對概念的介紹需以一個概念構築在另一個概念的方式實施，因為數學不是一組毫無關聯的概念群，課程應該讓孩子覺察到數學重要概念間相互的關係，並能夠建構此一連結與思考技巧，如此孩子對數學將能做深度與廣度兼俱的思考與學習。

二、幼兒數學課程的評量原則

（一）對教與學的支持性

　　評量不應該僅在教學結束後實施，以作為教學成效的評量工具。評量宜在課程與教學中扮演樞紐的角色，因為評量能提供教師及幼兒雙方有用的訊息，以引導教學及增進幼兒在重要數學概念及能力上的學習與發展。

（二）歷程中的持續性

　　教師宜在幼兒數學學習歷程中持續不斷地透過觀察、提問、訪談評估、概念的多元表徵等方式來瞭解孩子的數學學習及發展，藉此資訊來做適宜的課程決定，例如：選擇適合的學習材料、重新教學、如何鷹架以推進孩子的概念與能力等。

（三）實施方式的多元性

　　數學的學習是對概念的理解及運用以解決生活中所面對的問題，因此對數學學習的評量宜在概念理解與能力運用兩方面並重。教師若能以多元方式評量，則能綜合歸納不同方式的評量結果，以便對孩子數學學習與發展做客觀與較全面的瞭解。

（四）公平性

　　教師在實施評量時必須確實提供給每一個孩子展現自己在數學方面學習的機會。

三、幼兒的學習角色

（一）概念的理解者

　　記憶背誦的數學知識無法讓孩子瞭解在何時、如何運用其學得的概念知識來解決問題。幼兒數學的學習必須是能對概念的理解：從具體操作經驗中建構新的概念知識，並植基於先前的概念知識之上。如此孩子才能真正理解概念知識，並有彈性地運用其知識，例如：在遇到新的問題情境時，能遷移與運用其已習得的概念知識來解決問題。

（二）主動的學習者

　　幼兒能學得好是在他們能操控自己學習的情境下，例如：在面對自己選擇的工作挑戰時，幼兒往往能充滿自信、持之以恆地面對問題，除了自己想辦法解決問題之外，並主動、積極、富彈性地對數學想法做探索。

（三）天生的數學家

　　並非只有少數數學天才能學好數學，其實每位幼兒都有與生俱來、在生活中對數學問題理解的傾向，因此孩子從家中帶來相當可觀的數學知識，學校數學教學應植基於其上。

四、教師的教學角色

（一）對數學深入理解者

　　孩子的數學學習是透過教師所提供的活動經驗，因此，教師需對數學深入的理解，並相信同樣身為人類社會一員的孩子都是數學的學習者。

（二）效能教學的行動者

　　雖然數學教學沒有一個所謂的正確方法，但教師選擇適當的課程材料、使用適當的教學工具及技巧來支持孩子的學習，並在每天的教學中自省以尋求改進，這將是一位好教師每天所可以採取的數學教學行動。

（三）孩子學習的前瞻者與協助者

　　在有效能的數學教學中，教師必須先瞭解孩子已有的知識，以及進一步有能力學習的知識，並挑戰及協助孩子完成此一學習目標，例如：創造一個充滿智能的環境讓孩子能參與數學思考、判斷與決定活動需在哪一方面聚焦、如何組織協調孩子們的工作、提出能符應不同能力孩子的問題、如何在不影響孩子思考自主的情況下協助孩子。

（四）積極追求專業成長者

　　教師需不斷地學習，例如：對數學知識或教學法的學習，以便在數學教學上的自我改進。教師也可從孩子或其他的同事身上，或透過自省或加入專業學習社群的方式以促進自我專業的成長。教師間也可藉由對教學與對孩子思考的仔細觀察、分析與討論，以成為一個能成就彼此專業成長的學習社群。

貳、幼兒資料訊息分析（統計圖表的繪製）能力的發展與促進

一、資料訊息分析（統計圖表的繪製）的功能與重要性

除了語言之外，統計圖表也是人類彼此間溝通的另一有效工具。尤其當在面對複雜且大量的資料訊息要處理時，統計圖表的運用能讓這些資料訊息簡單化、系統化、便於記憶、便於比較以及便於分析（楊志文，2001）。要成為現代社會的一員是需要對資料訊息的蒐集、組織、解釋、圖表繪製方法有所瞭解，因此，學校可以藉由孩子對自己在生活中感興趣與關注的具體事物來發展出欲探究的問題、計畫調查方案及協商其策略，例如：清楚定義所要蒐集的生活中的資料訊息，再以行動蒐集相關具體資料訊息，並對資料訊息加以記錄、表徵、組織、分析，最後再決定將結果以何種形式的圖表來呈現其數量，並加以比較、說明，以有效回答先前自己所擬定的問題（Hutchison, Ellsworth, & Yovich, 2000）。

二、幼兒生活與資料訊息分析（統計圖表的繪製）

NCTM（2006）對幼兒園到小學二年級孩子「資料訊息分析」領域學習的期待，聚焦在孩子能依據事物屬性做分類集合、能將事物相關資料加以組織、呈現與描述。至於資料訊息分析的主要目的是為了將蒐集到的訊息加以整理後，才能解答的問題。任何孩子在生活環境中感到有興趣瞭解而提出的問題都值得探究，並讓孩子在資料訊息的蒐集上能聚焦；因此，孩子所想要蒐集的資料訊息常常就存在於他們自己的真實生活中，例如：有關身體部位、寵物類別、衣服顏色、髮型、喜歡的電視節目或食物等，都不脫離孩子自身、家庭或社區生活，最後孩子再以繪製統計圖表來描述他們資料蒐集的結果與發現。

三、幼兒資料訊息分析（統計圖表的繪製）概念與能力的發展

美國 Arizona State Department of Education（2003）依據國家數學教育標準編列其州內的幼兒教育數學標準並在各內容標準項下做重要性及學習方式及序階的說明，在「資料訊息分析」部分，其說明為「孩子蒐集、組織、陳列相關

的資料，以便對自己所處環境的瞭解」，並明列孩子發展的三個序階如下。

（一）階段一

1. 蒐集有關自己或環境中的資料。

（二）階段二

2. 用具體物、圖畫或任何表徵製作（三度或二度空間）圖表，以組織及呈現所蒐集的資料。
3. 讀出與解釋所製作的圖表。
4. 依據資料對成人的提問做預測。

（三）階段三

5. 使用比較的語彙來描述資料，如速度的快／慢；重量的輕／重；數量的多／少；尺寸的大／小等。
6. 對資料形成邏輯上的結論。

此外，Allen-Young 等人（2003）則在科羅拉多州學校數學標準中對「資料訊息分析」做如下更為具體的建議：

1. 幼兒在其家中、教室或戶外蒐集有趣的事物及資料訊息，並對自己的蒐集加以說明或描述。
2. 幼兒實驗以語彙來描述關係，如多／少；少一點／沒有；或一樣等。
3. 幼兒開始瞭解符號可以是事物的表徵。
4. 幼兒開始認識圖表是對資料的蒐集、組織、記錄和描述。
5. 幼兒開始能對所繪製的圖表做解釋。
6. 幼兒開始能依據觀察及身邊有的資料訊息做猜測或預測。
7. 幼兒開始發展和使用系統化的方式以解決問題，例如：測試機率與發現解答。

由上述幼兒資料訊息分析（統計圖表的繪製）概念與能力的發展，可以發現此一概念及能力是植基與統整於幼兒漸次發展而成的數學概念及能力之上，例如：邏輯關係概念的區辨異同、一一對應、分類、集合、比較、部分與全體、序列等，數概念，測量概念，幾何空間概念及問題解決。因此，如何依據所瞭解的孩子已發展的數學概念與能力，以漸次安排活動來推進幼兒資料訊息

分析（統計圖表的繪製）概念與能力的發展，教師宜必須對上述概念發展序階有所瞭解。

參、故事繪本與幼兒數學課程教學的連結

NCTM（2006）對數學教學專業標準的假設中提出「老師是學校數學教學方式改革的關鍵人物」，至於對教師數學教學樞紐角色扮演的建議則為「朝向數學及其概念，與其應用間的連結，並遠離將數學視為許多孤立概念與程序技巧的聚集」，教師教學方法的建議之一是將數學語彙及數學思考與孩子的故事繪本經驗相互結合。因為依據 Vygotsky 的觀點，幼兒早期的思考能力和概念內容，會影響語言的發展，而其所學得的語言知識，也可能影響他／她的思想（蘇建文等人，1996）。

一、故事繪本開放式的功能與運用

許多故事繪本聚焦在人們日常活動（如烹飪、購物等）中對各類數學概念、能力與方法的運用，以解決所面對的各種問題。所以運用故事繪本於數學教學上的價值在於：提供幼兒知識所根植的生活情境，讓孩子與幼兒園外廣大世界互動之外，並從中讓孩子覺察到人們在日常生活中以各種不同方式運用數學概念，以有效地解決問題（幸曼玲，1995；Tischler, 1992）。

此外，故事本身可以帶入並介紹孩子可操弄的數學學習材料，提供孩子以多元方式、有意義操弄學習材料，以引發其做數學（doing mathematics）的動機。如此，將有助於孩子抽象概念的學習，甚而有的孩子能延展對學習材料的操弄方式，且超越繪本故事內容（Tischler, 1992）。

故事繪本所提供的數學情節能鼓勵孩子以富創意的方式擴展故事內容或發展出與主題相關的活動；繪本故事的主要情節就是對數學相關問題的提出（無論是以內隱方式讓孩子發現、創造問題或以直接的方式呈現問題），可以促進孩子對問題在廣度或深度上探究的興趣（Tischler, 1992）。

二、故事繪本聚斂性的功能與運用

另有一些故事繪本內容巧妙地與孩子某些數學概念或數學能力的教學活動

相互連結，但是教師必須先為孩子的學習預做準備，準備活動可由淺入深的區分為三種：(1)讓孩子在具體的物理情境或實際經驗中建構焦點概念的意義；(2)讓孩子主動以先前經驗操弄或探究學習材料並做分析，以便與新的數學概念語彙或新的數學概念符號做連結；或(3)讓孩子在真實生活情境中或感興趣的數學問題的解決及推理歷程中，練習焦點數學概念或能力（Tischler, 1992）。

肆、「家人人數統計表」及「爸媽家務統計圖」再分析

　　綜合歸納本小節美國NCTM對幼兒數學教育中的課程及師生教與學角色所做的建議、幼兒資料訊息分析（圖表概念為其中的一環）此一數學能力的發展與促進，以及故事繪本與幼兒數學課程教學的連結三者的闡述說明，表 13-2 為三者的論述相互交織後，再以「家人人數統計表」及「爸媽家務統計圖」兩個圖表繪製課程的實施做一分析，以作為幼兒園實施建構主義取向數學圖表繪製課程與教學之參考。

表 13-2　美國NCTM對幼兒數學教育的建議、幼兒資料訊息分析能力發展與促進，以及故事繪本與幼兒數學課程教學三者之歸納，並對「家人人數統計表」及「爸媽家務統計圖」兩課程實施之再分析

建構主義取向幼兒數學課程教學之原則、策略與方法運用之說明
1. 運用繪本的開放性功能並從家庭與學校經驗中發展出相關的探究問題 (1)繪本運用 　・家人人數統計表：《早起的一天》。 　・爸媽家務統計圖：《朱家故事》。 (2)延伸閱讀所發展之問題探究活動 　・家人人數統計表：依據在家生活經驗提出「中柳丁班誰家人最多？誰家人最少？」的問題，開始圖表繪製的探究歷程。 　・爸媽家務統計圖：依據對爸媽在家中所做的事的觀察及在學校內的學習經驗，提出「爸爸媽媽家務工作各有哪些」的問題，開始圖表繪製概念精緻化的建構歷程。
2. 數學課程的實施，能聚焦在一數學概念能力的深入探究，且兼顧重要概念的連貫性與發展性以及概念間的關聯性及累積性 (1)概念與能力的聚焦：兩個課程皆聚焦於數學資料分析及統計圖表相關概念的探究，例如：區辨異同、一一對應、分類、集合、比較、部分與整體、序列等邏輯關係概念、數概念、測量概念、幾何空間，以及對圖表部分元素的理解，例如：圖表要有能顯示用途的標題，及圖表中每一尺度級距大小應相同，以便做有效、正確的比較等。

（接下頁）

(2)連貫性與發展性：從「家人人數統計表」以單一屬性一個項度（不同孩子）做分類標準後再做量的比較，到「父媽家務統計圖」以兩個屬性多個項度（兩種性別、多種家務類別）的分類，再做量的比較。

(3)關聯性及累積性：孩子對「爸媽家務統計圖」的探究是奠基於「家人人數統計表」的舊經驗，兩個課程在數學領域的邏輯、數、測量及幾何空間概念彼此有關聯，而兩個數學課程也與語文、藝術、社會領域的學習連結。

3. 以仔細觀察、提問、孩子創作等方式獲得孩子數學概念及能力的資訊，並據以規劃教學活動，評量與課程教學彼此交織

愛彌兒幼兒園漸次地實施動態評量，教師先對班上孩子的年齡層在各領域知識、技能或情意態度的發展有所瞭解，並訂定出該班該學期在各領域的學習目標再據此些目標選擇教、玩具及多元媒材以規劃各學習區，讓孩子有豐富、有趣的學習環境及充裕的時間，並與環境中的人、事與物互動，在這過程中教師與孩子一起參與在活動中，藉由仔細觀察、提問、孩子作品分享或團體對一議題的討論激盪中，瞭解孩子的各概念、能力、情意態度的實際發展水平，並思考能夠再協助推進的發展水平（即孩子有能力學習的未知），進而在孩子的可能發展區內設計提供適宜孩子的學習活動，並選擇學習材料、鷹架策略，以引導孩子的探究，之後再退於孩子之後，讓孩子主動探究，以此程序不斷循環，不論主題或方案課程就如此的延伸發展，從此兩個課程的進行與發展，可以發現評量與課程教學間形成彼此交織、相輔相成的關係。

在評量公平性部分，多為小組的探究，是否在探究歷程中，教師所實施的評量都能確切提供給每一個孩子展現自己在數學方面的學習機會呢？仍是可以再努力以赴的。

4. 孩子在教師引導下，依據生活中的經驗發展出問題，主動探究思考、動手建構表徵與運用概念及能力以解決問題，是數學概念與能力的理解者及運用者

這兩個課程是在教師協助之下，由孩子生活經驗中與主題相關的孩子關注點而發展出問題，在探究過程中，教師充分提供孩子可以積極、主動與之互動的物理及社會環境，尤其是動手做數學機會的提供，讓孩子對概念的理解思考能具體呈現、比較、討論，因此，教師同儕的質疑及挑戰更具體、有意義，孩子在認知基模失衡的情況下，能主動調適，概念的發展也因此被不斷推進。此外，在問題探究與解決的過程中，孩子也不斷地運用已有的數學概念及能力，因此，孩子的數學學習結果是理解後能遷移到生活情境中解決自己所面對真實問題的能力，而不僅是儲存在個人腦部資料庫卻不知何時、何地、該如何取出運用的靜止的知識。

5. 教師先能對資料訊息此一概念能力的重視及瞭解，並在課程之始提供孩子呈現焦點概念與能力的機會，再漸次以孩子的潛在發展訂定目標，並據以提供能推進孩子此概念能力的物理及社會環境，以挑戰及協助孩子完成每一個學習

此兩圖表課程的意義在於教師對幼兒資訊蒐集、分類、記錄、有系統組織、呈現（圖表繪製）、解釋、分析，以及據以回答問題此些數學概念與能力的聚焦建構、運用的重視及促進。它對孩子此些概念能力的層次推進，是不同於市售教材將圖表繪製好，

（接下頁）

僅讓孩子填答部分數字的教學活動所能達到的。尤其是孩子在「家人人數統計表」課程中，從第一次自己所繪製的表格（圖 13-1）到最後一次繪製的表格（圖 13-2），其間的差異在於呈現孩子此些概念與能力的學習與發展是在教師的鷹架之下依能力、循序發展而來，同時也可以看到孩子的潛能是不容忽視。

6. 教師能透過各種方式以提昇自我在課程教學上的專業與成長

正如同本書第四章第二節中所提愛彌兒幼兒園的行政系統及研企人員提供教師課程教學相關的支持、協助與諮詢，與教師間專業對話和省思的時間，教師課程紀實方法與省思的協助，創辦人對建構主義取向幼兒教育理念與實施的推動，及依據教師專業成長的需求所規劃實施的多元化教師研修課程，如讀書會、專題演講、工作坊、學術研討會及國內外幼教機構參訪等，都讓教師有機會瞭解建構主義取向幼兒教育的理念、實施（不論是數學、科學或語文領域）、省思與調整。

7. 教師具有動態（建構）的數學知識本質、數學教學及數學學習的信念

由此兩課程，可以看到藉由幼兒教育（含建構主義介紹、幼兒數學教材教法等）相關研習活動，愛彌兒教師動態（建構）的數學知識本質、數學教學及數學學習的信念也能漸次型塑、運用在課程教學的歷程中。

「數學所探究的對象是人類文化活動的現象，從而達成問題解決的目的」（黃敏晃，2003），「數學是一連串以數字系統為基礎，用以呈現、描述與詮釋實際事物的變化關係」（引自廖素卿，2003），因此，數學知識不是匯集而成，是人類的一種創造性活動，其根源於經驗，是經驗的累積體，所以數學是經由漫長歲月的整理客觀世界活動而來（李國偉，1978；徐利治、鄭毓信，1994；莊淑琴，2003），持此動態數學觀的教師認為數學與生活、文化有密切的關係；可以培養孩子應變、推理的能力；並對數學抱持著懷疑的態度。持動態建構教學觀的教師於是主張教學就是讓孩子主動去建構知識的過程，講求概念的理解及尊重孩子的想法，而非灌輸孩子知識的過程。至於在數學學習信念上，持動態建構學習觀的教師反對死背公式，鼓勵孩子用自己的方法解決問題，並實施分組討論活動。

其實教師對動態或建構觀數學本質的瞭解與相信極為重要，因為它最能解釋教師的數學教學信念及數學學習信念，而教師的教學行為又是其內隱之教學信念的具體實現。

圖 13-1　第一次的表格

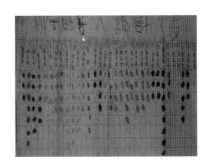

圖 13-2　最後一次的表格

🌳 第二節　結語

　　本文首先以潘世尊（2005）在詮釋與檢討愛彌兒幼兒園數學課程——「甘蔗有多高」所歸納、揭櫫的建構主義取向，幼兒數學教育的實施原則、策略與方法的微觀角度來分析「家人人數統計表」及「爸媽家務統計圖」兩個圖表課程；再以對美國NCTM對幼兒數學教育中的課程與評量及師生教與學角色所做的建議、幼兒資料訊息分析（圖表概念為其中的一環）此一數學能力的發展與促進，以及故事繪本與幼兒數學課程教學的連結三者所做的歸納，並彼此相互交織為較鉅觀的角度，以便又一次闡述分析「家人人數統計表」及「爸媽家務統計圖」兩個課程，以呈現其實施與建構主義取向幼兒數學教育間的關聯。雖然在表 13-2 之中，有關評量公平性與 NCTM 的原則是有所出入者，這也就是回應到本書第一篇第四章第一節所提到愛彌兒課程的遞變與發展之第三階段在「不讓每個孩子落後」的教育目標之下，強調教師對每一位孩子能力與學習的尊重與引導，因此教師個別化評量及鷹架的實施，將能協助孩子以自己的方式與步調往其所屬年齡層、各領域的發展能力目標邁進。

　　此外，讀者也可依據本書第一篇一、二、三章對建構主義的詮釋與說明，以不同向度對此兩課程再做分析與建議，例如：「家人人數統計表」第一次修正時孩子以私語來協助自己的思考及問題解決：

　　育萱：「等一下，畫完再蓋，只有十一格不夠，我要在中間畫一條線。變多格一點才夠。」
　　育萱：「等一下，好像還是不夠，我數數看。」

　　育萱從第一格開始數，數到第十一格，又返回第一格數十二，數到二十二又折返至第一格數二十三，一直數到二十八。

　　育萱：「要再畫一條線間隔，變三格才夠。」

以上的觀察記錄除了應證 Vygotsky 對孩子私語使用時機及功能——引導幼兒解決當下活動並能促進其認知發展的觀點之外，讀者也可以參考相關研究文獻，以歸納幼兒園教師在課程教學上能促發幼兒以私語作為運思媒介的策略及方法，來作為幼兒園在幼兒問題的解決及數學發展上提昇的參考。

參考文獻

李國偉（1978）。數學的本質。**數學傳播，2**（3），17-21。

幸曼玲（1995）。當前兒童發展理論與研究對教育的啟示。載於國立教育資料館（主編），**現代教育論壇（一）**（頁148-159）。台北：國立教育資料館。

徐利治、鄭毓信（1994）。數學哲學現代發展概述。**數學傳播，18**（1），3-10。

莊淑琴（2003）。國小教師數學本質信念之研究。**彰化師大教育學報，4**，139-165。

黃敏晃（2003）。數學的本質與格式。**研習資訊，20**（2），36-47。

楊志文（2001）。國小兒童繪製統計圖易犯的錯誤。**國教輔導，41**（1），27-34。

廖素卿（2003）。**從數學演變反思數學教育的理念**（未出版之碩士論文）。國立彰化師範大學，彰化。

潘世尊（2004）。Vygotsky 對認知發展的觀點及其教育應用。**弘光學報，43**，131-146。

潘世尊（2005）。建構主義取向幼教課程的發展與實施：從愛彌兒幼教機構的「甘蔗有多高」來分析。**弘光學報，45**，107-128。

蘇建文等人（1996）。**發展心理學**。台北：心理。

Allen-Young, D., Amundson, J. L., Bowers, L. G., Koehn, J., Triolo-Moloney, S., Vendegna, N., & Peterson, S. (2003). *Building blocks to Colorado's content standards: Mathematics, reading and writing.* (ERIC Document Reproduction Service No. ED482877)

Arizona State Department of Education. (2003). *Arizona early childhood education standards.* (ERIC Document Reproduction Service No. ED481127)

Charlesworth, R. (2005). Prekindergarten mathematics: Connecting with national standards. *Early Childhood Education Journal, 32*(4), 229-236.

Hutchison, L., Ellsworth, J., & Yovich, J. (2000). Third-grade students investigate and represent data. *Early Childhood Education Journal, 27*(4), 213-218.

NCTM (2006). *Overviews: Principles for school mathematics.* Retrieved from http://standards.nctm.org/document/chapter2/index.htm

Richardson, K. (2000). *Mathematics standards for pre-kindergarten through grade 2.* (ERIC Document Reproduction Service No. ED446826)

Tischler, R. W. (1992). *How to use children's literature to teach mathematics.* Reston, VA.: National Council of Teachers of Mathematics.

國家圖書館出版品預行編目（CIP）資料

建構主義取向的幼兒課程與教學：以台中市愛彌兒
幼兒園探究課程為例／潘世尊等作；張斯寧主編.
--二版.--新北市：心理，2019.04
面； 公分.--（幼兒教育系列；51202）
ISBN 978-986-191-861-7（平裝）

1.學前課程　2.幼兒教育　3.建構教學

523.23　　　　　　　　　　　　　　　　108003698

幼兒教育系列 51202

建構主義取向的幼兒課程與教學：
以台中市愛彌兒幼兒園探究課程為例（第二版）

主　　編：張斯寧
作　　者：潘世尊、陳淑琴、鄭舒丹、陳振明、柳嘉玲、張斯寧、
　　　　　愛彌兒幼兒園教學團隊
策　　劃：高琇嬅
總 編 輯：林敬堯
發 行 人：洪有義
出 版 者：心理出版社股份有限公司
地　　址：231 新北市新店區光明街 288 號 7 樓
電　　話：(02) 29150566
傳　　真：(02) 29152928
郵撥帳號：19293172 心理出版社股份有限公司
網　　址：http://www.psy.com.tw
電子信箱：psychoco@ms15.hinet.net
駐美代表：Lisa Wu（lisawu99@optonline.net）
排 版 者：辰皓國際出版製作有限公司
印 刷 者：辰皓國際出版製作有限公司
初版一刷：2007 年 12 月
二版一刷：2019 年 4 月
I S B N：978-986-191-861-7
定　　價：新台幣 580 元